U0807496

农村公共管理：专题与案例

苏建兰　龙勤　林诗文　编著

中国林业出版社
CFPH China Forestry Publishing House

图书在版编目(CIP)数据

农村公共管理：专题与案例/苏建兰，龙勤，林诗文编著．—北京：中国林业出版社，2024.3

ISBN 978-7-5219-1961-5

Ⅰ.①农…　Ⅱ.①苏…②龙…③林…　Ⅲ.①农村-公共管理-案例-中国　Ⅳ.①F32

中国版本图书馆CIP数据核字(2022)第207422号

策划编辑：何　鹏

责任编辑：何　鹏　李丽菁

出版发行　中国林业出版社

(100009，北京市西城区刘海胡同7号，电话83143543)

电子邮箱　cfphzbs@163.com

网　　址　www.forestry.gov.cn/lycb.html

印　　刷　北京中科印刷有限公司

版　　次　2024年3月第1版

印　　次　2024年3月第1次印刷

开　　本　710mm×1000m　1/16

印　　张　14.25

字　　数　270千字

定　　价　70.00元

前　言

农村公共管理作为农业农村现代化的核心支柱，其作用涵盖了农业生产、农村产业发展和基础设施建设、农村环境保护、农村治理和乡土文化传承等，不仅有助于构建现代农业生产体系，培养高素质劳动者，还有益于导入现代治理手段创新农村管理观念，优化经营体系，对提高农村公共事务效能和质量、改善农业生产条件和农民生活条件与增收，促进农村经济社会可持续发展，全面推进乡村振兴具有不可或缺的作用。然而农村公共管理作为基层工作，涉及面较广且具复杂性，任务艰巨且工作开展难度大。加之我国公共管理学科起步较晚，农村公共管理领域的研究还处于初步探索阶段，缺乏系统性、可操作性的理论成果指导，亟需丰富理论研究，同时加强实践经验提炼，理论结合实践发现问题、分析问题和解决问题，强化社会不同参与者对农村公共管理的切实理解。

《农村公共管理：专题与案例》是聚焦国家乡村振兴战略，为农村发展、农业管理和公共管理等专业学位研究生提供的教学参考书籍。本书基于中国农业农村现代化建设、农村治理能力提升要求，阐述了中国农村生产要素构成、短板和效能，围绕乡村振兴“二十字方针”，系统分析了农村产业兴旺、生态宜居、乡风文明、有效治理和生活富裕 5 个专题，选取了典型案例，提炼经验、剖析不足，有的放矢地提出了相关建议，为农村公共管理的决策者和实践者全面了解并熟悉我国“三农”现况、机遇和挑战提供基础，着力于农业农村现代化建设重点以及乡村振兴难点，借鉴先行经验，因地制宜地探索符合农村区域可持续发展的方法和途径。

《农村公共管理：专题与案例》是依据公共管理学科的理论体系，立足农村公共管理研究动态和趋势，实证分析经验并剖析问题，应对农村社会变迁带来的公共管理挑战所做的有益尝试，旨在树立公共管理学科自觉为农业农村发展转型服务意识，运用交叉性理论知识解决农村公共管理中的政策制定与实施、组织管理与创新、公共服务优化等诸多方面的问题，力图充分彰显决策科学性、资源配置和服务供给的公正性，构建公众参与、公共利益、公共责任和公共服务主旨下的农村现代治理体系，实现农村治理现代化和高质量发展，助推乡村全面振兴。另一方面，作为农林院校教学参考书籍，既需要有效引导学生运用专业知识解决实践问题，还有必要培养学生兴趣、挖掘其潜力，帮助树立“新农人”责任意识和积极服务“三农”之本心，可在一定程度上弥补农村公共管理人才之不足，满足农村现代治理体系构建和治理能力提升过程中对高素质人才的需求。

本书为云南省专业学位研究生教学案例库项目成果，获西南林业大学经济管理学院公共管理学科建设经费资助出版，特别感谢中国林业出版社何鹏、李丽菁编辑为书稿付梓所给予的大力帮助与支持！此外，书稿撰写过程中，胡忠宇、尹书琴、刘江、杨红伟和常如冰等研究生参与了资料收集、部分内容编撰和校稿工作，在此一并感谢！

由于编者的水平和能力有限，书稿难免存有不尽人意之处。敬请专家学者和读者批评与指正！

编　者

2024 年 1 月

目　录

农村生产要素 1

1.1 农村土地

1.1.1 我国农村土地制度的变迁

土地作为重要的自然资源，除了拥有其本身固有的自然属性外还具有社会经济属性。随着经济社会发展，人类对土地不断进行的开发、改造和利用使得土地不单单是个自然综合体，而是一个包含着人类劳动的“自然-经济”综合体[1]。土地是农民重要的生产资料之一，是农民生存权益最集中的体现。农民收入来源与土地息息相关，同时土地也可以作为进城务工农民的最后退路和农民收入的最后保障。随着国家土地制度改革的深化，土地出租、土地流转、土地经营权抵押贷款使土地价值有所提升，土地增值带动了农民增收。我国农村土地制度改革也促进了我国农村生产力、农业生产以及农民积极性的不断提升。

新中国成立以前，农村土地大多集中在地主阶级和富农手中，而地主阶级和富农约70%的土地以租赁方式出租给无地或少地农民耕作，使我国农业长期处于生产极其落后、农民生活极度贫困的状态。该时期我国的土地改革分为三个阶段[2]。第一阶段为土地革命时期，各革命根据地逐渐消灭封建剥削制度，土地占有关系不断改善，广大贫农和中农实现土地的拥有。第二阶段为抗日战争时期的减租减息政策，改善了农民生活同时也让富农获益。既调动农民抗日积极性，也积极争取到了大多数地主资产阶级，农村土地关系和阶级关系随之得以改变。第三个阶段是解放战争时期实行的“耕者有其田”，将乡中地主的土地和公地分给农民，促进了广大农民生产积极性的大幅提高，大力推动了农业生产发展。

新中国成立后我国在全国范围内实现了耕者有其田的土地制度，3亿多农民拥有了土地，极大地解放了农村生产力。随着国民经济的恢复和国家工业化建设的需要，我国实行了农业合作社和人民公社行动，农村土地制度随着农业合作化进程逐渐由农民所有制转变为社会主义土地公有制；人民公社化时期，我国农村土地进一步公有化，土地归三级所有，即以生产队为基础的集体所有、统一经营的土地制度。1978 年，我国实行了土地家庭联产承包责任制并不断优化改善土地制度，逐步确立了农村土地承包权、经营权、使用权以及处置权等权利；2013 年，我国政府提出了“三权分置”的农村土地政策。中国农村土地改革是不断盘活资产，激励农民高效利用土地的政策演变。土地承包期也从 1978 年第一轮的 15 年，延长至第二轮的 30 年。2021 年的中央一号文件提出，落实第二轮土地承包情况下再延长 30 年以维持农村土地承包关系的长久稳定。总的来说，我国土地制度的总趋势是给予农民长期且稳定的土地承包经营权和土地使用权，进而不断保障农民的土地权益。

1.1.2 土地承包责任制

1.1.2.1 家庭联产承包责任制

农村家庭联产承包责任制是把集体所有、统一经营的土地制度变革为集体所有、家庭联产承包经营的土地制度。土地家庭联产承包责任制为我国工业发展积累了资金和物质，在一定程度上解决了平均主义导致的农民积极性不高、农产品供给量不足、农业生产率下降等问题。土地家庭联产承包责任制的最早形式是农业生产合作社时期的生产队包公包产的“三包一奖制”，浙江省永嘉县于 1956 年第一次明确提出包产到户的概念，包产到户理念在经历“大跃进”“人民公社化运动”以及“反右倾”斗争活动的批判后于 1978 年开展“真理标准”大讨论后逐步发展，随着政策的改善和优化，最终形成我国后来所推行的家庭联产土地承包责任制。

我国最早实行土地家庭联产承包责任制的是安徽省凤阳县凤梨公社小岗村，1978 年冬天 18 位小岗村村民冒着极大的风险偷偷签了那份生死状，但此时的我国对于农村土地政策的态度是强调“三级所有”，并且明文规定不许包产到户和分田单干，而小岗村村民做出的分田到户的决策实际上是迈出了我国农村土地改革的第一步，也开启了我国农村土地制度改革的重大转折。1979 年，在经历了一年多的实践之后，土地家庭联产承包给农民带来了不小收益，但此时全国对于“包产到户”的认识还不是很一致，国家层面已经解除“不许包产到户”的禁令，包产到户经历了由开一个口子到限制再到重新支持的曲折历程，1980 年邓小平谈话中也肯定了包产到户对于生产力提升的积极作用，之后中央连续三年发布一号文件支持家庭联产承包责任制的发展，同时也鼓励在此基础上发展多种多样的合作，并不断完善生产责任制。1983 年我国农村实行家庭联产承包的比例达 95%，此时农民的需求是承包制的长期稳定；1984 年中央一号文件再次强调稳定和完善生产责任制的重要性，同年年底家庭联产承包责任制在全国范围内建立，1997 年年底家庭承包经营的耕地面积占农村总耕地面积的97%以上。

随着时代的发展，目前家庭联产承包责任制依旧具有调动农民积极性、提高效率、促进农业发展等积极作用。新中国成立后我国开启了农业国发展以及逐渐转向为工业国的过程，开始我国大都是借鉴苏联模式，比如初级合作社和高级合作社以及人民公社化，但这些制度都是集体模式，导致了许多农民不愿积极劳动，导致当时的粮食短缺和农业生产效率低下。为了激发农村活力，我国出台了一系列政策来减轻农民负担、提倡多种经营和扩大自留地等政策，随着政策环境放宽，一些地区在经历了“按劳分田”“包产到户”等政策的试验后，最终确立了农村土地家庭联产承包责任制。

农村土地家庭联产承包责任制是集体所有制下的两权分离，即将土地所有权与使用权分离，农民作为相对独立的经营个体对集体土地进行承包经营使得农民对土地使用和相关收益有更大的支配权，并且农民对于自己分到的土地可以依法进行出租、互换和流转等，这些都促进了农民对于农业生产的自主投入。并且，这是一种新型的集体所有制模式，相较于传统的集体所有制模式，家庭承包制在不改变土地所有权的情况下将所有权与承包经营权分离，提高了农户自主生产的积极性，从而提高了农业的绩效和效率。家庭联产承包责任制也是最先来自农民自身需求而后才被政策和法律认可，它的确立离不开各种力量的相互作用，也是审时度势下的产物，它不仅发挥了集体统一经营的优势，还提高了农民的积极性，保障了农民权益，也直接地将农民与土地结合在了一起。

1.1.2.2 土地“三权分置”

家庭联产承包责任制是将土地的承包权与经营权相分离，而“三权分置”是家庭联产承包责任制后又一重要的改革，土地的“三权分置”是将土地所有权、承包权和经营权分行并置[2]。土地三权分置的改革在保证承包关系稳定的情况下有利于促进土地流转，有利于农民收入的进一步提升。土地的流转有利于土地资源的利用效率和优化配置，也有利于农村形成大规模的农业生产进而逐步向高标准化农田方向发展。土地流转既有利于年龄较大的农民以收租方式获得经济收入，还有利于富裕的农村年轻劳动力向城镇就业，促进城镇化发展。

1.1.3 农村土地利用现状

土地承包责任制促进了小农经营模式下的农耕产出，但随着时代变迁、土地的细碎化经营也使得目前农村土地面临着生产效率低下、生产技术水平较低、不能形成规模化经济等问题[3]。虽然我国土地可以依法进行流转，但是土地流转市场还没有形成，土地总体流转率较低，这也阻碍了农业规模经济的进一步发展。我国目前依旧存在城乡二元化壁垒，尽管大量农村劳动力都转移就业于城市，但土地对于农民来说为其最后的生存保障。尽管对于部分农户来讲其农业生产所取得的收益仅占家庭总收入的较少比例，但土地作为农村人口最后的保障还是被农户留在自己手中。这些原因都使得我国农村土地流转率处于较低水平，不仅不利于土地资源的充分利用和现代化生产，甚至出现部分土地荒废现象。

我国目前总量上有 19.18 亿亩* 耕地，但人均耕地远远不及世界平均水平，并且部分土地因没有浇灌设施而土壤条件较差，化肥和农药的过量使用也使得土地资源的污染较为严重。总的来说，我国大部分农村土地由于各种条件约束较难进行土地集约化管理和农业规模化、绿色化经营，阻碍了我国农村农业升级转型和农业产业结构调整。

1.1.4 案例分析

【案例 1】农村经济、基础设施等长期落后于城市以及大量农村劳动力外移使得部分地区留守在农村进行农业耕种的农民年纪较大，甚至不能再扛起耕种土地的重任，农村土地流转便给予此困境一线生机。

湖北省坪坝村部分村民便是通过土地流转改变了传统农耕作业方式。以脱贫户杨某翠为例，她的子女长期在外打工，二老的年龄越来越大以至于对土地耕种心有余而力不足。在国家通过各种方法促进农民增收的潮流下，二老也赶上了通过土地流转参与稻虾养殖工程。稻虾养殖产业基地是坪坝镇为了吸引人才回乡而创办的一个把养龙虾与种水稻以及农家乐融为一体的经营基地。由于需要大量土地为基础，该养殖基地便流转了 80 多户达 200 多亩的土地，通过每年给予流转费的方式将土地在双方之间进行流转。该模式的运营不仅通过大规模农业生产和养殖来降低平均生产成本，还可以使部分年纪大的农民通过收租来做“甩手掌柜”。同时稻虾连作方式使得一田两用、双倍获利，既为农村老年劳动力提供生计，也可以为年轻劳动力提供部分就业岗位。

【案例 2】安徽省宣城市成立的稻虾轮作合作社也是充分利用土地资源和土地流转的优惠政策建立起的合作社，其基本运营模式与湖北坪坝相似，但安徽的稻虾轮作合作社在农户将自己土地流转出去的同时，农户还可以产业扶贫项目的贷款金作为股金入股分红，农户每年不仅可以拿到合作社分红，

---

* 1 亩 = 0.0667 hm^2

还可以自己出门工作挣钱。宣城市的合作社因具有扶贫属性，政府也在一定程度上给予技术和政策支持，帮助合作社优化基础设施、建立高标准农田以及拓宽销售渠道等。

目前，继续留在农村进行传统耕作的年轻劳动力越来越少，大部分年轻的农村劳动力都选择进城务工。随着农村遗留劳动力年龄的增加，土地耕种压力日益增大。而且，小规模的农村土地经营使得年轻劳动力也不愿意再花费精力在家里的几亩地上。农村土地流转不仅可以防止土地荒芜，大规模高技术的土地经营模式也可以促进农业生产风险的降低和收入的增加。

【案例3】锦州市黑山县黄台村土地中有600亩为浇灌设施的土地，由于水浇地设施完善，几乎可以做到旱涝保收且具有较高收益能力，村民把水浇地当作他们的保命地。1998年和1999年两年，黄台村分两次召开村民代表大会将有浇灌设施的土地承包给本村村民，到2003年有部分土地到期，在村民还在等待续签承包合同的时候，却听说村里的土地已经被承包完了，原有承包人拥有的优先承包权也无法施用。村委会出具了含有本村村民亲笔签名的村民公决书，显示先到期的200多亩水浇地被承包给了本村中村委会欠钱的村民和一些村委会成员的亲戚。将水浇地承包给村委会债权人是因为村民承包水浇地要缴纳相关的承包费，村委会便用土地承包费顶包欠款解除债务。而公决书上村民的签名是2003年年初以农作物种子名义让村民在空白纸上签的字。黄台村的土地承包方式使想多种水浇地的村民并没有得到应有的承包权，而本不想承包地的一些村委会债权人却被强制进行了土地承包，村委会也滥用权力将收益较高的水浇地承包给其成员的亲戚。

在黄台村第一轮承包期到期后，村委会再次将水浇地进行发包。但村第二组、第三组村民认为村委会发包不合理便自发组织了村民小组会议，按人口和家庭户数将村委会发包的水浇地重新分配。黄台村村民陈景思本来要承包的土地被村小组重新发包而进行法律维权，法院判决结果助其拿回了承包权。因为当年实施的《中华人民共和国土地承包法》规定土地发包必须具有土地所有权，尽管村小组召开了小组会议但因没有土地所有权，也没有土地承包的分配权，而整个黄台村有11起相似的二次承包事件，最终都是以村委会的分包作为土地承包依据。

当时，我国规定土地发包要召开村民代表大会，村民要进行决议，并且发包人要有土地所有权，土地承包的本心在于让农民有自己的权益，提升农民劳作积极性，但却由于权利的不正当使用以及未能正确兼顾承包公平使得部分农村地区农户没有得到应有权益。黄台村的案例也引导我们关注在土地制度不断优化改革的情况下，如何顺利地将新旧制度合理衔接以减少问题的出现，同时还要关注权力如何被正确使用以真正地为农民办实事，而不是利用权力损害农民的权力和利益。

1.1.5　加强农村土地利用的建议

（1）完善土地相关制度和法规。规范土地流转市场和流转流程，给予农村土地流转制度和法律保障以促进农村土地流转，同时应该加强土地流转纠纷的仲裁机制建设，使各方权益得到公平的保障。同时，还要继续完善土地三权分置的法律法规以尽可能杜绝通过钻法律空子而侵占农民土地的行为。只有农民的相关权益得到大力保障，政府才可以在宏观层面积极引导我国农村土地的集约化经营，才能不断推进我国农业现代化发展。

（2）减少土地经营管理过程中的腐败问题。农村土地的很多纠纷都源于土地在经营管理、征收过程中的腐败行为，如房地产商与部分政府部门勾结获取土地批复、部分政府部门强制进行土地征收等。政府部门应该加大有关土地项目的制度监管，使其更加公开透明化，建立正规亲民的举报渠道以减少与土地有关的腐败行为。

1.2　农村劳动力

1.2.1　农村劳动力转移

1.2.1.1　农村劳动力转移的发展进程

新中国成立之初，我国将工业作为重点发展产业，并通过相关政策如农产品统购销、户籍管理制度等让农村劳动力投入农业生产以支持工业发展。20 世纪 80 年代逐渐在全国推行的土地家庭联产承包责任制在很大程度上解决了我国粮食短缺问题，进而也使农民获得了自由支配劳动力的权利。随着改革开放政策的实施，工业化的不断发展以及产业结构调整使我国农村开始出现大量剩余劳动力并从农村转移出来进城务工。

从 20 世纪 80 年代至今，我国的农村剩余劳动力转移进程大致可分为 4 个阶段：第一个阶段是 20 世纪 80 年代，即农村劳动力转移的起始阶段。由于土地承包以及农业发展使得部分劳动力的转移是以就地转移为主，乡镇企业也是农村劳动力转移的一个重点区域，总体来说农村劳动力跨省流动外出打工比例较少。第二个阶段是 20 世纪 90 年代至 21 世纪初期，即农村劳动力转移迅速提升阶段。由于改革开放的逐渐推进，地区间差距逐渐扩大，沿海发达地区经济发展较为快速，此阶段农村劳动力转移呈现出跨地区大规模流动的特点[4]。沿海城市和经济发达城市是农村劳动力就业的重点地区，国有企业改革以及限制劳动力转移政策的放宽也使农村劳动力大规模转移得以持续，农民主要以外出打工、异地就业模式实现转移就业。第三阶段是21世纪初期至2007年，为农村劳动力转移持续增长阶段。随着我国经济快速发展，大量农村劳动力继续向东部沿海地区和经济较发达城市的二、三产业转移，此期农村劳动力转移的增速较为稳定。第四个阶段是2008年至今，由于国际金融危机及其后续影响，农村劳动力转移呈回落趋势，农村劳动力就业的地域结构、行业结构也都随着经济社会的发展不断变化。随着城市化进程的不断落实、脱贫攻坚的实施、乡村振兴战略的提出和推进以及返乡入乡就业创业政策的鼓励，部分农村劳动力又回归农村，不少年轻有知识和技术的劳动力开始投入现代农村和农业建设。

1.2.1.2 影响我国劳动力转移的因素

(1)劳动力供给需求的变化。改革开放以来，经济社会的不断发展和工业化水平的不断提高，我国非农就业需求不断增长。在20世纪80年代，劳动力除了就地转移以外就是靠乡镇企业吸纳劳动力转移及就业。随着沿海地区及发达城市的不断开放，各种企业以及制造业不断落地和发展使制造业、建筑业、服务业等大量非农就业需求增加，加之科技和机械化发展，农村农业生产所需的劳动力也逐渐减少。尽管城市农民工相较于同期城市单位就业人员的工资较低，但与农业耕作相比仍具有优势。我国城镇化发展和工业化进程很大程度上推动了农村劳动力的转移。

(2)制度方面。首先，户籍制度和传统发展战略在一定程度上抑制了农村劳动力转移。虽然我国不断进行相关制度的优化和改革，但制度对于劳动力自由转移的约束依然存在。户籍制度使绝大部分进城的农村劳动力不能取得城镇居民身份，也不能享受到城镇居民拥有的权益、福利、劳动保障等，因此大部分农村劳动力其实是候鸟式转移模式[5]。其次，我国目前还是存在部分农民工的合法权益无法保障的灰色地带，尽管相较于前几年拖欠农民工工资的比例不断减少，但拖欠农民工工资的现象并没有完全杜绝。

与此同时，相较于城市单位员工，农民工的社会保障(如养老保险、工伤保险、医疗保险等的缴纳)存在大量欠账现象，在城市非正规部门就业的农村劳动力很难参加社会保险，在正规部门工作的农村劳动力参加社会保险的难度也很大，或者部分农民工享受了相关的社会保障但保障水平较低，相较于城镇居民还存有较大差距。在教育方面，城市教育资源与户籍存有紧密关系，许多农民工子女无法享受城市所拥有的教育资源。我国尽管不断出台随迁子女就读相关政策，但保障农村劳动力权益任重而道远。第三，随着城镇化进程的推进，由于征地制度的成本较低，我国大量耕地被征收，但是，农民并没有因被征收的土地获得城镇居民身份，城市建设用地面积增长率远远超过了城镇常住人口的增长率。随着我国制度的不断完善以及相关政策的不断出台和落实，农村劳动力所享受的权益也在不断得到保障。

(3)社会层面。农村劳动力进入城镇后，在许多方面与原居民有竞争关系，城市作为既得利益者并没有给予农民工和城市居民同样待遇，由于文化、生活习惯不同以及利益冲突等原因使城市居民在很多方面排斥农民工。农民工并没有城市居民的同等公民权利使得其利益诉求渠道受阻，加之农民工与居民居住位置差异以及人际关系、社交网络差别使农民工很难真正融入就业城市。社会层面对农村劳动力的排斥对其转移有消极影响，但迫于生计压力，还是有大量农村劳动力涌入城市。

1.2.1.3 农村劳动力转移的积极影响

(1)增加了农民收入。一直以来，农业和农村经济受资源和市场的制约使农民人均收入处于较低水平。农村单纯依靠农业耕种的农民收入甚至有下降趋势。对农民来讲，农村劳动力转移使劳务收入取代土地耕种成为农户的主要经济来源，非农就业促使农民工资不断增加，成为农民人均收入增长的主要原因。同时，农村劳动力转移减少了留在农村进行土地耕种的劳动力，这使土地规模经营产生更大可能。随着技术发展和机械化推进，家庭个体经营土地并不能充分发挥技术潜力。农村劳动力密度的降低有利于土地规模经营以降低经营成本，在获得规模经济效益的同时也使家庭收入不断增加。农村劳动力的大量转移也促进了土地流转，耕地资源的集中促进了农村土地利用率和农业生产率的提高。

(2)推动城镇化和城市的进一步发展。对于城市来讲，农村劳动力转移优化了劳动力的使用状况，各种资源的配置更加优化，不仅填补了城市劳动力缺口，也促进了消费、拉动了城镇投资规模。农村劳动力候鸟式转移方式使农民工及其亲属在城市只能进行基础的生活消费，但随着我国农民工市民化的推进，转移劳动力对于娱乐、交通、社交等的消费意愿不断提升进而扩大消费。随着国家政策调整，转移就业的农村劳动力权益不断得到保障，拉动了子女教育、医疗等方面的需求，进而带动了学校、医疗卫生、城镇住房等方面的投入，有利于进一步推动城镇化发展。此外，农村劳动力转移为我国二、三产业发展提供了极大动力，也为大中型城市较苦较累工作提供了充足劳动力以维持城市功能的正常运转。

(3)促进了就业大环境的积极变化。农村劳动力的大量转移在一定程度上改变了社会对于农民工群体的认识，尽管目前依旧存在城市居民歧视农民工的现象，但随着我国社会的不断发展，农村劳动力转移对于城市的贡献不断被认可，社会层面对农村劳动力群体的评价和态度也在不断向好转变。同时，农村劳动力对于各种权益的需求也使国家政策发生了积极变化，比如解决农民工工资拖欠问题、提升农民工生活条件等，国家也在不断完善各种政策来保障农民工权益。政府不断投入资金对农村劳动力进行相关技能的培训，以提高其技能，增强就业竞争力。

1.2.2 农村劳动力返乡就业

近年来，我国不断致力于推进乡村振兴和农村劳动力的返乡就业创业，究其原因有以下几方面：第一，城镇化、土地流转、农业规模化的推进使越来越多农村劳动力涌进城市，制造业和建筑业的产业升级，要求劳动力需要具备更多知识和更高技能水平，就业形势相较于前几年更加严峻。第二，农村劳动力大都转移至经济发达城市的制造业和建筑业，其收入水平相对于城市居民来说较低，还要承担城市的高生活成本，为农村劳动力返乡就业创业提供了可能性。第三，农村转移到城市的劳动力居住环境及卫生条件较差、居住地鱼龙混杂，随着年龄渐长，部分劳动力存在无力承担制造业、建筑业的劳动强度，加之家乡经济快速发展、就业岗位不断增加，部分农村劳动力积极加入回乡潮流。第四，近年来我国不断出台各种优惠政策鼓励农村劳动力返乡就业创业。国家不但给予返乡创业就业人员贷款扶持、税收优惠和担保等政策，还对返乡人员提供技能培训，这都增加了农村劳动力返乡创业就业的吸引力。第五，相较于陌生又遥远的城市，家乡能给予农村劳动力安全感和归属感[6]。父母的年迈、子女的教育、家人的团聚渴望也不断吸引着农村劳动力回归。此外，在家乡较为宽泛的社会关系网络和私人关系也有利于回流劳动力在家乡创业就业。随着我国居民生活水平的提升，农村经济的不断发展为就业和创业提供良好的条件，这对于农村劳动力的回流有极大的吸引力。

农村劳动力返乡为就业创业者获得了经济收入，然而落后的农村对于劳动力回流还有许多制约因素。首先，大多数农村劳动力在外都积累了一定经验与技能，再稍加培训后容易胜任家乡所提供的就业岗位。但对于返乡创业的人而言，成功创业需要充足的创业知识、对市场经济的专业认识、全局思考、敢于决策等技能，农村劳动力在外务工所积累的经验很多时候并不能满足返乡创业所需具备的能力。其次，乡镇相对于大中型城市，存在市场相对小、市场集中度低、消费能力相对弱等问题。同时，创业初期需要大量资金，创业者的自有资金并不能完全满足创业需要，需要从其他渠道筹集资金。银行贷款对于创业者并不友好，不仅周期长、利息高而且需要一定抵押物。虽然国家大力支持农村劳动力、毕业大学生返乡创业，也积极提供小额贷款项目，但劳动力实际能拿到的贷款资金较少，甚至不能满足部分创业项目的启动金额。创业者个人向银行以外的其他金融机构以及非金融机构申请借款则更加艰难。总之，无论是家乡发展状况，还是创业者所具备的能力都是影响农村劳动力返乡就业创业的重要因素。

1.2.3 农村劳动力的特征

(1)农村劳动力数量多但受教育程度较低。总体来看，我国农村劳动力数量庞大，但是由于家庭自身的生计问题以及乡村整体的社会经济环境使其受教育水平较低。10 年前大部分农村劳动力以小学文凭为主，随着九年义务教育的推行以及我国总体经济的发展，目前年轻农村劳动力以初中文凭为主，受过高中及以上教育的人较少。文化程度相对高的农村劳动力大都在非农就业岗位，而留守在农村进行农业耕作的劳动力文化水平更低。农村年轻劳动力接受相关技能培训之后可以有更广泛的就业领域，但是对于文化水平较低的农村劳动力可供其选择的就业岗位较少，大多就业于建筑业、部分制造业或者服务业，面临劳动强度大、薪资较低、工作环境较差等问题。

(2)缺乏自身投入。受生活水平的限制，农民更多考虑的是生计问题，导致农民对于自身知识和技能的资金、时间等投入较少，使农村劳动力在转移就业后处于竞争劣势，只能用传统、相对落后的作业方式进行农业耕作。大多数农民对于子女的教育都是尽最大努力而为，但由于自身素质水平限制可能导致子女教育出现问题。同时，农村劳动力无论在城市还是在农村大都从事体力劳动，导致平均健康状况较差。加之农村医疗卫生条件、经济基础等相对差，更加容易导致农村劳动力因病致贫的现象发生。

1.2.4 农村劳动力稳定就业的意义

(1)农村劳动力稳定就业有利于农村经济的发展。就业是民生之本、民生之基础，农村经济发展和社会稳定离不开农村劳动力的稳定就业。农村经济发展除了国家在政策、经济等方面的扶持，也离不开通过促进农村劳动力就业为农村发展提供动力。农村劳动力的稳定就业有利于社会治安环境的提升以及农民收入、幸福感及安全感的提升。

(2)农村劳动力的稳定就业有利于乡村振兴的推进和脱贫攻坚成果的巩固。党的“十九大”提出的乡村振兴战略，参与主体是农村劳动力，只有就业有保障、收入能稳定，农村劳动力才会更加积极地加入乡村振兴战略的实施，才能为乡村振兴提供长久的动力。同时，我国于 2021 年已经实现现有标准下的全面脱贫，还需要继续巩固脱贫攻坚成果。脱贫成果的巩固离不开农村劳动力的稳定就业[7]。只有农村劳动力稳定就业，农民收入才有保障，才能逐渐缩小城乡之间的差距，以防止农村大规模返贫现象的发生。

1.2.5 案例分析

【案例 1】位于安徽省亳州市的十八里镇在地理位置上临近市区，十八里镇不仅是安徽省发展改革试点镇，还是全国农产品加工示范基地，其农业人口和非农业人口的比例约为 10∶1，主要从事小麦、玉米和土豆的种植。褚某龙是从小长在十八里镇的农村孩子，他从安徽科技学院毕业后便和妻子一起去杭州工作。由于两人都是农学专业毕业，尽管在比较发达的杭州工作，也还是实时关注家乡的变化和发展。随着我国乡村旅游和生态农业的不断发展，亳州市紧随时代潮流积极加入发展生态农业的队伍，两人双双选择辞去杭州的工作而返乡创业。

褚某龙夫妇回到家乡后选择开办西苑生态农庄，其主要业务是草莓大棚采摘、农村庄园赏玩以及庄园就餐。其中草莓大棚的采摘业务是生态园的主要经营范围。现代化大棚技术使草莓采摘期可以长达 7 个月，安徽寒冷的冬季是褚某龙庄园草莓采摘好时节。草莓采摘园不仅让消费者可以清楚草莓从种植到成熟的过程、农业生产的安全性，并购买到十分新鲜的水果，还可以增加小朋友对大自然的认识和了解草莓种植流程。褚某龙夫妇因此获得了可观的效益。其生态庄园内有 50 多亩草莓园，还有猕猴桃、葡萄等的种植，在褚某龙创建农庄之前，农庄所占用的土地由于缺乏合理利用而长期处于荒芜状态，生态园的建立不仅提高了土地资源的利用，还为一些长期在家的妇女或年纪较大的农民提供了就业岗位。同时，生态园建设使得自身及其周围的生态环境得以优化，还带动了周边小型餐饮业的发展。凭借草莓采摘，褚某龙夫妇每年收益约为 200 万，远远超过了几年前夫妻俩在杭州打工拿到的工资。

【案例 2】羊街镇位于云南省寻甸回族彝族自治县，由于地理环境的约束，其耕地面积约为林地面积的 1/4，绝大多数常住居民都进行农业耕作。因土地条件限制，也有不少农民进行畜牧业养殖。在我国实现全面脱贫以前，羊街镇有很多建档立卡贫困户，随着脱贫攻坚号角的吹响，在昆明建养殖场的王某决定把自己的养殖场迁回家乡，带动家乡脱贫致富。回家乡之前，王某已经在昆明经营养殖场十多年，其养殖经验、销售渠道、人际关系都较为丰富。他不仅帮助村民进行猪仔疫病的防疫、提供养殖技术支持，还邀请专家入户给贫困户讲解养殖相关知识。王某还利用自己的公司对贫困户的出栏猪进行收购，在行情不好时也会高于市场价收购以保证贫困户收益。

随着养殖业的不断发展，他和村民逐渐联手建立了养殖合作社，发展壮大了自己的养殖规模，至少有500多贫困人口在王某的带领下实现脱贫。

农民工和大学生返乡创业离不开大环境及相关政策的支持，创业成功者自身也要具备各种技能和知识，不断积累人脉和供销渠道才能走过各种困难和风险迎来成功。随着越来越多有能力的人返乡创业成功，可提供越来越多就业岗位。目前，大部分返乡创业的项目都与农业生产有关，随着农村经济的不断发展和农业的不断转型，三产融合发展为未来农村发展趋势，届时农村对于外出的劳动力将有更大吸引力。

【案例3】位于河南省的林州市曾为应对极度干旱而建造的红旗渠使其闻名于世，在极度恶劣环境下建造红旗渠所展现的百折不挠精神也一直流淌在林州后人辈的血液中。林州市有至少3/5的年轻力壮农村劳动力在从事建筑行业，当年修建红旗渠时林州人便秉承着“质量第一、负责到底”的信念，这也成了后来“林州建筑工”劳务品牌的响亮口号。

当年在修建红旗渠时采用标示“责任碑”模式使各个区段都有各自对应的修建和追责群体，此模式让林州建筑工人十分注重工程质量。红旗渠工程完工后，林州的许多建筑工人便继续在建筑业就业，他们一如既往地对质量把关，林州建筑人的名号逐渐响彻全国。当年修筑红旗渠的工人之一郭某亮，他创业的第一单工程由于天气原因出现混凝土裂缝问题，由于重新建造需要耗费大量人力物力财力，于是有人提出修补一下即可。但郭某亮秉着对工程质量的责任感决定把问题墙面推倒重建，而后既注重质量又加工加点的赶进度，工程不仅按时交工还被评为样板示范工程。

正是有无数郭某亮这样注重建筑质量的林州人，“林州建筑工”成为他们承包建筑工程的一个敲门砖。林州建筑队奔赴全国各个地区开展建筑作业，其中不乏鸟巢、水立方这些重大工程。随着林州建筑产业的不断发展，林州还建立了林州建筑职业技术学院，通过组建高校和发挥建筑之乡的资源优势培养更多建筑人才。

“林州建筑工”这个劳务品牌的建立不仅给予更多强壮且年轻的劳动力很多就业岗位，还通过品牌效应和所具备的资源优势吸引各个方面的人才进入林州，在一定程度上促进了林州经济的发展。借鉴林州经验，我们还可以组织更多类型的拥有优势技术、对任务负责的农村劳动力为各行各业提供高质量劳动力，既可满足市场对劳动力的需求，也可促进农村非农劳动力的就业。

1.2.6 促进农村劳动力就业的建议

(1)推进城乡的平等就业。政府应将农村转移出来的劳动力的就业作为政府工作或国家规划的重要组成部分，积极推进农村劳动力在城市工作时的福利、薪资待遇、社会保障等方面与城市劳务人员的公平对待。同时还应积极探索农村劳动力的管理机制、人才市场、劳动保护等方面的优化举措，逐步建立城乡统一的平等就业制度。

(2)提升劳动力素质并面向农村提供就业信息。政府应该根据劳动力的不同文化水平和当地的教育资源为农村劳动力提供多样化的技能培训，争取为企业提供不同工种、不同技能水平的劳动力。同时，农村地区相较于城市消息更加闭塞，各级政府部门应该积极举办各种活动来促进农村劳动力的就业，如县级部门可以在相关网站上发布就业信息，乡镇和街道可以通过招聘会、宣传栏等来促进岗位信息的传播以实现农村劳动力就近和高效率就业。

(3)营造良好的农村创业环境。我国应加大对返乡创业支持力度及政策的宣扬，利用各种渠道传播相关扶持政策和资金支持信息以增加家乡对于农村劳动力的吸引力。同时要不断加强农村公共基础设施建设，如道路、通信等，以为返乡就业创业的劳动力提供更多保障。

1.3 农村资金

1.3.1 农村资金的供给与需求状况

资金的筹集、管理及应用对于农村建设有着直接和长久影响。农村资金不能仅仅依靠政府的财政拨款，还需要借助企业、金融机构等其他社会主体的参与。我国部分地区农村资金的缺乏在一定程度上制约了农村现代化建设以及乡村振兴的落实，也导致农产品以低效率、高成本的形式进入市场。农村资金除了短缺之外还面临着不断外流的困境，农村资金管理和使用也缺乏较为正规和严格的监管。

1.3.1.1 农村资金供给方面

首先，国家一直都在农村建设和农业发展的各个领域投入资金和提供政策支持，但由于层层分级、分流使每个村可以使用的资金量较少。随着经济发展和国家对农村发展的重视，我国农业和农村能得到政府资金的支持力度越来越大，但更多资金被用于现代化农村的基础设施建设。其次，金融机构对于农村的投入降低。通过《中国金融年鉴》中金融机构对于乡镇企业农业贷款额度来看，每年有大量农村资金流出，部分机构吸收农民存款却限制向农业项目贷款，导致农村资金环境向恶发展。第三，由于农村的特殊形态以及农民认知、文化水平限制使农村存在大量非正规资金，加之农村在资金监管、资金透明度等方面存在灰色地带导致一些非正规资金长期存在于乡镇经济中而徘徊于国家金融系统之外。非正规资金相较于正规资金额度较高、风险较大，且具有较高的隐蔽性，不仅会影响金融系统的正常运转，也使相关金融部门难以发现问题和有效处理。第四，中国农业银行、中国邮政储蓄银行等对于农村和农业的支持力较弱。农业相对于房地产业、制造业等资金回流周期较长、收益较低。中国农业银行的贷款范围主要是粮食、油等的资金投入，对于农村现代化建设的推动力度较小。中国邮政储蓄银行的邮政和储蓄分账核算，独立经营使其发贷规模受限制，对农村和农业的支持力度较小。第五，近几年国家对于农村发展的政策倾斜使得农村劳动力返乡创业就业可以以较低利息或国家担保取得贷款，但贷款人实际能拿到的贷款金额较少，在一定程度上并不能真正帮助到有需求之人。

1.3.1.2 农村资金需求方面

首先，农户个体对资金的需求主要表现在生活、农业发展等方面。相较于经济较为落后的农村，富裕地区的农村资金需求不仅表现在生活需求方面，还有农业生产或其他经营方式的资金需求。在经济比较发达的农村地区，农民收入占比较大的是非农业收入，其资金需求流向非农领域的额度较高且资金回流周期长，资金获取和还款渠道正规清晰。或者其在农业生产的过程中需要部分资金分散化地用于农业生产的各个方面，资金需求具有季节性。经济较为落后的农村资金主要需求为生产和消费需求。目前，我国已经全面完成脱贫攻坚任务，贫困地区农村也摆脱了温饱困扰，农民对于其他消费方面的资金需求较大，一般利用贷款来满足相应的资金需求，但额度、频率、贷款渠道等都不确定。同时，这些农民大都还处于传统的农耕状态，农业生产不仅受自然因素的影响，还受到市场相关因素的影响，不确定性较大且贷款风险较高，贫困地区农民更加难以获得满足其需求的贷款。加之农户拥有的固定资产价值较低，其流通性和折现率导致赔款风险较大而放贷小，银行或农合机构对农民的贷款额度少之又少。

其次，农村中小企业的资金需求。乡镇企业、农村企业是带动农村发展的重要组成部分，其金融需求主要是储蓄和信用贷款。农村可持续发展、乡村振兴在很大程度上取决于农村非农业项目发展，中小企业发展所需的资金缺口逐渐成为农村资金需求的主流。相较于实力雄厚的企业或者集团公司，农村中小企业存在较大的融资需求，通常融资能力与企业规模、经营收入、业务规模有着正向关系，这也使得其在信贷或金融机构取得的支持资金较难满足需求。自 2008 年以后，我国乡镇企业或农村中小企业的特点是劳动力丰富但运营资金缺乏，2008 年金融危机使其筹资路径和金额的增速较大，但 2009 年政府着重管理金融领域之后，用于农村企业发展的资金支持较少使得农村中小企业的增长速度也较慢。随着城乡统筹协调发展、智慧农村、现代化农业、乡村振兴战略等的提出和不断落实，我国在国家层面对于农村中小企业的资金支持力度大幅增加，但由于政策、经营大环境等原因，农村中小型企业仍有大量资金需求未被满足。

最后，农村基础设施建设等方面的需求。从最初的城乡统筹协调发展缩小城乡差距并促进农村发展，到现在的建设现代化智慧农村以继续推进乡村振兴战略进程，我国农村的基础设施、基础医疗、基本生活环境治理建设等都有了不同程度的优化，但后续仍需大量资金继续推进农村发展。以农村基础设施为例，乡村公路新路线开发、原有路面的拓宽及老旧公路的维修、水利设施的升级、基础娱乐设施的建设都需要大量资金；农村基础医疗系统、信息化平台和系统、智慧农村的物联网工程等现代化农村建设的各个方面也需要大量资金，然而农村和乡镇自身并没有足够的财政能力满足资金的需求。

1.3.1.3 农村资金的供需矛盾

从总体上来看，农业所发挥的作用与其所使用的各种金融机构的借款贷款无法达到正比，加之农村人口基数大、依旧存在的城乡二元格局等使得国家不断推进的农村发展战略需要大量资金，而农业和农村自有资金严重缺乏，供需矛盾较大。此外，尽管农民和城市市民的消费模式和消费需求存在较大差异，但农民也有住房、教育、疾病等方面的资金需求，但其能从金融机构取得借款的难度较大且金额较小，导致农民对于资金的需求有较大缺口进而产生了农村非正规金融机构。对于农村农业经营方面，农村信用社对于农民贷款的条件和标准较为苛刻、小额贷款的资金额度难以满足贷款人需求，部分农业产业周期长、资金回流慢等都导致了目前农村资金的实际供应和实际需求的不平衡，资金缺口成为农村现代化建设推进的一大阻力。

1.3.2 农村资金外流

农村资金外流与农业产业利润率、各金融机构对于农村的借贷款等息息相关。首先，经营体制方面，尽管我国近年来逐步推进城乡统筹协调发展和乡村振兴以尽力缩小城乡差距，促进农业发展，但我国的城乡二元经济体制壁垒没有被完全打破，使我国农村发展长期落后于城市，农村资金先天不足且后期资金积累较慢[8]。与此同时，相较于工业，农业经济利益低、投资风险大、资金周转期长以及工业反哺农业的不足使得农村资金长期外流。在市场机制的引导下资金总是朝着收益高的部门自发流动，由于农村自身的落后，吸引资金能力弱，农业自身积累的资金也会流向城市的工商部门。其次，各个金融机构的经营原则在一定程度上加速了农村资金外流。我国四大行总体经营战略的调整使中国农业银行对农村的支持力度逐渐减弱，增加了农村资金供给压力。农村信用社作为支撑“三农”发展的主力军因内部管理较混乱、金融服务水平和员工素质低等因素使得农民减少其存款进而导致农村吸金能力不足。第三，农业的部分价值被工业获取。比如城镇化发展使农村土地被低价征收，用于投资收益回报较高的城市项目；农业丰产所致的产品滞销使农产品价格下降，一些农产品的精深加工产品可不因农业丰产而价格大幅下降，但其所占比重较小；教育资源差距使农村子女逐步进入城市高等院校学习并最终留在城市，拥有住房等生活条件既增加了农村家庭的经济压力，也加速了农村资金外流。

1.3.3 农村资金互助

破解农村经济发展问题是我国不断推进农业农村发展需要解决的一大难题，农村资金的盘活不能完全依赖国家财政或者全部寄希望于外界市场，需要从自身出发、向着自给自足发展方向才能使农村经济有所突破。

在市场经济体制的影响下，各种资产、资源都偏向于流入经济较发达地区[9]，绝大多数农村分散的小农经营模式无法形成规模性集中生产。尽管市场机制不断优化和合理配置资源，但落后的农村不仅无法吸引大量资金流入，还面临着资金流出的困境，导致农村资金日渐短缺。随着“三农”问题的不断解决，部分地区发挥农村自身具备的优势，通过乡村旅游、绿色产业等新型经营模式实现了农村经济发展。但部分偏远地区由于交通、经济等限制不得不继续进行传统的土地经营方式，农村资金的聚集能力有限，加之愿意在农村发展的正规机构较少使农村资金的筹集渠道较少。在此困境下，农民资金互助的出现在一定程度上解决了农村面临的资金困境。

农村资金互助社是一种非营利性质的互助资金组织，实质为村民之间的信用互助组织，可以解决传统资金输入式地从城市流向农村时的低效率和高风险问题，也可缓解农村资金短缺以及供需矛盾问题。我国于 2006 年在 14 个省份开始农村资金互助社的试点项目，目前我国注册在案的各级各类农村资金互助社达 25000 多家。农村资金互助社依赖其内部的熟人网络运转，省略了部分繁杂的商业手续，使传统金融机构和商业机构不愿意在农村进行投资的困境出现转机，有效地满足了农村资金需求。随着农村资金互助社的不断发展和注册、监管等机制的不断完善，农村资金互助社长期对农村资金盘活、农村商业银行资金回流、农村地区经济增长等发挥积极作用，其服务领域也扩大至农村产业、农村教育、农村医疗、农村养老等。

尽管农村资金互助社极大地推动了农村经济的发展，但其目前还面临着监管不力、机制不健全、抗风险能力弱、业务经营范围较小等问题，使互助优势未能得到充分发挥，没有达到预期有效的互助效果。因此，我国应该在政府层面明确农村资金互助社的法律地位和监管机制，推行和落实相关优惠政策，引导农村融资渠道，正规化农村资金互助社运行的同时降低相关运行费用。同时，还应该积极探索更多的农村资金互助的经营模式，以寻求更低金融风险、多元化融资渠道和经营方式。

1.3.4 农村集体资金管理面临的问题

农村集体资金管理与农民的各个利益直接相关，农村资金管理与农村经济发展、农村基础设施建设、农业经济收入水平也息息相关。农村集体资金的妥善管理有利于农村资金资产的合理配置，也有利于保证农民个体的合法权益得到保障和公共基础设施的不断完善。虽然农村不断发展，经济环境持续优化，但相较于经济更发达的大中型城市，农村集体资金管理还面临一些问题。

首先，农村资金管理的规范性较差。部分地区农村集体资金的使用存在自用自批以及村干部擅自决定部分收支的情况，一些村庄的资金出入账及实际应用没有按规范流程操作，甚至不及时向上级部门交接而由村集体自己坐收坐支。另一方面，规范性不高的村庄在会计账簿方面存在明细账缺乏或者账目记录不全、虚假账目等情况。其次，我国农村在资金管理方面还普遍存在账务缺乏公开透明的问题。部分村庄的账务在公开的时间、范围、质量方面都不规范，一些政府的划拨资金由于缺乏透明度而存在灰色地带，可能村民只知道有划拨资金项目而不知道其实际用向。甚至，部分村庄的资金账目主要是迫于上级部门的检查而临时向大众公开，较多流于形式。第三，农村会计人员的专业素养需要进一步提高。目前，大部分地区农村的会计依旧是由年龄较大的人员担任，会计人员民主投票选出，其会计专业素质并未随着时代的发展而提升，如会计电算化等，使农村资金管理存在问题。此外，农村更偏向于人际关系社群，由于人情关系复杂交错，加之部分会计人员职业素养较低便容易发生农村资金被偷偷挪用、账实不符甚至出现贪污现象。农村资金管理上的缺陷会阻碍农村自有资金和政府划拨资金的合理利用，在一定程度上阻碍了农村各种公共设施的建设和现代化农村的发展进程。

1.3.5 案例分析

【案例 1】青海省农牧业信贷担保有限公司(简称青海农担)是青海省一家专门为省农村农业经营主体提供担保服务的公司，无论是进行农业耕作的农民还是从事畜牧的牧民，只要提交资金申请并符合相关政策，青海农担就会把所需资金提供给农民。以青海省民和县为例，在我国实现全面脱贫以前，民和县还有部分建档立卡贫困户，青海农担通过担保给民和县合作社提供贷款资金。这种贷款资金依托扶持贴息政策给龙头企业发展提供资金支持。同时，还带动具有养殖意愿的贫困户开展养殖业务，对有养殖条件但缺乏资金的农户提供资金帮助，对没有养殖条件的农户以托养幼崽然后分红的方式来使农民进行畜牧经营。针对农村青年创业项目，其所需金额小于50万元的可以不需实物抵押，通过评级信用去判断是否授权贷款以满足其资金需求。青海农担在青海省财政厅和各级金融机构的监管下运营，一方面得到了政府资金和政策的大力支持，另一方面又积极参与农村小农经营、各种创业项目，使国家惠农政策与农村新型金融机构融合，拓宽了农民获取资金的渠道，也为农村融资机制升级助力。

通过金融信贷企业和以信用评级来取代实物抵押的方式给农民和农业经营者提供贷款资金，不仅有利于满足农民小额资金的需求，还可以极大减少农村中非正规资金筹资渠道。由政府进行资金扶持和相应监管，供需双方降低了风险。当农村长期处于竞争劣势而无法吸引商业资金时，政府与商业相结合的企业运营模式无疑开辟了一条新的融资渠道。

【案例2】辽宁省西柳镇在2015年对农村集体资产进行了股份制改革试点。以西柳镇码头村为例，其根据上级下发的相关政策先对村里的集体资产进行核查清算，然后统计参与农村集体经济组织的成员，建立股份经济合作社。在码头村的经济合作社中，村委会作为合作社的集体股入社，想加入合作社的村民则需要村民代表大会表决，通过后便可以成为股民。股民分为三个不同等级并享有不同权益。成立股份经济合作社之后，合作社可对集体资金资源和资产进行运营，所得收益由股民根据不同比例进行分红。

码头村农村集体经济股份制合作社的建立盘活了各种闲置资产，如村里的矿山、闲置的气化站、长期荒芜的占地等。由于其性质是村集体组织，可利用上级政府部门给予的资金将废置的集体资产重新经营投入使用，如集体矿山的开发、废置荒山的重新耕种等。通过经营集体资金资产而获得的收益除了对经济合作社的股民进行分红以外，还有部分资金用于村民福利和村庄基础设施建设。

码头村对农村集体资金资产的集体运营不仅提高了集体资源利用率，也间接地改善了村民收益和农村基础条件。既让农民拥有更高生活水平，又提升了农村环境宜居度。此外，以村民参与农村集体资产经营取代传统的村委会管理相关资源，在一定程度上可以使农村资产管理更加透明，真正让农民得利。

【案例3】随着科技不断提高和信息化日益普及，越来越多村务呈更加透明公开的趋势发展，将规避农村信息化水平低，监管机制极度缺失导致的公款私用、贪污腐败等问题。

广东省某村干部冯某便是历史长河中侵害农民权益、公款私用的反面典型之一。2012—2014 年，他通过 5 个虚假的农村基建项目，私吞上级政府拨付的农村资金 200 多万元。其中七迳镇唐寮村自来水装置工程，冯某除了村支书身份以外还是一个自来水公司的负责人，最开始冯某已经让村民每户上交 900 元作为自来水工程安装到户的费用，在接通入户的情况下还通过造假各种材料从镇财务部门拿到了自来水工程的专项资金。另外，七迳镇农田的灌溉渠工程，冯某提交材料申报，村灌溉渠项目拿到了专项资金，但工程实际没有动工，最后直接以 20 世纪 90 年代的工业排污渠作为验收品，验收材料的签名也只有冯某和另一个村干部。冯某通过虚假项目骗取上级政府拨付的专项资金，其后镇长则以不记得相关工程的具体批复过程为理由闪烁其词。

村干部通过自身拥有的职权以及农村复杂人际关系进行公款私用的行为时有发生。在信息传播不发达的农村，村民很多时候根本无法知晓上级部门划拨了多少专项资金而又都用向何处。加之农村监管机制的不完善使得农村地区资金使用存在较大灰色地带。行之有效的方法便是建立相关机制让广大村民参与农村资金使用。这样不仅使农民充分行使知情权等合法权益，还有利于促进农村集体资金高效化、透明化使用，让农民成为财政或集体资金的真正受益人。

1.3.6 农村资金筹集、使用及管理方面的建议

(1)多元化农村筹资渠道。在各银行农村业务的现有经营制度下，农村应该积极发展资金筹集的其他渠道，如通过政策或乡村优势进行招商引资，健全和完善金融经营和监管机制，吸引更多的商业和社会资本进驻农村。同时，政府还应牵头优化现有的农村生产方式，调整产业结构、扩大生产规模、增加农业及农产品的科技含量，从而通过自身实力吸引更多的投资进入农村。完善农村资金互助的注册及监管机制和法律法规，促进农村资金盘活的同时防范相关风险。在一些拥有特色项目的村庄，可以通过品牌优势、特色农村项目和政府优惠政策招商引资。

(2)完善农村资金的监督体系和财务公开制度。农村资金监管机制的完善可以通过建立举报系统实现，如举报信箱等提升监管能力，定期向村民公示资金流入与流出账目，传统纸质公示和现代信息平台公示结合，既让农民行使了知情权和监督权，又有利于村民得到应有权益。账务公开不仅促进了资金的优化配置，还在一定程度上规避了私自挪用和贪污风险。

(3)继续推进现代化农业发展，提升农业收益率。相较于第二、三产业，农业收益率较低是农村资金大量外流的重要原因，建立农业保护机制，如保护农产品价格、深化农产品深加工等提高农业利润水平，并尽量使其达到社会平均利润水平。政府部门要继续加大对地方农业的资金支持力度，大力推进农业和农村基础设施建设以逐步消除城乡二元化，进而突破农村资金的外流瓶颈。

1.4 农村技术

1.4.1 农村对农业技术的需求

农业快速发展使农民对各种农业技术的需求呈增加趋势，如由于自然条件限制，部分农村地区需要浇灌、农作物种植等技术指导，但因农村地理环境恶劣和相关技术知识传播媒介的低水平使得需要技术指导的地区并不能得到高水平的技术指导。随着信息化的发展，一些地区只是虚有其表地将部分技术知识粗泛地放置于信息网页，农民并不能真正地学到相关技术知识，导致农民的真正诉求并不能得以解决。同时，大部分乡镇都较少举办农业生产相关的技术培训，加之缺乏成功案例的示范作用，使农民没有机会或不太愿意进行农业技能水平更新。总的来说，农村落后的经济水平和农民素养使农民对农业生产技术的需求与满足间存在较大矛盾。

影响农民农业技术需求的因素主要表现在以下几个方面：首先是农民的年龄，大多数留在农村进行个体农业耕作的农民年龄普遍较大，他们通常更关注农业生产的结果。虽然农民对农业技术有一定的需求意识，但个人接受信息的能力和思想的保守等因素使其对农业技术的需求意愿有所下降，较为年轻的农民更加愿意和更有能力掌握更加先进的农业技术[10]。其次，是农户的家庭收入水平。一般来说收入较高的农户对于农业技术的需求程度更高，但对于经济水平较低的农民来讲，他们更加关注于新技术的成本以及对农作物增收的效用。第三个影响因素是农民的文化水平。农民的文化程度越高，越相信更加先进的农业技术可以带来收益，其学习和运用相关技术的能力越强。文化水平较低的农民由于掌握新知识技术的能力以及了解其原理的能力较弱而更加偏向于继续使用传统的生产方式[11]，如有实际成功案例作为示范便可增加其掌握新技术的意愿。除此之外，农户所拥有的土地规模也会影响其对新型农业技术的需求。对于经营较大土地规模的农民更加需要新技术助力增产以带来更高经济效益，从事小农经营的农民来说，农业技术更新所带来的资金和劳动力成本的变化可能对于家庭整体收入影响较小而对农业技术的需求程度较低。

1.4.2 大数据和云计算技术

随着经济社会和科学技术的不断发展，大数据技术在各领域均发挥着越来越重要的作用。对于乡村而言，大数据技术与农村和农业的结合有利于促进农村和农业的发展转型。首先，大数据、云计算技术在农业中的利用极大地加快了现代化农业的发展进程。目前，我国大部分农村还是处于分散式的小规模农业经营[12]，由于土地位置和状况、土地流转、农户个人需求等原因并不能形成大规模的生产经营方式，因此也产生了土地经营效率不高、经营成本相对较高、农产品市场供需不平衡等问题。农业现代化的一个重要组成部分就是将农村的各种资金更加高效地配置以优化产业结构。大数据及云计算技术可以转变部分品类农产品传统功效方式，也可以在宏观层面上调控县级和乡级农作物收获。同时，还可建立农产品综合信息平台，通过供需、价格、个性化需求等信息的共享促进供求双方信息互通，让农产品更加适应市场变化。其次，在基础设施水平较高的农村地区，可以通过大数据技术跟踪农产品生产加工过程进而保证农产品质量，可有效提高农产品附加价值并促进农民增收。政府部门可以运用大数据及云计算技术分析农产品价格走势、需求力度、各类农产品市场风险，并通过适当渠道将信息传输给农民，减少生产经营的盲目性从而减小农户经营风险。

然而，大数据及云计算技术在广大农村地区的落实和应用还存在较大难度。首先是广大农村地区应用这些技术的相关基础设施还处于匮乏阶段。虽然国家层面积极支持农村农业的数字化转型和现代化农村农业的发展，也出台了相关政策，但目前很多地区相关财政资金以及计划规划还没有落实，大数据与农村的结合还面临技术、经营层面等难题，真正要与乡村振兴结合为一体为农村发展助力还有很长的路要走。其次，农村普遍面临着网络应用成本高的问题，不仅相关设施的建设难度和成本高，农民使用网络的费用也高于城市。同时，大数据云计算的灵活运用离不开较为完备的基础设施、覆盖面较广的网络、具有相关技术水平和农村农业知识的技术人员等因素，而受农村整体经济和生活环境的影响，这些阻力还远远没有克服。第三，农村各级部门数据和信息互联互通也与大数据和云计算技术在农村的运用息息相关。由于我国目前的管理机制，各部门之间不仅没有很好互通，还存在大量资源、劳动力、信息等浪费，同一数据被不同部门收集整理和公示不仅浪费了劳动力，还会因为各个部门的规范程度不同使得数据公信力下降。因此，想要大数据和云计算技术真正服务于农村和农业发展还需要不断推进相关基础设施的建设、优化运行机制和相关规章制度以及吸引相关人才驻足于农村等。

1.4.3 信息化技术

1.4.3.1 信息化与农村教育

我国城乡二元经济结构使农村经济的发展长期落后于城市，还使农村教育资源较少、受教育机会较低，农村教育水平长期处于劣势[13]。国家通过教育资金拨付、农村教师引进、硬件设施更新及完善提升农村教育资源，新时代下的互联网和信息化教育平台融合为农村教育资源升级、农村教育失衡提供了一条新的路径。

教育信息化可以使农村跨越师资数量及质量、学校基础设施等困境，跨越时空地将各种优质课程呈现在农村学生面前。由于相关技术的不断发展和完善，我国在网络课程、线上授课等方面取得实质性突破，教育信息化使大部分农村学子较容易获得教育资源，通过远程课程让学生接受知识，利用信息化教育平台进行学生与老师之间的双向沟通，有利于解决乡村教育薄弱问题，也有利于从宏观层面缩小城乡教育水平差距。教育信息化不仅将各种学习资源、教育资源实现共享，其资源跨越时空配置的特性还在一定程度上减缓了农村在教育方面的财政压力。

我国目前还有很多农村地区面临着多媒体教室、学校网络覆盖、信息技术教育设备严重匮乏的状态，如化学、生物等学科教学设备和实验器具的缺失使得农村学生只能通过书本文字和图片了解原理、学习知识，不仅使知识的理解难度增大，学生还无法掌握实际操作能力。其次，农村学校所拥有的教学资源数据库较少，部分资源也无力及时更新，线上和线下资源由于系统管理等问题可供利用空间有限，使得农村学校还处于使用数字信息教育资源的初级阶段。所以政府应该继续完善相关教学设施，通过优惠政策和补贴等加强农村师资队伍建设，同时还应该继续普及各种教育数字资源，如超星课程、大学生慕课等和相关 APP，持续将现代化教育方式逐渐融入农村教育。

1.4.3.2 信息化与农业生产

尽管我国很多农村地区还没有形成规模化的农业生产作业模式，但这并不影响机械化技术在农村的普及使用，机械化与农业生产的结合可以大大提高生产效率和促进农作物产量增收，还极大节省了劳动力。其次，机械化技术在农业生产中的应用也有利于农民增收[14]。一方面农机技术在广大农村的普及使用可以减少农业生产中所需劳动力数量和降低劳动力工作强度，更多富余劳动力可以通过非农工作提升自己的经济收入水平。另一方面机械化技术的使用可以促进农业生产的良性循环，推动现代化农业和农村的共同发展。

总之，机械化技术不仅可以为农民增收提供动力，还可在技术、经济等方面促进城乡差距的不断缩小。第三，农村机械化技术的使用既可减少传统农业生产模式对农村生态环境造成的损害，如化肥和农药等过量使用造成的水土资源损伤和污染、小麦和玉米秸秆焚烧造成的空气污染等，还可以明显改善遗留于传统作业方式中的农村生态破坏问题，甚至实现有机物、水资源等循环利用，有利于农村和农业生态环境的向好发展。

随着农业技术的不断发展和农业升级转型，信息技术在农业中的应用主要通过相关仪器对农作物自身生长过程中的各种数据、农作物生长环境中的各种信息进行实时的传输与分析，进而根据需求调节供水量、空气湿度、温度等，以高精度管理提高农业生产效率。同时，信息技术还可以与农机技术相结合，农业机械作业是现代化农业发展过程中必须经历的阶段，信息技术的渗透可以将传统农业生产推向自动化、无人化管理。信息化技术可以优化机械技术在农业作业的高精度，机械化技术还可以通过信息化平台对部分农民开展技术培训，进而促进机械化技术在农村和农业中更广泛的推广。

1.4.3.3 信息化与智慧农村建设

从城乡一体化统筹协调发展到现在的乡村振兴战略进程，我国在农村投入了大量资金、人力和技术资源以推进农村的现代化发展，使我国农村总体上朝着智慧化方向发展。智慧农村不仅有利于进一步缩小城乡差距，还有利于农村资源更加优化地配置和更高效地利用。农村信息化技术的应用可以将资源和数据等有利于农村发展的实践经验在农村与农村、农村与城市之间互联互通，有利于指引农村建设和学习优秀经验。信息化可以在宏观层面分析和调控农村土地、劳动力、资金的合理配置，优化结构布局，为农村和农业转型升级提供动力。信息化平台的建设还有利于农村医疗系统、农村“三资”使用及管理系统、农村养老体系、农村教育系统、农村农产品供销体系、农村宜居环境等方面与时俱进地发展。

由于农村经济社会的落后及各种资源的相对匮乏，信息技术与农村深入融合和发展还面临着较大困难。首先，智慧农村的建设离不开信息层面相关基础设施的广泛覆盖和完善，也离不开农村交通、农业生产等方面的升级。但信息化技术升级不同于农村公共基础设施建设，其投资资金多、风险大，且资金回流周期较长，这使农村面临着更大的财政压力和建造风险，加之目前与智慧农村建设相关的具体政策还有待完善，在一定程度上阻碍了农村智慧化和信息化发展进程。其次，智慧农村的建设不仅体现在基础设施等物质层面，还与村民所具备的素养和技能相关。智慧农村的不断推进离不开农民这个群体的自身助力，然而我国农村还普遍面临着农民文化水平和信息化素养较低的境遇，由于农村自身弱势使得其对各类人才的吸引力较低，导致可以及时接收各方信息并带领农民建设智慧农村的高素质人才匮乏。尽管智慧农村目前有很大的潜力，也是广大农村现代化发展的方向，但目前还处于部分区域的试点阶段，只有基础设施和农民素养双层面的不断提升，才能使智慧农村在全国的广泛实施成为可能。

1.4.4 绿色技术

随着国民经济水平和绿色化意识的不断提升，绿色技术在农村和农业中的地位逐渐上升。从消费者需求方来看，绿色意识和健康意识的不断提升，绿色产品以其高附加值逐渐在农产品市场占有一席之地。绿色农产品不仅在生产过程中减少了对生态环境的破坏，还使农产品在健康和质量方面大幅提升，高收入群体在农产品质量、绿色化等方面的个性化需求使绿色农产品的未来市场较为可观。从农业生产方面来看，绿色技术在农业生产中的应用有利于绿色农业产业的发展，有利于在农村农业生产中增强生态环境保护意识，减少作业过程中产生的污染并降低能耗，促进农民、自然和农村经济的良性循环。绿色技术的使用和绿色产业的不断发展有利于农业全产业链的绿色生产，也可以逐渐推进农业生产的升级转型。绿色技术在运用中应与人工智能技术、大数据、物联网等技术连接以提高农村总体技术水平，着力解决产业结构不合理、市场化水平较低等问题。根据不同地区农村特性和优势建立绿色产业链不仅有利于缩小城乡差距，也有利于农村可持续发展和农民生活水平提高。

1.4.5 案例分析

【案例】近年来，随着信息技术和电商平台的不断发展，越来越多的农村通过电商平台销售农产品实现了农产品种植收入的大幅提升，涞水县是此大潮流中靠电商推动农村发展的县城之一。涞水县依托国家政策支持，建立了涞水县农产品产量、售价、销售网络、销售交易结构等为一体的大数据分析平台，以对县域内各种农产品产量、生产状况、销售价格等信息进行采集，通过分析各产品销售额、产业结构等宏观数据，给予农民农产品的未来市场信息。涞水县还通过大数据平台推广县内特色农产品品牌，打开了涞水县农产品销售渠道。同时，政府部门不仅在各个乡镇建立物流配送点，还在技术上优化农产品销售物流网，降低了农产品的销售成本，增加了快递时效，让消费者认可涞水县农产品的同时还大幅提升了农户收入。

越来越多农村加入电商运营队伍，但如果没有宏观信息和互通，农村电商化经营依旧摆脱不了小农经营劣势。涞水县政府部门建立的大数据分析平台有助于农户及时了解市场现状和未来发展趋势，有利于农户调整农产品经营结构。此外，农村实现电商化离不开信息化平台和相关基础设施及物流体系的建设及优化。以物流平台体系为例，农户只是运行机制中的一环，没有能力进行相关系统的优化，需要政府部门积极联合相关企业进行技术层面的升级优化。

1.4.6 农村技术发展的建议

农村各种技术的不断推广、应用和更新是实现乡村振兴和农业农村转型发展的必经之路，大数据、云计算及信息技术的广泛深入使用为大势所趋，只有将各种新兴技术因地制宜地与农村结合才能为农村发展不断提供动力。因此，为了助力农村更智慧、更现代化的发展，政府层面应该继续推进农村相关基础设施的建设及完善，各级政府组织应积极为农民普及各种知识以为技术顺利落实打下基础。政府还应该出台相关优惠政策吸引高技能人才和管理人才向农村输入，共同带领农民建设更宜居和先进的农村。同时，要借助优秀试点经验，通过更先进的农业生产技术和经营理念来建造适宜自身发展的现代化农业产业链。总之，农村技术的使用升级离不开政府在资金、基础设施、人才引进、技术推广等方面的投入和调控，也离不开农民对更优化技术和生产经营方式的接受和应用，不断强化科技供给、提高成果转化才能为农村高质量和现代化发展提供强大的前进动力。

1.5 农村信息

1.5.1 农村信息化的意义

农村信息化建设是促进农村发展和推动现代化农业转型的必要步骤，农村信息化有利于加快现代化农业建设的进程，有利于调整和优化农村产业结构和经济结构，进而提升农产品质量和生态农业的发展；有利于农村资源更加有效的配置和农产品流通，更加充分利用市场，促进农村及农业向好发展；农村信息化也有利于打破城乡二元结构，促进城乡统筹发展，缩小城乡之间在经济、基础设施、公民素质等方面的差距。只有深刻认识农村信息化在农村和农业中的地位和作用，认识到农村信息化的重要性，才能与时俱进地促进农村发展。

(1)农村信息化有利于促进农业现代化发展。相较于传统农业，现代农业是充分使用现代化技术改造自然，现代农业和农村发展的重要组成部分就是农村信息化，如“3s”技术、卫星遥感遥测技术、数字化专家系统等[16]。除此之外，许多农业技术的推广、农产品的销售也离不开农村信息化系统。我国正逐渐建立起农村信息化平台来帮助农民获取农产品市场及劳动力市场的供求关系、农业新技术新生产方式信息。因此，农村信息化是促进农业现代化发展的重要工具，它改变了传统农业的生产方式和管理方式，是传统农业向现代化农业转型的极其重要的动力。

(2)农村信息化有利于促进城乡统筹协调发展。随着经济社会的不断发展，我国也越来越将农村的升级转型放在重要位置，不遗余力地推进和完成脱贫工程，提出和不断落实乡村振兴战略、诸多帮扶政策、惠农政策，促进了农村经济、基础设施、基本医疗等方面的大步发展。但我国农村与发达城市之间、农业生产与工业生产之间还存有极大差距，破解城乡二元结构、统筹城乡发展、推进智慧农业建设进而缩小城乡之间的“数字鸿沟”都与农村信息化息息相关。农村信息化将农民与市民、乡村与城市、农业与工业连接起来，使农村与城市之间的生产要素、生活要素和各种资源等相互流通以在宏观上实现更加合理的配置，既能使市民的生活更加方便，也能使农民生活更加富裕，既能在一定程度上缩小城乡差距，也能进一步推进了城乡的统筹与协调发展。

(3)农村信息化有利于“三农”问题的解决和乡村振兴的实现。“三农”问题是我国经济社会高质量发展、政治社会稳定发展道路上亟待解决的问题，农村信息化有利于农产品流通和农村生产经营方式的优化以实现农民增收和生活质量提升。目前，我国处于农村劳动力大量转移、农村空心化状态，很多农村并没有建立起规模农业，绝大多数农村还处于小规模分散经营格局，这使整体知识能力水平较低的农民更加难以获得准确的市场信息并做出正确决策。随着农业信息化的发展，农业生产所涉及的各个环节更加容易和直接地与市场对接，减少了中间商赚差价并使农业市场交易更加透明化，把较为分散的个体小规模农业生产与大市场衔接起来，把农产品供应者、消费者和市场连接起来，使三方之间信息贯通，交易渠道通畅，既降低了生产经营和交易成本，还扩大了交易市场，促进农民增收。相较于发达城市信息的实时流通，信息化建设是科技较为落后、信息闭塞的农村发展难点和重要工具，也是乡村振兴实现的重要途径。在党的领导和政府及社会的扶持下，我国农村的生活更加宽裕、生活环境更加整洁、基础设施更加完善，真正实现智慧农村和智慧农业仍离不开各地政府部门与农村、目标销售城市之间信息的实时流通与更新。

1.5.2 农村信息化现状

我国农村信息化建设始于20世纪80年代[1]，相较于国外发达国家起步较晚，但我国的信息化建设发展较快并且已经迅速渗透到农业和农村的各个领域，如“金农工程”“村村通工程”以及后来农业信息平台、农村信息库建设、精准扶贫信息库等。从总体上来看，我国逐渐将云计算大数据、物联网、5G等先进信息技术用于农业生产中。在蔬菜种植方面，通过物联网体系进行农作物种植环境等数据的实时采集以实现精准管控，进而保证农业生产效率和农产品质量。在销售方面，随着电子商务的不断发展，不少农村也开始借助互联网建立新型交易模式，同时国家层面每年通过网络助农带货活动帮助部分地区销售农产品。在就业创业方面，信息化平台的建立完善和不断推广也使得广大农民和农村劳动力更加及时和准确地接收到各种岗位需求和就业创业的优惠政策信息，农村劳动力就业的稳定也使得农民生活水平大幅提高。

科技水平的提高和信息化的普及使农村居住环境、农业生产方式、农民生活模式发生了巨大改善，但目前我国农村的信息化还面临着许多亟待解决的问题。

一是基层信息化人才的短缺。总体来看我国具有信息化相关知识和一定技能水平的信息化人才储备，但多数信息化技能人才都在较为发达的城市从事信息软件、大数据分析等工作，农村所拥有的信息化人才较少。此外，基层信息化人才不仅要具备信息获取、分析及处理的能力，也要了解农业生产和农村实际运转机制，土生土长的农民虽然擅长传统农业但文化程度普遍偏低，这就使得农村实际生产经营的可用人才较为短缺，也导致智慧农村建设和农村信息化建设难度较大。

二是农村信息化基础设施建设较为落后，农民缺乏利用信息的意识。农村实现信息化是要以基础设施建设为载体。从公共设施来讲，国家投入大量资金用于农村信息化基础设施建设，但如何分配以实现资金的最有效利用仍是一大难题。对于农民个体来讲，大部分利用广播、手机、有线电视进行信息的传播和接收，但很多农民并不能灵活自如地使用智能手机。互联网以手机和电脑作为载体，农民手机与电脑的拥有量也与农村信息化发展的程度息息相关。近几年国家十分重视农村的信息化建设，不断增加基层信息管理员以加强基层队伍建设。农民受文化水平和经济水平限制，只有很小一部分人认为电脑和智能手机是必需品。农民更多的关注点在于生计，很少人会收听农业技术和农业市场信息，浏览各种农业信息网等，或者即使了解部分信息，也不知道如何运用到农业上取得效益。此外，分散的小农经营模式并不能使农民通过部分农业信息的获取实现收入的大幅提升，利用信息致富的是少数农业大户和有知识的年轻农业人。

1.5.3 农村信息化发展的供需分析

1.5.3.1 需求方面

首先，本质上来说市场化程度与农村信息需求呈正向关系[15]，只有农业规模发展到一定程度才能对信息有较大的需求意愿。我国大部分地区还都处于土地承包制下的小农分散经营模式，这使农民对于各种信息的需求程度较小。而且，信息技术只有在大规模的农业生产中才能达到降低成本和劳动力、提升收益的作用。其次，农民对于信息的需求状况还取决于农民的收入水平。农户收入水平强有力地限制农户为信息而支付的意愿，农民不仅需要支付信息获取设备，如计算机花费，还要付出时间来学习信息获取方法，加之农村信息获取费用，如话费、服务费、维修费等信息服务费，相较于城市成本较高，更加抑制了农民的信息需求。第三，农民的文化素质和对信息的认知程度对农村信息化产生了极大影响。我国义务教育的普及使农村青少年受益，但并没有改变农村中年龄较大劳动力的文化水平，特别是一些较为贫困落后的农村，村民的平均文化水平更低，使用现代化手段传输产供销信息难以被农民接受。同时，受自身文化水平限制，农民害怕自己不能分辨信息真伪和正确利用信息而造成损失，进一步约束了农村对信息服务的需求。

1.5.3.2 供给方面

首先，相较于制造业等工业市场，农业市场中政府处于农村信息服务的主导地位。从最初的“金农工程”开始，国家每年拨付资金用于信息化平台和农村信息化建设，但将资金分散开用于各个地区农村的不同层级就显得所拨付的资金杯水车薪，加之部分地区财政状况较差，会出现无暇顾及农村信息化建设的情况，甚至会出现政府干预农村信息服务流程的现象。目前，农村的大部分信息服务机构都源于政府部门，致力于提供公益性信息服务，极少数盈利性服务机构会受到政府部门的严格监管，这在一定程度上制约了农村信息服务的效率。农村信息提供模式使其所提供的信息缺乏吸引力，不能及时适应市场变化，也无法满足不同个体的多样化需求。

其次，农村信息服务市场和发展机制不完善。农村信息服务涉及部门较多，缺乏统一的规划、有效的协调与管理、完善的相关法制，致使农村信息的流动与利用难度和成本都较大。农村信息涉及农业、林业、文化、卫生等，但目前各个部门间的信息并不能很好地流动，各部门间、各单位间信息没有充分对接，使政府部门所提供信息的有用程度较低。同时，我国农村信息服务市场还并不能像向城市一样充分发挥市场机制，针对普通农民的信息服务网络亟待完善。目前，我国大部分地区的农村信息化网络都只能在县一级达到预期水平，各个乡镇以及基层农民之间则出现“断层”状态，并且政府部门的信息与农民生产组织之间也缺乏有效流通，农民大多数处于被动状态。总的来说，农村信息服务的最后一公里还有很长的路要走。

最后，农村缺乏信息人才，所提供的信息质量较低。在农村和农业中，无论是信息的获取、分析整理还是信息传播，人都是十分重要的组成部分。拥有充足的高素质信息服务人员是提高农村信息流动质量的关键因素。在大部分农村地区，由于人员缺乏使基层信息更新较慢、大量信息资源未能被充分分析和开发，还广泛存在基层信息服务人员不能使用计算机和信息技术的现象。与国家级或者省级的信息化队伍相比，基层人员大多数技能薄弱又身兼他职，信息化队伍结构还需要大力优化。除此以外，目前大部分信息网站提供的信息较为笼统，较难真正实用于民；还有部分网站处于提供政策法规、天气预报、价格情况等信息，而农民所需的技术服务、产品市场预测等信息提供较少且滞后，地区间、各部门间信息流通渠道的不通畅也使得大量信息资源被浪费。

1.5.4 案例分析

【案例 1】山东省闸口村由于农业生产处于较低水平，农民收入较低使得本村的教育水平只达到最低保障水平。其在 2019 年还属于省级贫困村，加之山区地形，其农村学校的条件可想而知：由于地理环境限制，村里的唯一小学无法扩建，学校高年级的学生要去离家十几千米外的小学上课；由于教师人数极少，有一半的老师还未达到本科文凭，更难以掌握突如其来的信息化教育导致教学质量较低。加上经济水平限制，家长大都忙于生计而无暇顾及小孩的心理教育和家庭教育。

随着脱贫攻坚任务的完成和乡村振兴进程的推进，闸口小学也迎来了教育的信息化发展。目前闸口小学全面覆盖了互联网，学校给教师配备了电脑并给教室配备了交互式智能屏幕，使学生可以在教室通过无线网观看市级教育平台提供的相关课程，还通过大数据支撑分析各学生的知识掌握情况和单元测试水平，在本校教师补习的基础上还连接城市高级教师的专项微视频，针对不同学生开展知识强化。由于学校师资有限，满足文化课教学已经很不容易，根本无力开展音乐、美术等课程，闸口小学便通过交互智能屏幕，借助互联网让城市教师远程授课。教师们也不断采用多元化授课方式，如通过视频、PPT 等来使课程更加生动。闸口小学信息技术设备完善和老师信息技术掌握为小学教育贡献了动力。

通过强化农村小学的信息化建设来促进农村教育可谓是一条极好的路径。

网络和信息化终端设备所需要支付的费用对于部分农民家庭来讲开支较大，农村形成远程授课体系难度较大，便可以通过集体远程授课的方式减少学生家庭开支，也可以让农村学生享受更丰富的教育资源。教育信息化使各种教育资源可以突破时间和空间限制，促进了农村教育的发展和城乡教育间的差距缩小。

【案例 2】我国农村信息化程度和范围在一定程度上远不比西方国家，一则是由于我国农村信息化建设较晚，二则是我国农村地区经济、基建等水平较为落后，加之农村数量之多以及贫困化也成为我国农村信息化进程中的重要阻碍因素。美国已将信息化数据分析与农业充分结合，信息化对于美国工业的贡献甚至弱于农业，美国全境几乎 1/2 的农场和牧场有相关电子计算机设备。在美国人口中，只有不到 3%的人口从事农业，但美国农业产量不仅可以满足本国需求，还可以大量出口国外，这极大得益于互联网平台农业市场中各种信息的实时流通。美国农村信息化平台不仅提供给农户各类农产品的价格、不同农产品需求程度以及农产品销售状况、近期天气状况和灾害预测，农民还可以通过信息化平台进行农业生产技术的咨询。美国部分州政府收集本州的气候、地理环境、农业资源等信息，分析整理后公示于农业网站以为当地提供更适宜的农业信息，还将机械化技术与信息化技术相结合，实行精准农业的作业方式，使得农业经营者可以及时知晓农作物及环境的实时状况，精准把握农产品市场信息和与农作物种植相关的病虫害等。美国还利用数字化和信息技术建立农产品生产全产业链的追踪系统，使用户可以清楚农产品的生产流程与来源等。

美国农业信息化技术已经处于十分先进的状态，以信息技术调控农业机械作业，通过信息化平台多方位了解农产品市场，提高了农业生产效率并节省了劳动力。美国农业信息离不开信息技术、农村基础信息设施建设、农业信息资源的整理和利用，也离不开农民自身对于信息化技术的掌握。对于我国而言，要继续推进农村基础设施建设，提高农民知识能力水平，学习农业信息化试点地区的先行经验才能递进式推进我国农业信息化发展。同时，要认清我国农村现状，切莫好高骛远，落后的农村地区可以以农业信息的初级利用为发展目标。总之，实现全国大范围内农村农业的信息化发展还任重而道远。

1.5.5 如何搞好农村信息化

(1)充分发挥政府在农村信息化中的作用。近年来我国十分重视“三农”问题，也多次提出进一步推进农村信息化的发展。农村信息化的发展除了依靠政府的大力扶持，还需要通过各种优惠政策引导企业、社会等主体参与进来，调动各方资源来共建农村信息化。农村信息化是解决“三农”问题的重要工具，因此政府应该做好各部门间信息规划，在各部门间建立一个集约化的系统，使相关信息可以统一规划、管理和协调，避免各部门间独立行事不交流。同时，政府应该制定和出台相关优惠政策降低农民获取信息的成本和农村信息化建设的成本。政府也应该集合各方力量加大对农村信息化的建设投入，并建立专项资金进行部分工程的定向使用。政府也应逐步建立“谁投入谁受益”的竞争机制，引导建立市场化的信息服务机制，鼓励和吸引多种资本进入农村信息服务化市场，以增强其吸收资金的能力，加快农村信息化建设的发展和扩大。

（2）强化对农村信息的开发和利用。首先要加强农村信息资源库的建设，丰富的农村信息是农村信息化的基础。要不断完善农村农业相关信息的收集与整合，通过多元渠道及时、全面、准确收集各种信息，并改进信息传递渠道以减少信息传递中的噪音。同时，要不断优化农村信息处理系统的建设，及时对各种归集信息进行整理、筛选、分析、提炼等，把初级的、分散的信息加工成可以供各方使用者利用的信息。同时，建立涉农数据库进行农业农村数据的归集，并拓展数据检索和分析程序以使普通人可以有效使用现有信息资源。其次，要逐步完善信息资源，整合平台以便及时地将产品供销信息、劳动力就业信息、农村环境治理信息整合、归纳、分析和传播。资源整合平台的建立也有利于各种资源在各个群体间的共享，避免了同一信息在各种平台间的重复分析。鉴于农民自身基础设备的缺失，也要继续优化传统的广播、图书信息等传播途径的建设，真正为广大农民提供便利、实用、丰富的信息。

（3）完善农村信息基础设施和服务体系建设。首先要继续推进农村信息基础设施建设，其是农村信息服务体系得以发展的基石，政府及相关运营商要拓宽数据传输网在广大农村的覆盖面，有效建设和完善各种电视网络配套的基础设施以实现各级间信息资源的快速、高效流通。建设综合性信息服务站的同时还应开发和推广质量过关且价格低廉的终端设备以促使普通农户也能实时便捷地获取信息。建立公益化和市场驱动盈利化结合的信息服务运行机制以积极调动其他组织对于农村信息化的参与度，同时还要加强基层信息员的队伍建设，推动农村信息化发展，提升信息服务人员的技能水平以为现代农村和农业建设夯实基础。

参考文献

[1]孔祥智．农业经济学[M]．北京：中国人民大学出版社，2019.

[2]曾宪明．城市化进程中的农地制度变迁：国际比较研究[M]．武汉：武汉大学出版社，2016.

[3]白燕玲．我国农村土地流转的现状、问题及优化路径[J]．江苏第二师范学院学报，2022，38(1)：77-80.

[4]胡枫．中国农村劳动力转移的研究：一个文献综述[J]．浙江社会科学，2007(1)：207-212.

[5]“城镇化进程中农村劳动力转移问题研究”课题组．城镇化进程中农村劳动力转移：战略抉择和政策思路[J]．中国农村经济，2011(6)：4-14+25.

[6]何慧敏，谢林娜，韩京秀，等．基于推-拉理论的农村劳动力返乡创业影响因素研究[J]．农业科技与信息，2022(4)：118-122.

[7]李庆祥．乡村振兴背景下农村劳动力就业问题研究[J]．安徽农学通报，2022，28(4)：3-5.

[8]钟腾，吴卫星，玛西高娃．金融市场化、农村资金外流与城乡收入差距[J]．南开经济研究，2020(4)：144-164.

[9]程增荣．以农民资金互助破解农村创业资金短缺问题[J]．中国乡镇企业会计，2021(7)：29-30.

[10]汪新生．浅谈我国农民对农业技术需求影响因素分析[J]．农民致富之友，2015(16)：40.

[11]钟高辉．贫困地区农民对农业技术服务的需求分析[J]．湖北农机化，2019(12)：11.

[12]邓小明．论新农业科技革命[M]．北京：中国农业出版社，2020.

[13]林裔杰．公共政策视角下信息化技术对于农村教育公平性问题初探[J]．科学大众(科学教育)，2019(10)：30-31.

[14]候志华．农机技术推广工作在新农村建设中的重要作用[J]．农家参谋，2018(22)：80.

[15]王艾敏．河南省农业信息化发展研究[M]．北京：经济管理出版社，2016.

[16]霍苏．农村智慧农业信息化建设现状与建议[J]．河北农业，2021(12)：51-52.

农村产业兴旺 2

2016 年中央一号文件指出："大力推进农村产业融合，促进农民收入持续较快增长"[1]，到 2018 年中央一号文件直接提出："进一步明确构建农村一、二、三产业融合发展体系"，着力推动产业兴旺、保障农村产业良性健康发展是增强农村造血功能的关键一环，推进以农民为主体的多元产业类型，实现农业合作社、农业企业、第三方资本为主体的乡村产业体系对于乡村经济多元化、乡村发展协同化具有重要意义。

2.1 农村产业选择依据与条件

2020 年，我国脱贫攻坚战获得全面胜利，农村地区工作发展重点转移到乡村振兴上，而实现农村地区经济高质量发展产业支持是重中之重，产业兴旺是巩固脱贫成果，全面推进乡村振兴中需要考虑的关键环节。基于现有学者对乡村地区产业发展现状、影响因素、路径选择的分析，发现农村产业选择中资本、特色资源、土地、技术等要素配置是区域产业兴旺的主要竞争力。此外，农村产业发展模式确定中一方面要立足本土资源禀赋优势和现有的产业结构基础，基于地方实际情况和发展背景打造适合的农村产业发展格局，在产业布局完善的基础上优化产业结构，依托地方特色，适时发展特色产业群；另一方面，农村产业建设中，需要抓住国内外发展现状和宏观战略政策两条主线，当前国家提出乡村振兴战略规划，地方要以绿色农业、生态农业为主要发展对象，不断创新产品优势，同时不断强化技术作用，保障农业技术和管理双重创新，实现农村农业现代化、高效化、合理化。

2.1.1 农村产业选择之依据分析

基于现有学者的深入分析，梳理出农村在产业选择上要以正确目标为引导，解决好农村"干什么、怎么干、谁来干"的问题，这是乡村产业健康长足发展过程中必须关注也是要解决好的问题[4]。具体来说，农村产业布局上要以市场发展为导向、因地制宜客观选择为基础、基础设施建设为保障、特色产业打造为核心竞争力、人才培养为支撑，多层次多角度选好地区发展产业，实现产业兴旺，助力乡村振兴。

农村产业究竟如何定位，农村主体究竟如何选择适合的产业，这是农村产业发展进程的第一步也是关键的一步。国内外学者围绕这一议题展开了诸多研究，结合国家宏观政策实施要求与产业特性，总结产业选择四条依据(图2-1)，具体来说，包括传统产业或第一产业的重视程度、品牌打造中对基础产业的依赖程度、新型增长动能培养过程中对乡村特色产业的关注程度、产业发展中对一、二、三产业融合推动的要求程度，在上述4条依据基础选择上，提出细化传统分工、特色产业品牌化建设、产业与行业结构优化、产业融合发展4项发展目标。

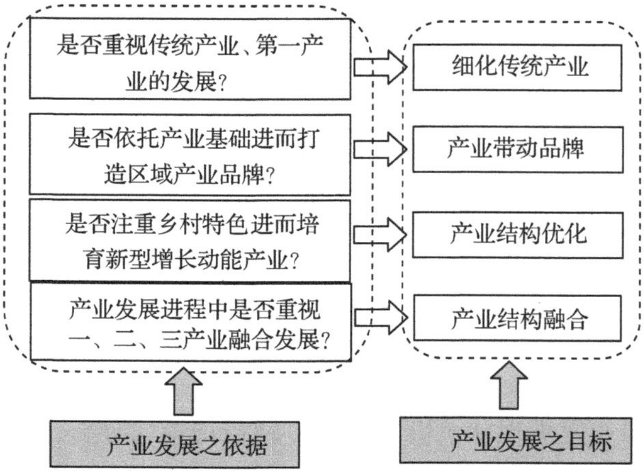

图 2-1　产业发展之依据模式

2.1.2　农村产业选择之条件分析

农村产业选择主要包括农业种植主导、初级或深度加工、品牌旅游打造、混合发展几种类型，具体选择哪一种产业模式需要结合农村现状与产业发展基础条件的支持。图2-2从产业发展基础、产业发展基础下产业模式选择、产业发展支持条件作了详细梳理。

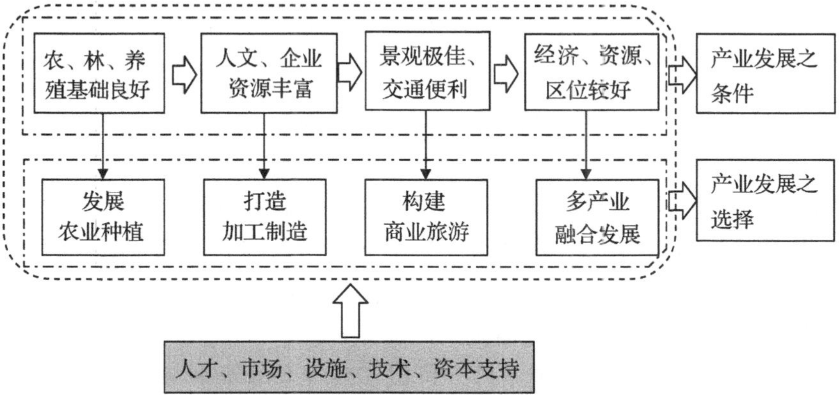

图 2-2 产业发展之条件模式

产业选择条件和产业选择依据有本质不同，产业选择依据是针对规划层次，从管理角度提出的，而条件分析是针对农村客观现实，内外部状况提出的发展方向。农村产业选择中，若地区农林牧渔养殖业条件较好，可因地制宜发展农业种植业等第一产业；具备人文资源、企业资源、招商引资条件，可以加工业、制造业为主导产业；自然景观极佳，交通便捷情况下，以商业旅游业打造为主；在上述条件发展成熟，经济条件、资源区位优势明显的情况下，着力打造一、二、三产业融合发展机制[5]。此外，农村产业选择中，人才、技术、资金、市场、基础设施扮演着重要角色，只有相关因素协同发展、配合“发力”，才能选择合适的产业模式，以产业带动区域经济正向发展。

2.2 农村第一产业之典型案例

第一产业主要指农业、林业、牧业、渔业等，具体来说就是借用自然之力不深度加工即可对外消费的产品与生产行业。第一产业是农村经济发展、产业升级转型的重要支撑，新产业新业态的不断壮大发展、资金技术人才的大力引进是农村区域产业兴旺，实现农民持续增收的动力源泉。然而，仅发展传统第一产业来提升农民收入是较为困难的，有关部门需要以政策积极引导，引入多元经营主体，实现农村要素资源的高效利用；发展多种经营业态，基于城乡融合之大趋势大背景，积极发展新型第一产业，抓住区位优势，实现要素利用、资源开发的综合性和立体性，将新型第一产业打造成为农村产业兴旺的“王牌”。

2.2.1 案例一：河北西道——以草莓打造新品牌，用优势资源引领产业兴旺

河北省承德市隆化县七家镇西道村处于北京—承德出游的黄金线上，旁邻茅荆坝国家森林公园。多年前，该地只有 1260 人，是一个人均收入低于 3000 元的穷山村，后西道村以草莓种植为主要依托，构建起含有草莓元素的种植、采摘、销售的系统产业链条，产业发展和人均收入同步提高，真正实现了优势产业助力乡村发展、创意理念推动产业兴旺。

2.2.1.1 西道村草莓产业建立概况

西道村有极佳的草莓种植条件，可以实现全年草莓种植生产。起初，当地村民草莓种植主要以零售为主，难以形成规模化销售，游客到此旅游方式也极为单调，这样的经营模式严重制约了当地产业发展与新农村建设。在国家政策方针引导下，西道村开始规模化、产业化种植草莓，全村一半以上耕地改种草莓，实现 1100 亩的种植面积，此举壮大了隆化县的产业，传统种植结合新型种植方式，用“小草莓”撬动“大产业”[6]。随后，隆化县依托草莓产业发展本地休闲农业，建立起“草莓公社”，依托草莓种植构建起“乡村旅游+产业兴旺+特色文化开发+电商经营+美丽乡村”的模式化产业，如今，隆化县在第一产业发展成熟的基础之上，逐渐融合第二产业、第三产业，搭建起产业融合的新渠道，为乡村产业发展拓展新方向。

河北隆化草莓产业目前已经逐渐形成体系，从原来的草莓单一种植转向“草莓+旅游”“草莓+餐饮”“草莓+民俗”的复合模式，当地农民还将草莓采摘打造成当地的独特优势，隆化利用地理优势建造“四季草莓”生产基地，真正实现了农民增产增收。如今的西道村“草莓公社”已经成为第一产业发展的示范园区，从村庄到小镇，当地居民依靠小小的“草莓”彻底摆脱贫困，村民积极作为，摸索出“造血”式的产业发展模式，在乡村振兴战略的支持下，西道村探索出农村产业兴旺、产业多元化提升、农民持续化增收的一条新路径。

2.2.1.2 西道村草莓战略规划情况

西道村草莓产业以第一产业建设为主，二、三产业发展为辅，当地政府基于现有资源优势与发展现状，将草莓产业发展划分为打造“草莓公社”、构建“草莓小镇”、建成“中国草莓谷”三个阶段(图 2-3)。隆化草莓产业发展规划，一从预期状况出发深度分析当地草莓种植优劣势，二从规范设计出发提出后期产业发展规划与政策落实方向。

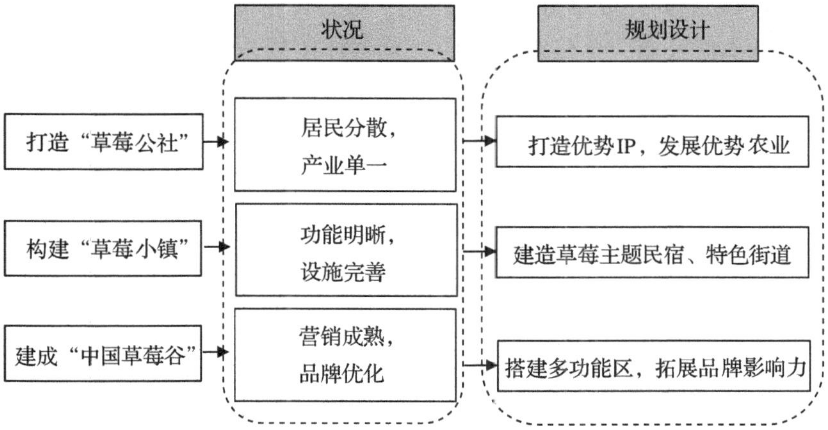

图 2-3　河北隆化草莓产业发展规划

(1)“草莓公社”打造阶段。西道村初期依据村庄居民分散、产业单一、交通便利、地理因素较好的特性计划打造“草莓公社”。具体来说，此阶段产业规划以农业种植业为支撑产业，村民通过草莓采摘，对外销售进而获取收入，同时依托草莓产业打造地区农家乐，但是此阶段农家乐的打造缺乏特色，娱乐旅游业尚未纳入规划范围；在“草莓公社”规划阶段，当地政府融入休闲农业、创业农业，打造出富含草莓元素的吉祥物或主题印象，卡通人物“莓茜”充分融入草莓元素，对外发布可爱形象，让消费者从接触卡通人物第一刻起就对隆化县草莓有独特印象。

(2)“草莓小镇”构建阶段。“草莓小镇”规划清晰明确，与“草莓公社”一样充分融入草莓元素，“草莓小镇”在发展规划上分为前期规划与后期发展。具体来说，前期规划以民宿建造、民宿改造为主，民宿产业的兴起将改变过去只有农家乐产业的现状，形成外来游客“留得下”“住得了”的全新局面；后期发展是在前期民宿改建成熟的基础上，打造创意走廊、特色街道、草莓主题餐厅。总之，整个基础设施建设都富含草莓元素，房屋内外改造和内外装修充分融入草莓标识，达到“走在小镇上如置身草莓庄园”的效果。“草莓小镇”的建设可以为当地农民带来极大增收，用草莓种植发展草莓建筑、草莓餐饮等系列周边产品。

(3)“中国草莓谷”建成阶段。“草莓公社”“草莓小镇”的规划设计是充分考虑现实和产业发展潜力而制定的，“中国草莓谷”更是基于上述两大阶段的建设成果，从整体布局到功能提升实现产业带动经济发展的效果。“中国草莓谷”在整体布局上同样以草莓为主导产业，结合民俗文化、田园文化、皇家文化打造成集草莓采摘、草莓观光旅游、草莓休闲娱乐、田间特色旅游为体系的综合性草莓基地。另外，当地政府结合草莓产业和民俗文化、田园文化等着力构架旅游观摩地、现代产业园、国家4A级旅游景区，通过综合性产业发展带动该地区三大目标实现；功能提升上，西道村制定营销规划、对外合作机制，不断丰富品牌内涵，以创新理念实现产品升级发展。具体来说，通过新媒体平台对外宣传“草莓谷”，和本地大型企业签订战略合作关系，让单位参与草莓产业营销，构建“上下联动”“相互协作”的有效机制，保障隆化草莓走出河北、走向中国、走向世界。

2.2.1.3 草莓种植业发展措施分析

隆化县西道村草莓产业之所以取得如此成功，一方面得益于上述三期产业发展规划，另一方面其措施制定具有科学性和合理性，具体来说，当地政府从政策引导、资金支持出发充分调动居民积极性，整合当地资源，挖掘产业潜力。

(1)积极制定政策，引入社会资本支持当地草莓种植业发展。隆化县为实现产业兴旺，积极改善当地水电路灯等基础设施，投入资金700余万元，保障基础设施的高效构建，在资本投入和政策引导的基础下，隆化县实现了乡村美化、道路绿化、夜间亮化，让公共服务水平迈上一个新台阶；当地政府以PPP模式，加强社会资本引入，以社会资本和政策支持打造当地草莓生产的基础设施，通过资本获得，在基础产业建设成熟后打造田园建设，利用好当地旅游项目资金和财政发展基金解决好草莓庄园的建设问题，另一方面引入社会资本为旅游业发展与规划引入资金“活水”。

(2)政府主动作为，充分调动村民积极性整合优势资源。隆化县西道村的草莓种植立足于当地现存产业基础，政府积极作为，瞄准市场需求，打造“草莓采摘+乡村体验”的产业模式。隆化县草莓产业取得如今的发展，政府部门出力不少，当地部门积极协调产业布局、征地用地，引进先进技术，引导当地村民改变固有思维，助力打造市场需要、质量上乘的草莓；整合优势资源，将产业发展和文化建设有机融合，打造符合当地特色的IP，引导村民积极参与，政府向当地村民清楚讲解政策导向和产业发展前景后，村民干劲十足，主动参与到“草莓公社”“草莓小镇”“中国草莓谷”的建设中。“政府主导+村民参与”的农业发展模式为当地产业兴旺提供了重要支撑，在一产种植业发展逐渐成熟后，西道村瞄准新的市场需求，不断探索附加产值大的产业[7]。

2.2.2　案例二：山西云州——打造第一产业，以黄花种植带动区域经济高质量发展

山西省大同市云州区将黄花产业保护好、发展好，真正将其做成了大产业，带动区域经济高质量发展，给当地带来了新的经济增长动能。2020年，云州对外销售干、鲜黄花超过1300t，实现了60%的净增长。在黄花种植业不断发展的同时，黄花干菜、黄花酱等产品也实现跨越式增长，一朵小小的黄花给云州带来了新机遇、新活力[8]。目前，云州在黄花产业上已逐渐形成第一产业发展为主，第二产业协同推进的新局面，一条完整的产业链与产业集群逐渐建立起来，黄花从大同走向山西，从山西逐渐进入全国，昔日“不起眼”的黄花给山西产业兴旺、经济发展带来新希望和新动能。云州黄花产业的兴起具有较好的借鉴意义，我国地大物博，南北差异大，农林牧渔等产业各具优势，其他地区基于云州成功案例，积极作为，把握地区产业优势、找准方向，助推产业发展，为乡村振兴贡献应有之力。

2.2.2.1　云州及其黄花产业发展概况

云州地处山西省大同市东郊，面积达1478km^2，人口15.1万人，距离市区20km，交通发达，区位优势明显。云州原是燕山—太行山集中连片特困地区开发县，国家提出“精准脱贫”目标后，2018年该地实现贫困“摘帽”。近年来，云州凭借其资源优势，大力种植黄花，实现产业集群化发展，现拥有“中国黄花之乡”的美称；此外，该地气候独特，平均海拔1157m，此地属温带大陆性季风气候，年降水量391.5mm，易于黄花生长。在2021年3月，云州区召开第二次党代会，提出建设“现代农业示范区、创新发展引领区”的目标，全力推进云州经济高质量跨越式发展，进一步打造优势产业，以黄花种植第一产业为主导，融合手工业、旅游业、服务业等产业，构建起产业发展的模范区与“样板间”，将云州推向全国。

目前，山西省结合云州区农业发展现状以及云州特色产业发展规划，提出新的产业增长点，即打造云州为黄花种植与加工业标准化示范区。具体来说，在当前到2025年这个区间内，做好黄花基础产业基础设施建设，夯实产业发展的基础，实现产业聚集效应，逐步搭建起辐射山西北区乃至全国的新型产业园。此外，在黄花种植产业发展的同时，狠抓其他农产品种植业，实现第一产业多元化发展，克服单一产业发展的劣势；2026—2035年作为云州中期发展目标，此区间内在基础产业打造成熟的基础上，发展新型产业链，凭借示范园区建设的辐射效应，打造规模化标准化的农产品加工基地，引进专业人才和专业技术，深层次拓展深度加工，将科技发展、研究开发、产品

种植一体化建设，拓展出产业孵化园区和人才交流平台，以第一产业发展带动第二产业、第三产业深度发展，并在此基础上实现产业融合发展。总之，云州黄花种植已趋于成熟，第一产业发展为当地增收、经济持续稳定带来了巨大贡献，特别是在新冠疫情背景下，当地第一产业发展的标准化与深入拓展为当地居民带来了诸多就业机会，为乡村振兴之产业兴旺提供了典型案例和可借鉴之经验。云州黄花产业发展有极为清晰的规划，虽然当前产业依然以第一产业为主，但是随着现代农业建设的新要求和经济发展新理念，黄花产业发展已逐渐深入，并且在生产技术现代化、经营管理科学化、绿色生产标准化、科技支撑持续化方面达到了全国领先水平，各项指标的规范化处理为区域经济和产业融合发展奠定了重要基础。

2.2.2.2　云州黄花种植对产业发展之影响

云州黄花种植带动了地区经济增长，依托黄花种植为当地经济注入动力，实现经济的稳定增长，为乡村振兴与共同富裕提供了有力保障。黄花种植业的大力发展在一定程度上推动二、三产业的转型升级[9]，云州已逐渐打造成以黄花种植第一产业为主导，第二、第三产业协同发展的新型发展格局，为当地产业发展多元化，乡村发展现代化提供了有力保障。

云州区依托黄花种植业发展，不断拓展农产品加工、干黄花生产、周边产品生产等第二产业，黄花产业的大力发展不仅带动了村民增收、乡村振兴，还延伸出商贸物流、冷链生产、物流集中与分散、科技研发、成品展示等诸多产业内容；此外，黄花产业除了保障第一产业良性健康发展之外，为乡村旅游、休闲农业、配套设施建设、田园风光等第三产业发展带来了新机遇，在单一产业发展的同时助力其他产业协同升级转型。总之，云州种植产业的发展为二、三产业正向推进与产业融合发展提供了基础，政府以此打造出“种植+科研+加工+休闲+旅游”的现代农业产业体系，以产业带动经济、以产业带动发展，保障乡村经济进入“快车道”。

2.2.2.3　云州黄花种植措施选择

云州在黄花种植上经历了一定时期的摸索。黄花种植伊始，当地居民种植热情不高，这与黄花本身特性相关，黄花种植怕旱、怕虫、怕雨，在自然条件上要求极为苛刻。此外，当地居民对于黄花市场需求不明确，不清楚黄花市场需求发展方向，对于黄花种植初期收成问题也较为担心，多因素导致当地居民黄花种植积极性不够，政府部门基于黄花特性和当地百姓对黄花产业的担忧，出台了相关措施，补齐了黄花产业发展的短板，为其发展提供了有力保障，实现第一产业带动区域百姓增收增效、第一产业引导区域经济正向提升。

（1）政府部门积极设立专项补助，以新型组织形式发展黄花产业。黄花种植过程中，百姓最担心的事情就是种植初期没有收入或则收入过低的问题，为打消农民担忧，政府组织牵头成立种植合作社，构建起“合作社+家庭+农户主体”的形式，集中当地土地，推行规模化种植；此外，还出台具体的补助政策，即种植黄花可以享受500元/（年·亩）的补助，农民在自家黄花打理完毕的基础上可以参与合作社黄花种植管理，“兼职”可以获得额外工资收入，此举解决了农民黄花种植起初收入低、收入不稳定的问题，为农民增产增收提供了有力保障。

（2）完善喷灌等基础设施，建立健全农产品种植业保险，多层次多角度保障产业发展。黄花种植对水、光照要求较高，当地政府建立完善水利设施项目，累计投资2.6亿元参与喷灌基础设备建设。此外，在完善喷灌设备的同时积极建设地下管道、修复机井，保障黄花水源充足的同时引进节水节能设备，使得黄花产业发展不因季节天气等原因受到制约，此举较大程度解决了天旱缺水黄花减产的问题；农作物种植风险较高，对风险承担较弱的村民会选择放弃黄花种植，政府部门设立统一的种植保险，村民可以单独参与，也可以加入合作社参与保险购买，种植户按照每亩50元或200元的标准缴纳保费，政府划拨250元或200元给予农民保费补贴，在黄花产业遇到自然灾害或种植产量严重下滑的情况下，农民可以得到5000~7000元的保险赔付。灌溉设施的建立保障了黄花种植的良性发展，专项保险的设立从根本上为农民经营作业规避了风险，云州以黄花产业为主导产业，出台系列措施保障产品质量、保证农民增收，用第一产业为乡村振兴谋划出崭新的“画卷”。

（3）构架完善的管理制度，采供销一体化建设，充分挖掘产品内在价值。黄花种植需要土地基础，政府构建“合作社+家庭+农户主体”的新型模式，统一流转土地，统一种植管理，此举一方面保障黄花最终产品的质量，另一方面实现土地资源利用高效化，有利于打造产业集群，建成规模化系统化的种植模式；黄花种植是大问题，采摘也是产业发展过程中必须关注的环节，因黄花易坏、怕高温、怕阴雨，当地政府构建起完善的管理制度，对成熟的黄花统一组织、统一采摘，采摘后通过合作社快速纳入当地冷链管理库，采摘储存一体化管理同样保障了黄花品质，进而充分挖掘产品品质与内在价值。总之，当地政府在管理制度上以黄花产品质量为导向，积极落实利于黄花质量保持、品质打造的管理体系，争取将云州黄花做成全国知名品牌。

2.2.3 第一产业发展典型案例之问题剖析与经验借鉴

2.2.3.1 问题剖析

河北西道村和山西云州在第一产业发展上开拓了成功的典型案例，但是毕竟农业种植属于初级农产品范畴，其附加产值不高、产品单一化严重、未成功建立产业链，因此不能实现长效增收模式；此外基于两地产业结构分析可知，河北隆化草莓种植和山西云州黄花种植在新型农业经营主体开发上力度不足，这对于产业发展是一个巨大的威胁。

(1)复合型、专业型人才培育不足，技术发展力度不够，产业发展连续性存在问题。从劳动力角度来看，两地农产品种植以农民为主体，而黄花与草莓种植要求苛刻，病虫害感染率较高，对专业复合型人才要求高。两地在人才培养、人才储备上严重不足，难以依托人才和技术开发出新型产品，故难以形成核心竞争力。此外，传统农业种植效率较低，农产品种植要求高，其中绿色有机农产品的打造更是困难，这都需要人才与技术的大力支持。河北隆化草莓、山西云州黄花，甚至其他以第一产业发展为主的农村都需要克服人才短缺、技术滞后的问题，否则难以实现产业发展持续化。

(2)市场拓展、产品标准化建设力度不足，难以打响产品国际国内大品牌。供产销全产业链的打通是产业持续化发展，产品价值充分挖掘的关键，产品标准化建设、产品品牌打造对于产品价值挖掘、生产产业链延伸的重要作用已成为业界共识。河北隆化草莓、山西云州黄花依托本地资源优势打造出符合本地发展情况的农产品，但是基于上述分析可知，两地产品建设中尚未形成标准化种植，品牌打造力度不够，产业链难以拓展，非标准化的农产品生产导致产品质量不稳定、产品竞争力不显著，品牌建设不足导致产品运营困难，产品内在价值难以充分挖掘，严重制约了当地农产品在市场中立足[10]；另一方面，农产品品牌建设和产品标准建设需要有供应链的大力支持，当地在产业链建设中尚属空白，打造的产品质量参差不齐，难以获得市场消费者青睐，阻碍优势产品美誉度和消费者重复购买心理。

(3)农产品拓展性产业链建设力度不够，附加值难以充分挖掘。第一产业难以充分挖掘农村发展之潜力，需要设施设备、配套产业的协同作用，基于上述要求建设产业链就尤为重要，政府部门要依靠已有的基础设施打造出信息流、物流、资金流、商流等链条，一体化建设一体化管理。河北隆化草莓、山西云州黄花在采摘阶段的储存已经建立了较为完善的冷链系统，但顺着产业链向前的销售、逆着产业链向后的供给两条链条建设尚不成熟，冷链储存系统的建设保证了农产品的基本质量，销售环节、原料需求环节的缺失导致当地农产品内在价值难以充分挖掘。山西云州黄花建立起专门的管理系统，保证当地黄花高质量，若销路未充分打开，对于当地农业产业种植负面影响较大，极大阻碍了当地第一产业良性健康发展。

2.2.3.3 经验借鉴

河北隆化、山西云州分别以草莓、黄花为“杠杆”撬动地区产业发展，为区域经济建设注入新动能和新活力。通过上述案例简述可知，两地在第一产业探索过程中都是立足区位优势，从传统种植逐步过渡到新型种植模式，有关的产业发展经验具有可复制性，可以为诸多谋求产业兴旺的农村提供宝贵借鉴意见。

(1)探索符合本地资源优势的产业，由传统种植业逐步转型到新型产业模式。传统农业种植耗时耗力、效率较低，在产业发展过程中瓶颈明显，积极推动传统种植业向现代化科技型农业转型。具体来说，基于本地产业优势，引入病虫害绿色规范治理等新技术，实现区域农产业发展由数量增长向质量提升转变，保障传统行业发展中的弱转强；农产品投入中，成本效益原则也至关重要，传统农业种植中，化肥、农药、灌溉投入较多，导致产品绿色化不足，成本较高，后期第一产业发展中要推动高投入、高成本向既节约成本又增收增效模式转型，在新型产业模式实现转变的基础上打造特色品牌。此外，单一农产品种植感染病虫的概率高，不利于产业扩大化，在传统种植业向新型农业转变过程中要积极引入、试验新品种、新作物，搭建试验平台，对农作物做标准化生产，为区域农产品可持续健康发展夯实基础。

(2)抓住特色产业，明确自身产业优势，逐渐打造地区品牌化产品。农产品发展过程中因地制宜，清晰自身优势至关重要，上述案例中隆化草莓和云州黄花都基于本地农产品种植优势进而不断提升产业质量。加快品牌特色建设，推动特色产业生产销售标准化和规范化，逐步打造特色标签品牌，让消费者一看到品牌名称就能联想到相关农产品[11]；深刻分析外部机会挑战、内部优势劣势，其他地区在品牌打造时可横向纵向对比上述典型产业，认清本地资源禀赋中不可替代的核心优势，全力打造发展，将区域特色产业打造成“旗帜”项目。

(3)补齐“人才短板”，培育好懂专业、懂乡情的本土人才。基于河北隆化与山西云州第一产业发展的典型案例，探析了人才与技术在产业兴旺中的重要作用，产业发展过程中人才是重要支撑。因此要以新发展理念为指导核心，注重培养懂农业、爱农村、爱农民的“三农”人才，不断壮大农村专业人才队伍，进而制定科学合理落地的乡村规划体系；发挥人才带动效应，支持乡村能人“生在乡村”“服务乡村”，以能人示范带动产业发展。在政策制定上，积极制定人才引进机制，以专业人才带动农民技能培养，建立人才培养体系和人才培养专项资金，用创新型、技能型、专业型人才带动第一产业良性健康发展。

2.3 农村第二产业之典型案例

第一产业是立足乡村特色产业，选取优势作物，充分发挥乡村资源优势、生态优势，挖掘乡村产业潜力。而第二产业的发展在农作物增值收益上发挥着至关重要的作用，如何发展现代农产品加工业，支持农民合作社或家庭单位发展农产品初加工，支持有条件的县市发展农产品精加工，是农村产业兴旺中第二产业选择的关键一步。

2.3.1 案例一：湖南十八洞——从传统种植农业到加工业、手工业延伸，逐步提高农产品附加产值

十八洞村属湖南省湘西土家族苗族自治州一个苗族村寨，该村是整体区域性贫困、区域内发展不均衡的村寨，长期处于深度贫困状态。十八洞村拥有其他地区不具备的特色资源，其中农产品尤为丰富，结合农业主导产业基础条件，以精准扶贫方针为重要指导，大力发展西瓜、烟叶、油菜、猕猴桃等农产品加工。此外，结合民俗特点，进一步推进该地区手工业发展，实现产业链拓展化，提高农产品附加值[12]；十八洞村在农产品加工的基础上还大力引进投资，凭借该地水质优良、水质富含多种人体必需元素的优势与相关集团公司签订战略合作，建立水厂，生产大桶饮用水和小瓶矿泉水，2016 年 4 月十八洞村山泉厂开始动工，到 2017 年 10 月水厂正式建好投产，水厂的引进给当地农民带来了更多就业机会，也将“十八洞村”这个产业品牌延伸开来。如今，十八洞村已由当年的深度贫困村成为今天的脱贫攻坚示范村。因地制宜，选择适合本地发展的产业，以第一产业为依靠，大力引进发展第二产业，十八洞村真正按下了脱贫攻坚的“快进键”，招商建厂，“村民”变“股民”、贫困转富裕，十八洞村在第二产业选择上的典型案例值得全国各省份各地区参考借鉴。

2.3.1.1 十八洞村产业发展的 SWOT 分析

结合十八洞村发展现状和资源禀赋优势，以 SWOT 模式分析该地产业发展中的内部优势和劣势、外部机遇与挑战(图 2-4)。

从图 2-4 梳理的十八洞村发展情况，可以再次总结该村具有“三优势、三机遇、四劣势、四挑战”。具体来说，三大优势包括十八洞村村庄的原生态优势、环境优良优势、村民在发展中的主动性优势，这三大优势保证当地产业具有可挖掘的潜力，当地村民保留的原生生活习惯、传统手艺可促进当地第二产业中手工业的发展，以苗绣手工艺产业吸引企业投资；三大机遇是基于外部因素来分析，包括政策落地的机遇、市场需求机遇、基础设施建设机遇，

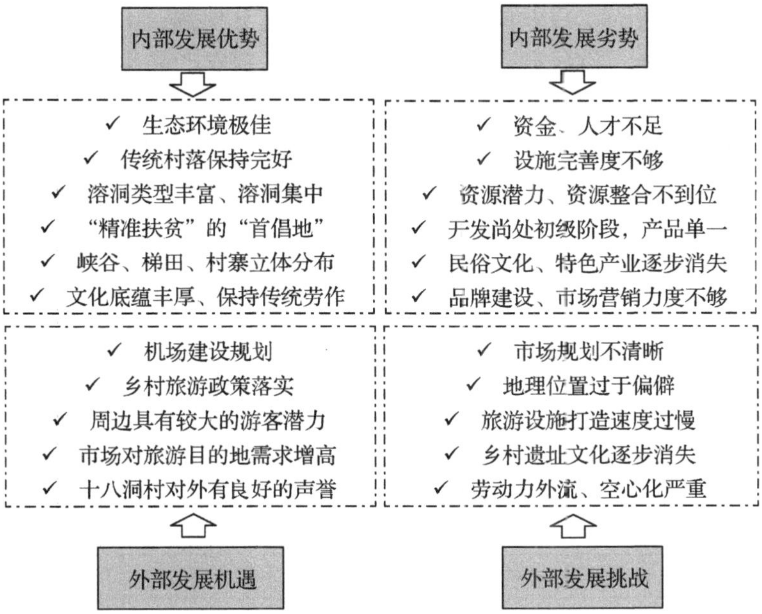

图 2-4 十八洞村发展的 SWOT 分析

乡村振兴、扶贫成果巩固、绿色产业发展要求都属于国家政策落实给十八洞村带来的重大机遇，此外市场层面在乡村旅游、原始村落体验、原始手工艺品方面的需求为当地产业引进和相关产业发展带来了巨大外部机遇；四劣势具体包括高精级产品缺乏、核心吸引力不足、设施建设落后、资金与人才体系建设跟不上；四挑战则是文化正在消失、劳动力外流、地理位置过于偏僻、市场规划不够明朗，劣势和挑战是十八洞村产业发展过程中需要重点克服的问题。第二产业发展则是在克服劣势和挑战的基础上，凭借已有的优势和机遇因地制宜制定适合当地资源利用和宏观规划的产业布局。

2.3.1.2 十八洞村产业发展定位与规划

十八洞村处武陵山连片特困地区中心带，2013 年当地人均年净收入仅 1668 元，贫困发生率达 57%之高。随着“精准脱贫”“乡村振兴”等国家政策方针的实施，十八洞村围绕区位优势，发展旅游业，又以旅游业为引导，打造第一、二产业，并逐步推进第一、二、三产业融合发展。2020 年实现人均年净收入 18369 元，该村的总收入更是达 200 余万元，十八洞村书写了一个精准脱贫、乡村振兴、产业兴旺的奇迹。村寨因地制宜，发展地区特色产业，从当年的“老少边穷”聚居村发展成为今天脱贫攻坚全国样本，脱贫攻坚战的如期完成、村容村貌的不断优化与当地产业发展密不可分，十八洞村依托民族特色，发展以苗绣为主的民俗手工业和生茶手工业，在传统种植业的基础上延长产业链，进而实现农副产品附加产值的充分挖掘；十八洞村基础产业较好，水稻、玉米、猕猴桃、油茶、中草药等基础农产品生长态势良好，因地制宜发展基础农产品加工业，烟叶加工制造、养殖加工，在保留传统农业的基础上构建产业结构新型布局；最后，十八洞村在产业规划上，定位明确，着力引进中小企业，和企业建立战略合作关系，建造水厂，不断丰富该村第二产业内容[13]。

十八洞村在第二产业布局和规划上以区域协作为重点，以村寨已有设施基础为核心，以当地田园、林地等资源禀赋为载体，推动苗绣手工业、水厂生产、农产品加工业的融合发展，该村第二产业发展规划如图 2-5 所示。

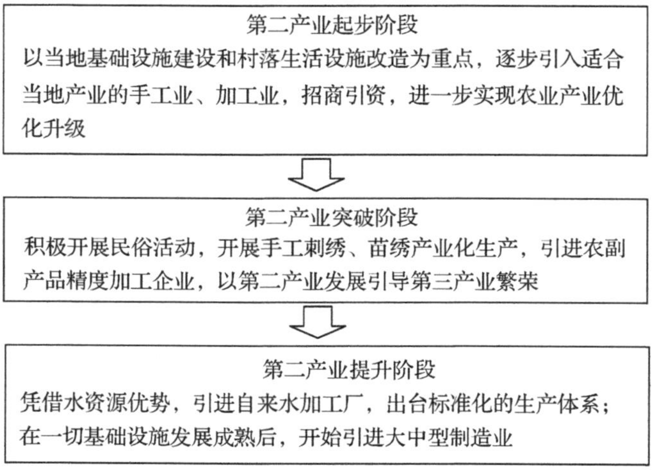

图 2-5　十八洞村第二产业发展规划

2.3.1.3　十八洞村产业发展之效果

十八洞村积极开发当地猕猴桃、烟叶、蔬菜等以种植业为主的第一产业，此外，支持村民开展湘西黄牛、稻田鱼、山羊等规模化养殖，将第一产业打造成为当地的支撑性产业，该村还结合当地优势，积极发展第二产业，将苗绣加工业、矿泉水生产等第二产业打造成当地新型优势产业。如今，十八洞村的产业发展继续推进，引进人才和社会资本，以本村为主体，打造优势品牌，发展一、二、三产业的同时渐进式推进三大产业融合发展。

十八洞村在第一产业发展成熟的基础上着力推进第二产业发展。十八洞村贫困人口逐年下降，到 2020 年实现全面脱贫，与第二产业的发展密切相关，农副产品加工业、水厂、苗绣手工业的发展创造了大量岗位，为当地村民增收、集体增产贡献了巨大力量。此外，十八洞村第二产业的引进为当地乡村振兴、脱贫成果巩固、国家绿色产业发展提供了路径导向和发展思路，以可复制的案例为其他乡村产业兴旺提供宝贵经验。

2.3.2 案例二：湖北黄州——依托农产品优势，着力构建农副产品初级、精深加工业

2018年3月，全国两会提出“五个振兴”思路，即大力实现乡村产业振兴、乡村人才振兴、乡村文化振兴、乡村生态振兴、乡村组织振兴。黄冈市委、市政府围绕“五个振兴”规划，坚持产业兴旺原则，黄州区投入大额财政打造新型产业。黄州区属湖北省主体功能开发的重点对象、武汉市城市圈开发中的主要城区，该区国土面积达353km^2，耕地面积达79.7km^2，行政管辖4街道、3镇、1乡、1经济开发区，同时还管辖一个省管工业园区，其中3镇、1乡管辖下涵盖78个行政村。黄州区不同村庄坚持发展生态农业、休闲农业，在农业发展成熟的基础上推进农业与科技、旅游、深度加工相结合，进一步提升农产品的附加值。此外，该区还积极引入中小型养殖企业、农产品供销企业、农产品加工龙头企业、营销企业等，将黄州区逐渐打造成为“科研机构+企业单位+基地”的多模式产业生产机制，在初步形成水产养殖、瓜果种植等特色农业产业后，打造示范经济带和示范加工园区，构建起现代农业的规模化生产体系。

2.3.2.1 黄州区第二产业发展思路

黄州区在产业布局已逐渐构建起以农业示范园区为主导的第一产业、以农副产品加工为主导的第二产业、以多元服务模式为主导的第三产业，在一、二、三产业发展的基础上实现“现代农业+精度加工+乡村旅游”的三产融合。三大产业发展中黄州以第二产业为重要支撑，具体来说重点打造区域现代物流体系、农副产品初级或深度加工产业、冷链物流产业，具体模式如图2-6所示。

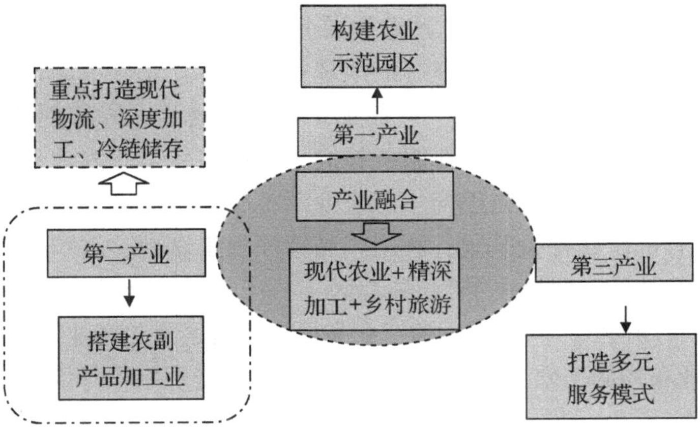

图2-6 黄冈市黄州区产业发展思路

黄州第二产业发展思路主要是通过土地资源流转、土地托管等培育多元化的经营方式，同时注重新型经营主体的壮大，在劳动力、土地、资本都到位的基础上着力打造第二产业。具体来说，以区域龙头产业为重点打造对象，政府、企业、农民多方协作，政府方设立建设资金和专用土地，统筹协调，搭建平台，完善基础设施建设，为招商引资奠定重要基础，同时引进技术先进、科研水平较高、生产加工销售体系构建完善的中小型企业，建设起农副产品加工厂、冷链物流厂、现代物流链；企业出资建立上述工厂，同时广泛招聘当地农民为企业职工，注重项目建设和职工技能培训，加工企业在初级加工产业链发展成熟的基础上大力打造深度加工链条，实现企业与农民同增收；当地农民则是企业劳动力的主要提供者，加入工厂获得报酬，在技术和资金积累成熟的基础上可自行参与第二产业企业建设。此外，农民主体可积极加入当地农村合作社，推动集体和个人协同发展，逐步打造出产业突出、优势明显、覆盖面广的新型发展格局。

2.3.2.2 黄州区产业发展布局

黄州区在产业规划中坚持保障农民增收增产，将质量发展与绿色发展摆在首要位置，在第一、第二、第三产业发展的基础上突出一、二、三产业的融合发展机制。第一产业发展布局以新型农业园区构建为主，推动田园综合化建设，推出绿色优质农产品；第二产业则通过建立农副产品加工业、现代冷链物流系统，打响精深加工农产品品牌，品牌化农产品结合旅游商品，继而提高初级农产品的附加值；第三产业以旅游业为主，基于本地丰富的特色资源，打造“农业+旅游”的新型经营模式，结合水产、蔬菜、苗木等区域核心产业，架构起乡村休闲农业、乡村旅游农业品牌。基于黄州区现有的成功典型案例，对一、二、三产业的发展做上述梳理，结合黄州区现代农业体系构建规划，进一步探析该区在第二产业发展上的重要布局。

黄州区在产业布局上依托现有的地理资源优势，充分考虑该区在农业发展方面的要求，实现产品供给、产品加工、冷链物流、科技创新一体推进，搭建起了科技创新和现代化农业服务核心、国家现代生态农业产业园、现代都市农业示范带、城东公路巴河生态农业示范带、生态循环农业基地、冷链物流基地、有机作物种植基地、农副产品精深加工基地、水产养殖基地、苗木标准化种植基地，即形成了“一核心区、一产业园、两示范带、六大基地”为主的产业布局模式。科学合理的产业布局将黄州区第二产业发展提上“新高位”，在产业布局的基础上再度融合技术、设备、管理手段等因素，实现第二产业带动第一产业、第二产业开拓第三产业的系统化、规模化、标准化、绿色化的生态体系。

总之，黄州区在产业布局上坚持以“产业带动产业”“产业引领发展”的理念，充分挖掘传统农业的发展潜力，不断培育壮大当地优势品牌，形成“精深加工+农业”“品牌打造+农业”“冷链物流建设+农业”，建立完善多功能多维度的新型产业发展基地。

2.3.2.3 黄州区产业发展对策分析

基于上述黄州区产业布局可知，该地已形成“一核心区、一产业园、两示范带、六大基地”为主的产业布局模式。为打造第二产业，当地政府着力推进绿色农业发展、不断完善公共服务基础、打造特色产业带动第二产业升级、着力引进新型发展模式。

(1)以政府指挥为主导，大力引进符合当地发展的特色产业。黄州区在第二产业发展中，政府部门发挥着统筹设计、综合管理的作用，政府部门不断优化当地产业布局结构，有目的、有靶向地招商引资，强化当地特色产业和主导型产业；构建起人才交流、企业交流、政企交流的综合性平台，政府定期在平台上出台企业优惠和奖励措施、税收优惠等，让企业了解落地本区的优惠政策，让群众更为直接、更为具体地了解本地产业布局和发展趋势，进而引导本地居民主动参与创业。黄州区以政策为主导，强化企业主体地位，保障产业发展的合理性，为当地第二产业发展提供有力支撑。

(2)以平台构建为基础引进新型发展模式，培养专业型人才。首先，黄州区在农副产品加工业、冷链物流业打造过程中注重引进 PPP 模式，以政府和社会资本合作模式鼓励当地私营企业、民营企业积极参与，政府与企业达成战略合作关系建设公共基础设施，此举一方面达到资本投资简化目的，另一方面保障村庄基础设施快速发展，增加就业岗位；建立人才引进、人才培养机制，加强本土型人才库建设，黄州区以“留住人才”为目标建设“智慧专家平台”，打造“下得去、能干事、留得下、能应用”的综合型人才队伍。黄州区以平台建设为契机，注重模式构建、人才体系培养，真正将第二产业打造成为当地核心竞争产业。

2.3.3 第二产业发展典型案例之问题剖析与经验借鉴

2.3.3.1 问题剖析

基于上述两大典型案例的梳理可知，农村在第二产业发展上也存在一定局限性，具体表现在产业引入单一，多以加工业为主，产业链条较短，供产销全链条尚未打通，农村发展中第二产业和第一产业、第三产业融合度难度较大[14]。

(1)农村第二产业建设总量小、规模小、竞争力弱，亟须升级发展格局。

上述湖南十八洞村、湖北黄州区基于现状和产业发展潜力分析，选择打造加工业、冷链物流、水厂等产业，这些产业具有规模小、技术含量较低的共性，这不利于农村竞争力建设，难以达到产业规模化、长效性发展的目标；农村第二产业发展中，政策制定者容易将产业发展布局独立开来，即第二产业和第一产业、第三产业建设不能形成协同作用。此外，供产销产业链建设中，难以实现前向一体化和后向一体化，缺少整套生产链条，农民产业建设缺乏整体意识，大多停留在发展第一产业就注重农林牧渔养殖业，发展第二产业就仅关注生产加工、农副产品加工建设。因此，农村第二产业发展过程中难以形成突破口，难以实现工业结构调整进而壮大产业优势。

(2)农村第二产业同质化严重，尚未构建特色鲜明的优势产业。随着乡村振兴、扶贫成果巩固的政策提出，农村地区农业产业化加快推进，以第二产业带动第一产业发展、第二产业引导第三产业开发、一二三产业融合发展的新型产业模式在各地实践开来。然而，千篇一律、千业一面的情况也不断凸显出来。十八洞村和黄州区在第二产业建设上都不约而同选择加工业、冷链物流建设来实现产业振兴，同质化问题严重。“特产不特”的现象在不同地区成为第二产业发展的主要制约因素，品牌化建设难以推进，关注市场而不关注产品的现象愈演愈烈，这不仅制约了第二产业的有效推进，对于产业融合发展，延长产业链条也是极大的劣势。

(3)第二产业科技创新力度不足，现代程度较低。上述十八洞村和黄州区第二产业发展都有科技水平不高、创新能力不足的共同问题，这也是许多农村第二产业发展过程中存在的问题。农村地区科技创新力度不够、创新成果转化不足，农村已有的第二产业生产都还停留在传统农业层面，或者是基于传统农业发展的初级加工业等，这些加工业生产设备较为落后，技术发展动力不足，上述因素使得农村资源效率难以充分挖掘；农村第二产业发展过程中，缺乏有关技术创新、科研成果转换的系统性规划，产业发展“走一步看一步”，创新机制的缺失一方面难以引进专业型人才，另一方面难以推动产业升级转型。

2.3.3.2 经验借鉴

湖南十八洞村和湖北黄州区在第二产业发展上把握国家大政方针，以“农业+”的理念拓展第二产业发展，一、二、三产业协同推进，单一产业发展带动产业体系建设，形成标准化、信息化、规模化、生态化的产业发展布局，十八洞村和黄州区第二产业发展之典型案例有其特有优势，亦有可复制之处，具体措施与经验选择如下：

(1)重视地区特色产业打造，实现乡村文化和产业发展相融合。十八洞村和黄州区在加工产业打造上存在同质化问题，但二者在产业规划制定上都明晰了自身资源优势，十八洞村依托猕猴桃、烟叶种植发展加工业，依托民族文化特色发展苗绣手工业，依托水资源优势发展矿泉水生产；黄州区依托地理优势与人文优势，推出精深加工、冷链物流、生态循环农业等。两地在第二产业兴旺上依托了文化优势和区位特点，因此“文化+产业”的架构模式对于激发第二产业升级发展，进而打造区域产业优势，优化产业结构具有重要作用。深度分析本地资源禀赋优势和文化发展沿革，实现传统农林牧渔种植业和文化产业、新型制造业相结合，充分挖掘第二产业潜力，提升文化竞争力的同时推动产业结构升级转型；此外，探析本地特有资源优势，不可模仿的特征，打造引进企业新的核心竞争优势，传统产业和新型产业特点的有机融合，让产业发展焕发新的活力。

(2)进一步优化空间布局，夯实基础产业，实现产业协同“发力”。农村在发展第二产业时不能脱离第一产业基础，因此第一产业和第二产业发展需要在空间布局上做科学的前期规划，强化市级或县级单位统筹管理，结合资源禀赋情况因地制宜发展多元化的产业模式，绘制好农产品种植业、加工业、手工业空间布局模式图，推动形成县级、城镇、农村一体化产业，对于有条件的地方要鼓励打造产业集群；农业种植业布局和农业加工业、制造业布局既要符合实际情况，又要充分考虑成本效益和市场需求，在促进乡镇乡村产业联动发展时，支持加工企业下沉，构建村建基地、农户受益的新型发展布局。

(3)注重第二产业园区打造、壮大经营主体，打造规模化、系统化产业模式。农村在第二产业建设中，企业分散、经营主体不集中是亟须解决的问题，这导致资源利用效率不高、农村产业竞争力难以建立，因此按照要素积累、功能要求、企业需求集中化连片化发展第二产业，在集中打造成熟的基础之上加快建设有特色的产品基地和现代化农业园；农村在探索第二产业进程中，需要不断强化惠农举措，以政策为引导，进一步推动新型农业经营主体的发展壮大，农民也可以做“股东”，架构好新时代背景下新型的农业经营体系，支持当地村民、返乡大学生参与创业，对这部分人群给予资金鼓励和税收优惠。总之，第二产业建设过程中，要从过去的单一形式逐步转向系统化、规模化建设，同时注重新型经营主体的培养，多角度以“合力”形式推动农村地区产业兴旺。

2.4 农村第三产业之典型案例

过去谈及农村，农林牧渔种植是诸多人的第一印象，新农村建设中，休闲农业、旅游业发展深刻影响着农村现代化建设过程，第三产业可以说是农村产业兴旺、乡村振兴新的发力点。乡村振兴的新突破口可从第三产业出发，以“互联网+”模式发展各地专业化的服务经济，结合消费者消费新趋势，例如针对健康需求、亲子关系和谐等打造新型第三产业，充分利用资源优势，实现价值升级转型；此外，结合国家宏观政策与战略规划，发展新型交易模式，如基于国家在气候变化应对中的重要承诺与规划充分挖掘森林碳汇潜力，构建起林业碳汇交易市场。总之，第三产业不是第一产业、第二产业产业链的延长，而是新农村建设、产业兴旺发展、扶贫成果巩固的关键环节，聚集好服务资源，上下结合，实现乡村治理高效化、农村产业发展合理化，以产业带动品牌，实现农村经济可持续高质量发展。

2.4.1 案例一：四川玉屏山到重庆石柱国家森林康养基地——发展森林康养，带动第三产业市场化规模化发展

2015 年，四川首届森林康养年会顺利召开揭开了四川森林康养产业蓬勃发展的序幕，国有洪雅林场玉屏山与四川展翔公司作为四川森林康养产业的代表，率先开展了深入探索，取得了骄人成绩。在森林康养产业探索成功的基础上，四川省建立完善了洪雅玉屏山森林康养养老模式，实现人员培养专业化、服务构建系统化、设施配备技术化、推广营销多元化，随后四川绵阳游仙山湾农庄在已有成熟模式的基础上，以市场化产业化社会化的机制，构建起乡村振兴和第三产业发展为主、一二三产业融合发展的新型森林康养形式；2020 年我国颁布国家森林康养基地名单，重庆石柱土家族自治县森林康养基地赫然在列，石柱康养基地从初期的传统产业逐步聚焦到康养经济、绿色产业主题上，坚持生态优先理念，特色鲜明地利用好当地资源优势，深入探索森林康养配套设施建设、产业结构调整和产业营收模式，带动当地农民积极参与，真正实现产业兴旺和经济高质量发展。四川玉屏山和重庆石柱康养产业的成功探索推动了区域第三产业的繁荣发展，带动了地区产业经营模式、资源利用的新型化，真正实现了产业兴旺、农村繁盛、农民幸福，两地森林康养产业的成功探索对于其他自然资源优势明显、产业发展定位清晰的地区有较好的借鉴作用。

2.4.1.1 四川玉屏山、重庆石柱国家森林康养基地发展现状

四川玉屏山和重庆石柱国家森林公园的森林康养产业发展已趋于成熟，目前基本实现“康养+养老”“康养+医疗”“康养+运动”“康养+教育”的多元模式。

玉屏山森林公园位于四川省洪雅县西南方 30km 处，南边与花溪河相邻，

北边接着雅安市，全长达11km，海拔1382m，玉屏山在古时被称为云占山，因山形和屏风相似，故名为玉屏山。玉屏山森林资源丰富，森林覆盖率达98%以上，一年的平均温度处于16℃左右，空气质量极佳，PM2.5几乎为0，是康养的好去处。目前，玉屏山山形独特，且资源丰富，具体来说，飞瀑流泉众多、山谷幽深、陡崖四处环抱、人工林资源丰富、摩崖石刻众多且历史悠久，玉屏山凭借上述资源优势，推出森林沐浴、日光浴、森林冥想、森林漫步、森林膳食、森林瑜伽、滑翔伞、自行车越野、丛林穿越、森林迷宫等诸多项目。玉屏山已经由起初传统的林区逐渐发展成为如今的森林康养体验基地、森林游乐中心，种类繁多的森林体验项目愉悦游客心情的同时为当地产业发展与经济增长做出了不可替代的贡献。

石柱森林康养基地同样是第三产业发展繁荣发展的典型代表，石柱县森林覆盖面积超过60%，盛夏时节平均温度也仅为21℃，空气中负氧离子含量平均可达3000个/cm^3，属于全国绿化模范县，石柱县历史人文资源丰富，其中以土家族为代表的少数民族占到当地的79.2%。目前，石柱县森林康养基地已经开发出高度差近900m的悬崖秋千、丛林探险、森林露营等游览和康养项目，如今的石柱森林康养项目发展已逐渐趋于成熟。康养产业的蓬勃发展为当地其他产业的发展带来新机遇，石柱县以康养产业为主要着眼点，正快速推进产业升级改造更新。

2.4.1.2 玉屏山森林康养产业探索

玉屏山在森林康养基地建设上不断更新理念、升级产品，从起初土地、资金等要素的应用到后期多元化服务体系的构建，真正将玉屏山康养基地打造成为全国标志性示范点，成为四川乃至全国范围内康养行业的“先行者”[15]。玉屏县基于乡村规划统领性要求探索森林康养产业发展，依托组织，整合当地资源，带动玉屏山产业发展，进而推动生态文明建设和乡风文明。在发展路径和规模化产业探索中，重视人才、土地、资金三大要素，集合各类资源盘活上述三种要素，保障当地康养产业有效推进。

(1)政策资金运用。通过信息整理和玉屏山运行方案梳理获奖，洪雅县在支持玉屏山森林康养产业发展中积极投入PPP项目资金10亿元，以充分保障当地“旅游+康养”“农业+康养”的高质量发展，真正建设一批、打造一批能带动区域经济发展的产业集群；构建起森林康养转型资金库，积极引入风险管理和风险投资机制，招商引资，引入龙头企业、典型企业、规模化企业对口建设康养示范点，实现“资金池”多渠道来源；广泛引入社会资金参与玉屏山康养基地建设，搭建完善的股利分红机制，鼓励周边企业或项目积极参与，盘活财政和社会资金，多角度多层次保障当地第三产业的高效运行。

(2)用地方案制定。玉屏山康养基地在用地方案制定上坚持“近林不进林”，对国有林区不实施开发建设，选择国有林区之外的集体林地，盘活土地资源的同时为当地农民带来收入；玉屏山充分借鉴浙江四明山、洪雅香花岭土地应用方案，在原有林区基础设施上改造创新民宿住宅，在新型民宿中打造新型功能，使得森林康养服务功能多样化，增加游客旅游体验，另外，积极开发集体林地，坚持“近林不进林”原则下开发周围山地和乡村，保证土地利用合理化和高效化。

2.4.1.3 石柱国家森林康养基地模式研究

(1)石柱县战略定位和实施路径。石柱县在发展森林康养的战略定位中明确指出打造养老养生的新业态、新模式，在模式打造成熟的基础上推动当地养老养生服务体系建设，打造成生态好、环境优、服务强、特色显的示范型养老基地；石柱国家森林康养基地建设中以政府为引导，市场积极参与，以“公建民营”“民建公助”的运作模式将其打造成涵盖文化教育、健康管理、休闲娱乐、日常养护等项目的综合森林康养基地。

石柱县已有大风堡、石柱千野草场、万寿山等多个森林康养基地，目前石柱森林康养基地已经逐渐形成了观养、动养、住养、疗养、食养、文养等多元化的养生体系，以“六养”为主导产业，不断打造森林康养的升级版本。当地政府部门进一步完善管理机制和体制，县委统一管理，统筹推进当地康养特色产业，设立专门的部门管理宣传当地产业项目，聘请专家担任顾问，编制森林康养的长远发展规划。总之，石柱国家森林康养基地以明晰的战略定位和路径规划保证当地产业健康发展，同时以政策引导完善体制机制进而进一步激发该产业的发展活力。

(2)石柱森林康养基地服务体系建设。石柱县森林康养服务项目较多，涉及亲子、养生康复、运动、瑜伽等多方面，结合当地产业发展特色和发展特长的石柱县森林康养养生版块的具体情况如下：

图2-7为石柱县在森林康养产业发展过程中制定的养生版块建设模式图，具体来说，养生基地制定了游客养生数据采集、基于采集数据制定了具体方案、细化方案执行、实行一对一指导几个重要版块。在数据采集中，石柱康养基地主要获得游客身体常规指标、体质和参加运动强度、心理健康和情绪方面的相关数据，数据采集为后期定制化的康养服务提供原始支撑；以原始数据为来源，制定运动、饮食、养生三大方案，保障旅客多层次全方位体验森林康养；在具体的执行方案中，石柱科学分析各项康养项目带给人的健康体验，进而制定出心理、饮食、保健、自然、运动几个项目具体的养生比例；最后落实到一对一养生服务上，基于上述获取的数据和分析，制定体验者个

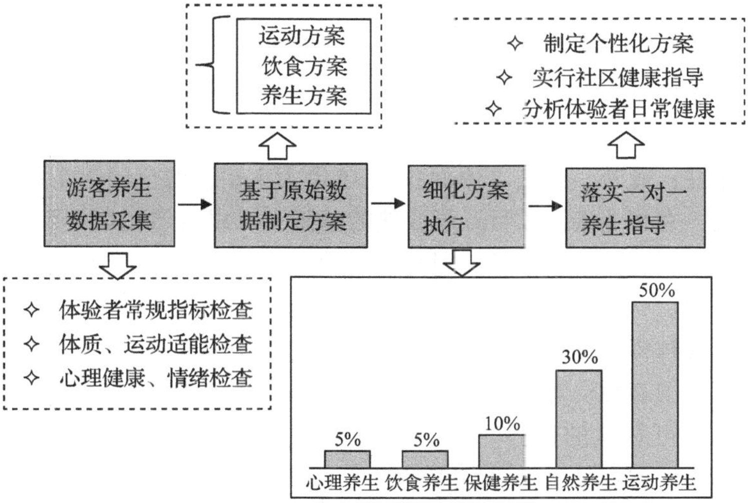

图 2-7 重庆市石柱县森林康养服务体系建设模式

性化方案、实行社区健康指导、详细分析体验者日常健康[16]。石柱森林康养基地已经搭建起系统化多层次的游客养生服务体系，为体验者提供多种多样的服务，以森林康养为主导的第三产业盘活了当地各项资源，为老百姓带来了增收。

2.4.2 案例二：云南——依托森林资源禀赋，着力发展林业碳汇项目

2020 年 9 月，中国向世界承诺 2030 年前实现碳达峰，2060 年前实现碳中和，“碳达峰、碳中和”战略目标的提出体现了中国的大国担当。国内外学者基于气候变化应对措施、发展路径展开了系列探讨，指出森林资源在“双碳”目标发展中具有不可替代的作用，如何充分挖掘森林资源的价值是森林碳汇发展进程中亟须解决的问题，云南依托全省森林资源禀赋优势，积极开展碳汇项目工作，其中以大理、丽江、文山为代表的地州市率先发力，先后制定林业碳汇项目的落地政策，此举一方面科学推动国土绿化，有效提升森林碳汇数量，助力碳中和战略目标如期达成，另一方面调动林农产业培育的积极性，为乡村产业升级转型带来新机遇。

2.4.2.1 云南省森林资源概况与优势分析

云南地处西南边陲，作为全国重点林区，碳汇总量位居前列，是我国碳汇高于碳源的 3 个省份之一，为国家首批低碳试点省份。省政府先后制定了森林覆盖率 2020 年、2035 年、2050 年分别达到 61%、67%以上及 70%左右，

2020年地区GDP碳排放较2015年下降18%等目标，加快了林业碳汇项目开发和交易，成为全国林业碳汇主开发区。截至2021年，全省森林面积达2493万hm^2，森林蓄积量20.67亿m^3，森林覆盖面积更是达到65.04%，云南省各项森林资源指标都位于全国前列，在林业碳汇项目开发上具有较好的应用前景和基础条件；此外，云南草原面积达1530万hm^2，处全国第7位，草原固碳潜力巨大，在林业碳汇项目开展成熟的基础上可以有效拓展碳汇项目范围，增加林农收益，利用碳汇产业推动农民增产增收，以林业碳汇产业带动其他产业高效开展。

云南省森林资源各项指标一直处于全国前列，从第一次全国森林资源清查到第九次全国森林资源清查看，云南在林业碳汇项目开展上具有其他省份所不具备也不可替代的优势。基于Logistic生长方程，在不考虑采伐和新造林，且假定云南省森林生态系统保持现有森林经营管理情况和干扰水平，以第九次全国森林资源一类清查数据为时间基点，利用预测模型估算全省2023—2058年天然林和人工林蓄积量，据此采用生物量转换因子法估算森林碳储量总额，结果如图2-8所示。

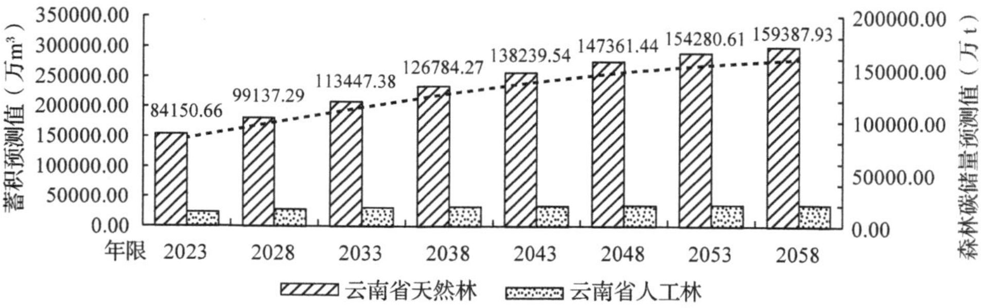

图2-8 基于Logistic生长方程预测的云南省森林碳汇潜力

云南省属于西南林区的重要省份，作为我国林业大省，各项森林资源指标都处全国前列，森林碳汇在全省乃至全国碳中和战略目标达成中有着重要的贡献。采用Logistic生长方程，不考虑森林生态系统经营政策改变和新造林情况，保守估计全省2058年的森林碳汇将达到159387.93万t，较第九次森林资源清查实现68987.26万t的绝对增长，若将湖泊、湿地、土壤、新造林等因素考虑进来，全省森林固碳量将远大于该值，云南森林碳汇存在的巨大潜力将完全贡献全省碳中和的开展与林业碳汇项目开发；另外，2058年天然林和人工林蓄积量较第九次清查实现净增长123661.10万m^3和14626.61万m^3，增长率分别为70.41%、67.57%，云南森林资源和碳汇能力处全国前列是不争的事实，若对天然林和人工林加以经营管理，实现全省森林资源长效稳定发展，这将是云南开展林业碳汇项目的巨大优势。

2.4.2.2 云南碳汇项目规划与发展情况

林业碳汇交易将森林固碳能力市场化，使得森林固碳能力可以实现自身价值。此外，林业碳汇交易在当前气候变化应对、助力碳达峰碳中和中发挥着重要作用，林业碳汇交易保障了林农主体权益，同时激发其林业种植积极性。云南省结合本土森林资源禀赋优势，积极开展森林资源监测，整合资源，进一步推进集体林权制度改革，为企业购买碳汇指标与林农出售碳汇资源奠定重要基础，云南大理、文山、丽江等地先后开发了系列林业碳汇项目。政府部门积极提供投融资、保险业务支持，保障云南各地林业碳汇项目的有效落地，各州市在林业碳汇项目发展上作出了以下拓展性工作。

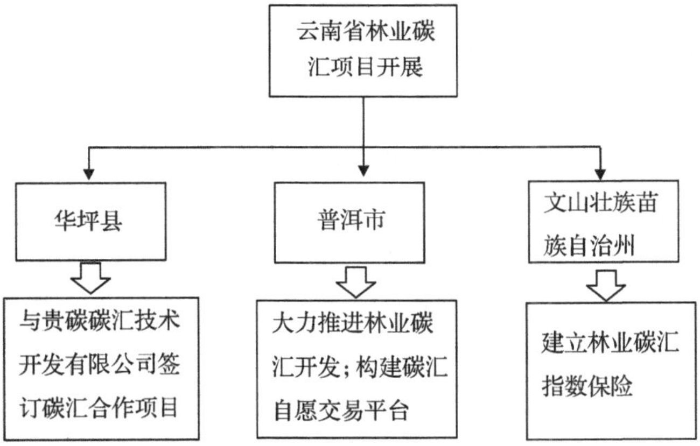

图 2-9 云南林业碳汇项目建设情况

云南基于全省森林资源禀赋优势，积极开展林业碳汇项目，以丽江、普洱、文山为代表的各州市积极作为，参与林业碳汇项目建设，深度探索云南省林业资源利用，助力"碳达峰、碳中和"战略目标的同时推动全省产业结构升级转型。具体来说，华坪县与贵碳碳汇技术开发有限公司达成战略合作伙伴关系，规划统筹协作、强化相互间责任，争取早日完成第一笔碳汇资产交易，为林农收入、产业升级贡献新的经济价值[17]；普洱市抓住国家低碳发展的战略要求，积极作为，在林业碳汇项目交易上率先建立试点，编制出台《普洱市碳汇项目规划》，进一步推进当地低碳示范村庄建设。此外，普洱市还明确提出要积极开发云南省碳汇自愿交易平台，推动"碳中和"落实与生态扶贫巩固工作；文山苗族自治州建立完善林业碳汇指数保险，该保险为金文山丰产林有限公司 22.39 万亩林地提供了 300 万元的林业碳汇损失保障，这是云南省有关林业碳汇项目的首张保单，以保险形式服务地方三农产业发展，构建起林业碳汇项目开展的兜底保障。

2.4.2.3 云南林业碳汇项目开发功能与效能研究

云南林业碳汇项目开发是充分考虑当地森林资源优势、经济欠发达等现状提出的重要产业选择。丽江、普洱、文山在林业碳汇的开创之举为全省绿色金融发展、林木碳汇资源恢复、农村产业发展多元化提供了重要支持，云南林业碳汇项目开发在功能和效能上都有着其他第三产业不能替代的优势。

林业碳汇项目的开发是积极应对气候变化问题、促进地区林业高质量发展的有效机制，云南林业碳汇项目的开发在促进地方产业结构升级转型，产业结构有效结合生态经济方面具有拓展性意义。碳汇交易将原来被严重低估的森林价值和生态价值挖掘出来，实现"生态价值+经济价值"的双重结合，林农从林业碳汇交易中获利，增加其植树造林、再造林的积极性，农民实现增收、土地实现增绿、结构实现升级。因此，林业碳汇项目开发具有高效的市场效益，同时为我国林业产业、乡村产业转型带来新的发展机遇。

2.4.3 第三产业发展典型案例之问题剖析与经验借鉴

2.4.3.1 问题剖析

四川玉屏山、重庆石柱森林康养产业与云南林业碳汇项目发展为当地产业兴旺注入了新鲜活力，但是康养经济和碳汇经济在推进过程中存在一些问题，这也严重制约了当地产业推进的持续性。

(1)森林康养认知较浅，大多模仿套用国外经验，复合型专业化人才匮乏。森林康养是人们对健康需求日益增加所催生出来的产物。当前，我国森林康养工作开展与模式打造尚处于起步阶段，在康养知识、康养效果、康养医学的认知上尚浅，上述四川玉屏山和重庆石柱森林康养上的项目开发与产品构建大多借鉴日本、英国等发达国家的成功实践经验，在国外产品模仿的基础上再结合本土化需求延伸康养产品。因此国内在森林康养产业开展上尚处于起步阶段，各项资源难以充分利用，项目开发和产品构建浪费多、产品同质化严重，这是国内森林康养开展过程中的制约因素和威胁挑战；森林康养的开展是一个多学科融合的过程，需要管理学、康复学、林学、生态学、旅游管理、心理学等多学科相互支持，纵观国内康养基地构建中人才配置方面，上述复合型人才的整合严重不足，从业者综合素质亟须提高，单一学科性人才在系统化科学化的康养活动设计中难以充分挖掘森林康养的医疗康复养生作用。在国家政策大力支持、消费群体数量急速上升、低碳生活需求快速增加的大背景下，如何实现森林康养的创新性研究，建立完善标准化的康养管理模式是后续发展中亟须解决的问题。

（2）森林碳汇测度准确性不够，未能充分挖掘森林碳汇潜力。现有文献中梳理的森林碳汇测量方法，国内在森林碳储能力计量上大多采用森林蓄积量扩展法和生物量法，但两种方法在应用上存在一定局限性，需要基于相关参数做推导处理。目前，我国各个省份的森林碳汇参数尚未制定统一标准，采用全国口径标准误差大，故云南省在森林碳汇计量方面存在较大误差；森林碳汇是生态系统循环的重要组成部分，但是草原、土地、灌木等碳汇主体也具有吸碳作用，云南林业碳汇项目开发中未将其考虑在内，这严重低估了整个生态系统的碳汇能力，同时对于保障农民多层次增收具有负面效应。

（3）第三产业发展过程中产业融合度开展不够，难以搭建起多层次多角度的产业发展新模式。四川玉屏山和重庆石柱森林康养、云南林业碳汇项目在产业发展上定位清晰，前者是充分挖掘旅游潜力，实现旅游带动发展，旅游带动产业兴旺；后者是基于本土资源禀赋优势，着力构建林业碳汇交易体系，实现森林碳汇市场化社会化。二者在产业定位上都基于第三产业特性与社会市场要求，整体产业链的打造是缺失状态，供产销产业链难以打通，尚未结合第一产业和第二产业发展特性订立长期发展目标；此外，不论是森林康养基地还是林业碳汇项目，二者都未突破发展瓶颈，新业态、新技术、新型商业模式并未实现拓展化。因此，上述两大产业在产业融合发展进程中“短板”明显，产业融合边界定义不清，农民发展的积极性没有充分挖掘，多模式的融合发展后劲不足，这严重制约了新农村产业发展的动力。

2.4.3.3 经验借鉴

四川玉屏山、重庆石柱在森林康养发展上已经逐渐趋于成熟，两地在产业发展上坚持打造第三产业，结合资源禀赋优势，因地制宜将地区三产转化为优势“王牌”产业，此举对于其他省份和地区有较强的借鉴作用；此外，云南省同样基于本土优势，开展林业碳汇项目，将森林固碳能力市场化标准化，挖掘其潜在价值，助力“碳达峰、碳中和”战略目标的同时真正实现当地产业兴旺。

（1）充分挖掘地方资源优势，大力发展文旅康养产业。聚焦文化旅游领域，以地区资源、现存文化遗址为导向，打造具有地区特色的知名 IP，以旅游产业打造为契机引进国家重点工程、基础设施建设，通过文化旅游产业打造进一步形成地方商圈；关注健康产业，在“吃得饱”到“吃得好”的目标实现后，人们越来越关注自身健康，农村地区可以依托自身环境优美、空气清新、休闲农业的优势发展本地康养产业，吸引游客参与，带来收入的同时将本地特色农产品品牌“带出去”，将特色加工企业“引进来”，第三产业引入第二产业，第二产业助力第一产业，实现农村产业协同发展之目标[18]。

(2)聚焦国家政策、重点环节领域，实现第三产业高质量快速发展。农村地区发展第三产业的关键是要定位清晰，抓住国家宏观政策，以政策为导向，加快构建区域现代化经济体系和现代农业产业体系。目前国家提出低碳发展要求，更是将“碳达峰、碳中和”战略发展目标作为未来我国发展纲领性文件，农村地区要牢牢抓住该发展趋势，深入解读文件，着力发展绿色产业、生态产业，以森林康养、林业碳汇、有机农产品、低碳产业链为重点领域的发展导向，打造乡村新型第三产业格局；聚焦国家低碳发展要求，对于森林资源丰富的农村地区，着力推进林业碳汇项目建设，加快“互联网+”服务体系的构建，对外打造交流平台，充分盘活林地、林木的内在价值。此外，林业碳汇项目的大力开发可以为当地林农增加额外收入，实现产业发展的同时增加农民收入，推动乡村振兴的同时助力国家“碳达峰、碳中和”战略目标如期实现。

(3)狠抓增值服务业，政府加大扶持力度，进一步补齐第三产业发展短板。第三产业发展过程中，基础设施和重点产业的提升都至关重要，加快第三产业升级发展，所涉及的面广、关联度高，有关部门需要按照“整体规划、特色打造、凸显产业、摆明亮点”的工作理念，从长期和短期两个计划层面出发，将区域内优势产业做大做强，做成区域品牌优势，推动第三产业数量增长的同时质量得到提升；政府部门加大扶持力度，结合地区发展实际，研究专项扶持政策，另外政府要积极补齐第三产业发展的短板，提升基础设施建设，对旅游路线、停车场、游客中心等加大资金投入。第三产业发展需要政策支持为主导，补齐短板，发展长板，以旅游业带动其他相关产业高质量发展。

2.5 农村三产融合之典型案例

目前，市场经营形态发生变化、产业发展模式与趋势逐步趋于多样化，单一产业经营不足以满足市场需求、不足以推动农村新农业发展、不足以保障农民增产增收，因此，一、二、三产业融合发展是时代发展之必然，是加快农业农村现代化、农村模式新增长的历史使然。国内不同省份、不同地区结合乡村振兴发展要求，加快工业联动农产，农业带动旅游业，旅游业反哺农林牧渔种植业，实现农业新功能，将全产业链发展拓展开来。产业联动发展、资源高效利用、技术合理创新、机制有效推行，将新模式、新业态融入产业发展之进程，在农业农村现代化建设中有重要的理论与现实意义，三大产业融合发展有效拓宽了农民的增收空间，第一产业逐渐延伸到第二、第三产业，对劳动力、人才的需求量更大，增加了就业渠道，进而促进了农民收人的增加。

2.5.1 案例一：广西巴马——“旅游+”理念推动城市多产业融合发展

近年来，广西壮族自治区巴马瑶族自治县基于自身得天独厚的生态资源和现存的长寿品牌，大力发展旅游业，在旅游业发展成熟，实现资本积累的基础上引领加工业等第二产业，随着游客对有机农产品要求的不断提高又推动巴马第一产业的发展。如今，巴马已经打造出具有本地特色的森林康养、养生度假产业，第二产业、第一产业也逐渐崛起，实现一、二、三产业融合发展。巴马先凭借“生态”和“长寿”两块金字招牌打造出能带动村民致富的新型产业渠道。

2.5.1.1 巴马基本情况介绍

巴马有“世界长寿之乡·中国人瑞圣地”之美誉，全县总面积 1976.42km^2，有汉族、瑶族、壮族等 12 个民族，全县总人口约 30.5 万人，县城常住人口 6.6 万人。2020 年，巴马实现 82.99 亿元的生产总值，增长率达 8.5%。巴马依托本县资源禀赋优势，着力打造“长寿养生”品牌，发展本地区种植业、长寿食品制造业、旅游业，凭借其独特的资源优势和良好的发展势头，近年来获得“中国王牌旅游目的地”“中国最佳养生休闲旅游名县”“广西旅游标准化示范县”等诸多荣誉称号，巴马以生态和养生优势引进八方来客，实现全体村民共同富裕[19]。

2.5.1.2 巴马三产融合发展成效

巴马以生态资源为优势发展产业，基于该优势当地积极开展旅游业，逐步形成“旅游+”的新业态，实现一、二、三产业融合发展，凭借资源优势，经过长期摸索，已构建起田园养生综合示范点、长寿养生度假小镇、平林村敢烟屯仁寿文化源等景区[20]。2019 年，巴马通过土地资源整合、土地流转等措施在当地规模化开展青柚种植。到 2021 年，全县实现 2200 多亩的青柚种植，其中 800 余亩已经逐渐成熟，挂果待售，2022 年可实现 40 万 kg 产量，实现 500 万元的总产值；巴马大力发展旅游业，以旅游业结合其他产业推动多产业融合发展。2021 年，巴马接待国内外游客 768.4 万人次，较 2020 年实现 19.29%的净增，“旅游+”模式为当地居民带来增收，2021 年实现旅游消费 80.87 亿元，较 2020 年净增 21.4%。可见，巴马在推进产业融合发展的过程中，明确产业竞争力，抓住核心产业，深入挖掘产业潜力，通过构建休闲农业、乡村旅游业、农产品加工产业等推动当地农村农业现代化，依托当地生态资源和独特的康养资源优势，积极开展“旅游+”优势，将一、二、三产业融合发展做大做强，逐步打造成综合化旅游基地。

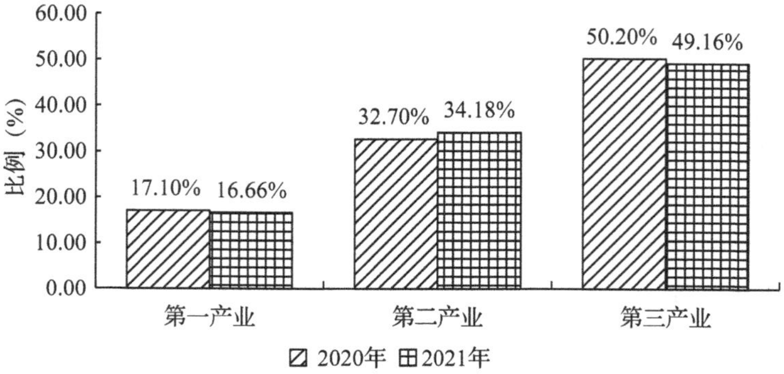

图 2-10　巴马三产结构发展情况

由图 2-10 可知，巴马在积极推进产业融合发展进程中，一、二、三产业整体布局合理，其中第二产业比例呈小幅增长，一、三产业比例小幅下降，但整体变化趋势不大；产业结构融合发展对于当地经济发展和产业兴旺有积极作用，农民真正实现增收增产。图 2-11 显示城乡居民的可支配收入呈现线性式增长，且增长率显著，巴马产业深度融合，彻底摘掉村民的“贫困帽子”，一、二、三产业的融合发展是农民走上致富之路的“重要法宝”。

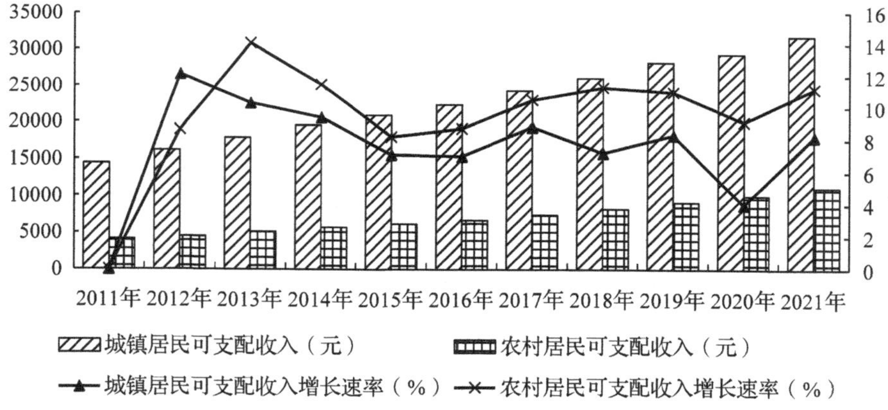

图 2-11　巴马城乡居民可支配收入金额及其增长率

2.5.1.3　巴马推动产业融合发展的具体措施

（1）坚持发展旅游业为支撑产业，不断优化产业发展结构。巴马在产业定位上坚持做好“旅游+”模式，以文化发展、产业振兴、旅游定位与生产、生活、生态相互融合，逐渐摸索出一条单一农业种植业向第一、二、三产业融合发展的多元化经济发展之路。巴马牢牢抓住旅游这一条主线，鼓励返乡人员和当地居民改建自有闲置住房为农家乐、民宿等，吸引外来游客，在游客流量不断增加，发展潜力逐渐凸显后开始第一产业、第二产业，当地政府给予引进的企业“一企一策”优惠。总之，巴马在产业发展中坚持发展旅游业这一支撑产业，在产业发展成熟后优化产业结构，保障当地产业提档升级。

（2）不断强化村民技能培训，加大对外营销力度。巴马在三产融合发展进程中，注重当地村民和企业员工的技能培训，打造高质量的服务体系。巴马通过网络课程、现场培训等多元授课方式向当地村民和企业员工开展旅游、手工生产等技能培训，政府部门开设的系统培训课程都属于免费课程。一方面以此提高村民的参与度进而切实提高从业人员的综合素质，另一方面通过“线上+线下”的智能服务模式引进专业型人才参与乡村产业建设；巴马三产融合发展的主导产业是旅游业，当地政府抓住机遇，明确当地产业发展方向，积极对外宣传，同时定期开展文化旅游公益演出，吸引外来游客，在节假日实施景区游览优惠打折，推出旅游一卡通、电子消费券、年卡等消费品，引导消费者赴巴马旅游。

2.5.2 案例二：陕西袁家村——打造村集体经济模式，跨传统推动地区产业融合转型

袁家村属陕西省咸阳市礼泉县，位于关中平原，先后荣获国家 AAAA 级旅游景区、“中国十大美丽乡村”等称号。袁家村共有 62 户人家，286 人口，土地面积为 660 亩，随着产业的不断升级转型和经济高质量发展，如今袁家村已经吸引外来 3000 余人入住此地。

2.5.2.1 袁家村发展历程

袁家村有如今的辉煌成就亦是经历了长期的摸索。20 世纪 70 年代初期，袁家村资源缺乏，其土地更是贫瘠、低产，属于礼泉县最小也是较为落后的行政村，当时村民主要以个人农业生产为主，是典型的“点灯缺油、犁地少牛、农活选不了头”的深度贫困村，袁家村最重要的农业都难以为村民带来增收，其他产业发展更是困难；到 1978 年后，袁家村分析本村产业情况，审时度势，助力打造乡村产业，从农业向工业的转变为后期产业兴旺与一、二、三产业的有机融合奠定了重要基础；随后在 1984 年、1988 年，袁家村先后依托本地资源优势兴建水泥厂、硅铁厂、印刷厂等系列企业，实现了农业向工业的升级转型；1995 年左右，袁家村抓住发展机遇，大力扶持发展餐饮、影视、物流等综合化经营产业，到 2000 年袁家村实现产业的多元化发展，村集体资本更是达 1.8 亿元[21]。袁家村从初期的贫困村发展到 2000 年的小康村，主要依托产业发展，以产业为基石，带动村民增收、集体富裕，打造出全国

产业兴旺的“示范点”“样板间”。

在国家宏观经济结构大力调整、产能发展转型的背景下，袁家村诸多工业企业面临极大困境，其中最初创办的水泥厂因资金困难等原因只能退出“历史舞台”。然而，袁家村在挑战中发现机会，深刻总结经济形势新发展方向，2001 年开始从单纯的种植业、工业转型到旅游业，以关中民俗文化为基础，打造民俗、餐饮、旅游新产业；此外，袁家村还积极招商引资，以社会资本打造民俗街、祠堂街等融合文化要素的旅游景点。到 2016 年袁家村农家乐、酒吧街等“网红”打卡地成为该地的新发展动能，为全村带来新的增长活力。至此，袁家村真正实现第一、二、三产业的深度融合，依托资源与产业从最初的贫困转向小康，从小康发展到富裕，到如今形成跨越式新型发展模式，袁家村用实际行动向世人阐释产业兴旺的真正意义和巨大推动力。

2.5.2.2 袁家村产业发展规划

袁家村在产业规划中明确了两条线，即“打造一个品牌”和“构建两个产业”。具体来讲，“打造一个品牌”指的是前期倾全力创建好的“袁家村”品牌，其品牌的成功打造分为三个阶段，起步期以农家乐、民俗街、创业平台为主，通过鼓励经营主体自主创业，将袁家村的影响逐渐拓展开来[22]；发展期以餐饮和旅游为主，在民俗文化发展逐渐成熟的基础上，实现旅游产业的更新升级，引进艺术走廊、小吃街等，进而将地区餐饮文化推展开；成熟期则实现“袁家村”品牌的影响力，开始打造模式化产品，实现产业融合发展，以第三产业的发展带动“一产+二产”的良性循环发展。

“构建两个产业”也是在品牌打造过程中逐渐确立的，一是文化创意、民风民俗为核心的文化大产业。二是基于餐饮、加工为核心的种植业、养殖业、包装产业。两个产业的确定是袁家村旅游文化打造、区域品牌化构建、规模化构建中逐渐衍生出来的。第三产业的健康发展可以促进第二产业的良性发展，第二产业发展成熟后不断扩大本地区农副产品供给，进而带动第一产业快速发展。可见，袁家村在产业规划的落实中不仅实现了产业壮大，同时促进了经济发展，在基础设施发展成熟的基础上构建起三产融合发展模式。

“打造一个品牌”“构建两个产业”的发展规划清晰后，袁家村计划将现有产业融入全国产业布局，继续打造连锁经营模式，建立优质农产品加工业，通过村内村外优势互补、产业发展强强协作，打造出具有品牌效应的袁家村。图 2-12 显示了袁家村清晰的产业布局，着重构建起各种特色的街道，包括小吃街、书院街、艺术节、回民街、祠堂街等，特色街道的打造充分体现当地文化底蕴，以旅游业的发展引入配套企业，在街道外围打造配套农业设施项目、加工企业等，构建出农民普惠、村貌换新、环境优越的示范村。

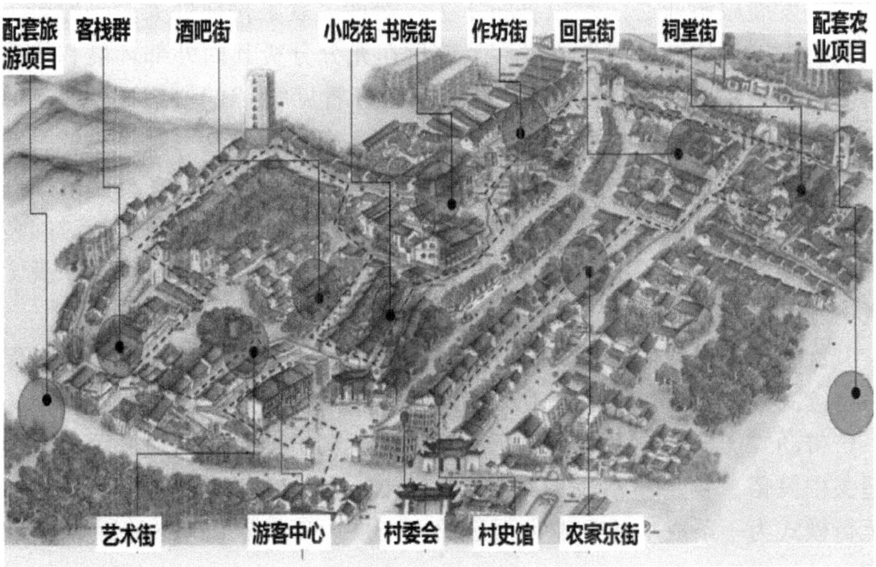

图 2-12　袁家村产业布局

2.5.2.3　袁家村集体经济和三产融合发展的运作模式

袁家村取得如此大的成功并非一蹴而就，前期有完善的经营模式，通过科学合理的运作保障了该村产业发展上取得长效性，居民收入分配具有合理性，不仅实现了村集体富裕，还基于合理的运作模式实现了村民间的共同富裕(图 2-13)。

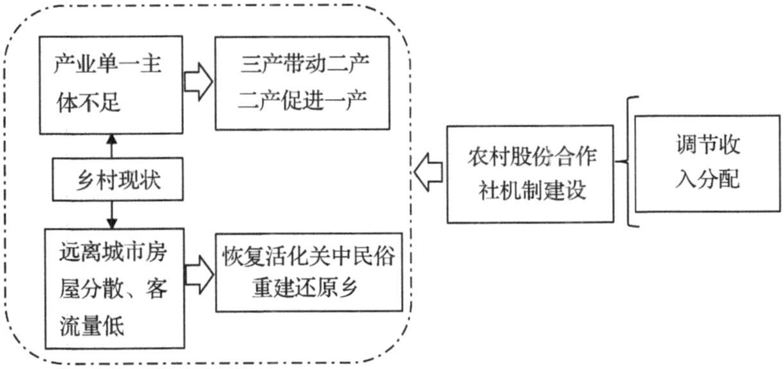

图 2-13　袁家村三产融合发展运作模式

首先，袁家村地理位置本身较为偏僻，若全力打造旅游产业，并不能保证客流量稳定达规模，此外，袁家村并不具有山水田园景观、传统建筑等，因此单一发展旅游业必定难以推行下去。然而，袁家村地处关中平原带，其文化底蕴丰厚、传统习俗价值极大，该村在充分分析其内外部环境和优势劣势的基础上，提出恢复活化关中民俗，让游客看见“活”的习俗，重建还原乡村生活，给游客提供乡村生活的深度体验。袁家村凭借这一运作模式，推出“村是景点”“家是景点”“村+家是景点”，将最真实最原始的乡村生活与民俗文化呈现在游客面前。特色产业的打造让游客驻足于此，多角度长时间多方位地感受原汁原味的关中文化与农村文化，以农民为主体向游客带来视觉和感觉的新型体验。

其次，袁家村在运作模式制定上明确了旅游业主体地位，但是要想保障农村持续高效增收，一、二产业必不可少。袁家村产业发展模式与其他传统的一产带动二产，二产发展成熟后推动三产不同，而是采用逆向思维，通过打造关中民俗、乡村生活发展第三产业，以三产带动二产、二产促进一产，此运行模式为一条成功的产业发展道路，拓展出新的农民增收、集体繁荣的渠道。

最后，分析现有产业发展模式发现，有的村庄在产业选择中存在全村村民纷纷投入利厚产业，有风险的产业吸引力弱，难以形成规模化和产业化，无法在整个竞争市场立足。袁家村在制定产业兴旺战略中坚持农民主体地位，同时积极探索一条长效的增收机制，坚持以股份合作、合作社建设实现村民收入分配调节，防止村民贫富两极分化现象的出现，同时又不搞“大锅饭”，保证劳动者有应得收入，构建出合理科学的利益分配机制。袁家村股份分配机制和合作社机制的推出，真正保障了广大村民的既得利益，避免恶性竞争，实现集体富裕、共同富裕[23]。

2.5.3 三产融合发展典型案例之问题剖析与经验借鉴

2.5.3.1 问题剖析

巴马与袁家村在产业发展过程中以第三产业打造为主，一、二产业协同发展，进而实现一、二、三产业融合发展，通过上述两大典型案例分析可知，两地在产业融合发展中存在融资难、打造力度不够、多向度融合不足等问题，后期产业探索中需着重解决上述问题。

（1）三产融合发展中资金来源单一、融资难度较大。巴马与袁家村在产业发展过程中，注重多元产业融合发展，一、二、三产业协同推进。然而，农业投资本身周期长，收入回报慢且低，导致上述地区产业发展进程中获取资金较为困难。很多农村地区在产业发展过程中都存在“融资难、融资慢”的问题，农业因其特殊性难以通过金融机构的风险评估，能获得融资的农民又因为要背负巨额利息而难以大量借贷；从融资渠道看，目前极少有地方为农村农民设立的专门的金融服务机构或专门的窗口，农民办理贷款服务手续多、程序复杂、效率低下，农村产业经营不确定导致后期还款的不确定。农村融资渠道、融资方式单一，程序复杂等一系列问题都是产业发展的制约因素，后期政府部门需要对此投入充足人力物力克服地区产业发展瓶颈。

(2)龙头企业打造力度不够，难以实现“一企带动多企”。巴马和袁家村自身的优势品牌已打造成型，产业发展优势明显，但是，两地在产业融合发展中虽产业种类较多、产业质量逐步提高，但是大型一、二、三产业打造力度不够，未建立“一专多强”的龙头企业或行业，产业整体属于“多面开花”，单一大型优势企业支撑力度缺乏；农村产业在融合发展中“似融非融”的问题尤为严峻，产业融合发展尚处于初期，融合程度低，龙头企业规模优势不明显，品牌打造中仍以传统行业为主导，基于传统行业的发展带动二、三产业，该模式难以在市场上形成核心竞争力；企业建设空间布局上，少有大中型企业选址县城或较为发达的城镇，难以带动农村发展，利用农村资源打造农业特色的力度有限。因此，振兴乡村产业要以龙头企业建设为重要目标，建立起“一企带动多企”“多企协同发展”的新型布局模式。

(3)农村多角度、多层次产业融合发展不够，难以以市场为导向形成产业竞争力。农村产业融合发展的思路大多是第三产业中的旅游业、第二产业中的农副产品加工业、第一产业中的农产品种植业实现融合，这是传统的融合模式，也是绝大多数农村产业发展转型中采取的方式。这样的融合发展模式结合单一，难以延伸出丰富的业态形式和产业主体，难以在社会产业发展、市场竞争、农村产业升级转型中形成核心竞争力，此外，农村在产业融合中大多是浮于表面的融合，未形成“创意+实用+预期”的多层次多业态融合。

2.5.3.2 经验借鉴

结合巴马和袁家村产业融合发展的成功案例，其他地区可以以此为借鉴，推动一、二、三产业有机融合，逐步构建起产业兴旺的新型发展模式。

(1)坚持多元化共建的模式，充分调动农民主体积极性。产业发展之根本是要有效带动农户参与，进而实现农村经营主体增产增效，因此三大产业融合发展需要注重村集体模式、合作社模式、农户个体模式的创建，通过成立专门的村集体企业或合作社，合理高效流转土地、投资分红，真正激发农民主体的经营活力和主动参与的积极性。多元经营模式的建设要稳住“农民为主体”这一主线，充分尊重农民需要，尊重农民生产生活方式，构建有效的组织机制，将分散的农民经营主体集中起来，适度规模的家庭农场建设也是激发农民积极性、盘活农村劳动力的重要途径。因此，建立完善合作社机制、小农场经营等模式，尊重农民主体作用，搭建起工农互促、共同繁荣的新型生产模式。

（2）坚持产业融合发展大方向，探明产业融合发展新路径。农村一、二、三产业融合过程中，农业供给侧结构性改革、农村土地利用制度改革是农村产业多元化发展的“重头戏”，要实现资源的高效与合理利用，在农村产业发展成熟的基础上推进城乡建设一体化。三产融合发展不是简单机械地将农产品加工业、服务业搬到农村，政府部门要提前统筹规划，在产业布局中做到有序、合理，以科学的规划摸索农村产业融合的新发展途径；农村三产融合给政府和农村居民都提出了更高的要求，产业融合过程中不能将农村与城镇两个空间体独立开来，要积极推进新型城镇化建设，农业产业发展和城乡规划协同推进，农业发展不一定在农村，倡导并引导农村产业转向有发展潜力、有发展势头的县城和乡镇，打造城乡一体化的支撑性产业[24]；农民要走出误区，不能仅认为产业融合发展就是一、二、三产的融合，要探明新发展方向，注重第一产业内部融合，加快农业+牧业、农业+林业的有机合作，构建起粮食、牧草、经济作物、森林资源的多元化协作发展新格局，基于新发展方向和新发展路径拓展农村三大产业发展新布局。

（3）坚持“旅游+”规划编制，实现旅游业和其他产业协同推进。三大产业融合发展进程中，旅游业发挥着不可替代的作用，“旅游+其他”实现产业融合可以为当地经济发展注入动力，而旅游业需要制定科学合理的规划，基于编制规划，科学带动其他产业正向发展，且旅游规划的编制是后期招商引资与资源开发的重要基础。产业融合发展进程中，“旅游+文化”“旅游+养生”“旅游+教育”等多种产业模式可以有效推动地方经济发展，完善文化产业和旅游产业的深度融合，对于“双循环”新型发展格局，文化旅游迈上新台阶，增强产业核心竞争力方面发挥着不可替代的作用[25]；着力打造旅游业，寻找旅游发展新的增长点，旅游发展可以带动民宿、建筑、餐饮、购物、娱乐等多行业的发展，规划制定时要打破传统思维，积极以第三产业发展引导第二产业进入，以第二产业崛起助力第一产业转型，以逆向发展思维为地区产业兴旺注入新活力。

参考文献

[1] 2016年中央一号文件精神之三 推进农村产业融合，促进农民收入持续较快增长[J]. 现代农村科技，2016(4)：81.

[2]张慧鹏. 唯物史观视野下的乡村振兴与农民主体性[J]. 中国农业大学学报(社会科学版)，2022，39(1)：30-45.

[3]李周．中国农业绿色发展：制度演化与实践行动[J]．求索，2022(5)：97-105.

[4]马旭东．低碳经济视角下的新兴战略性产业选择研究[J]．内蒙古财经学院学报，2012(3)：100-104.

[5]王常琳．质量发展需求下产业扶贫的制约因素与创新路径[J]．农业经济，2022(8)：88-89.

[6]杨青林．河北承德草莓产业发展优势及展望[J]．果树实用技术与信息，2014(2)：32-33.

[7]陈侃．乡村振兴背景下建德草莓产业可持续发展研究[D]．杭州：浙江农林大学，2020.

[8]李森，刘娟，公菲菲，等．黄花菜'大同黄花'开花特性与繁育系统研究[J]．园艺学报，2021，48(8)：1541-1551.

[9]段九菊，宋卓琴，贾民隆，等．大同市黄花菜产业发展历程、现状及对策[J]．中国种业，2021(1)：17-19.

[10]章磷，张秀茹，姜楠．乡村振兴水平差异及空间结构研究——以黑龙江西部地区为例[J]．农业技术经济，2022(9)：134-144.

[11]王仁强，徐杰．农产品品牌化责任主体职责研究[J]．农业经济与管理，2018(3)：19-26.

[12] 杨志伟．"精准扶贫不落一人"：十八洞村脱贫评估表[J]．党建，2022(2)：64.

[13]李曙光．湖南省花垣县生态旅游精准扶贫路径研究[D]．长沙：长沙理工大学，2017.

[14]冷志明，丁建军．十八洞村摆脱贫困的实践与经验[J]．China Economist，2022，17(4)：78-105.

[15]张学强，陈安全，贺岩，等．山地森林植被条件下的康养基地建设思考——以洪雅县玉屏山为例[J]．四川林业科技，2017，38(5)：118-121.

[16]江娟丽，王晓钰，杨庆媛．农旅融合的耦合协调发展及对策研究——以重庆市石柱土家族自治县为例[J]．西南大学学报(自然科学版)，2022，44(8)：158-167.

[17]毛国旭，王传发．应对气候变化背景下云南林业碳汇发展的机遇与挑战[J]．西南林业大学学报(社会科学)，2021，5(1)：83-86+98.

[18]罗先菊．以农文旅康深度融合推动民族地区乡村振兴：作用机理与推进策略[J]．价格理论与实践，2022(2)：188-191+203.

[19]黄荣娟，韦福巍，宁晓玲．广西巴马瑶族自治县康养旅游发展策略研究[J]．旅游纵览，2022(4)：180-184.

[20]伍锐，张跃平．乡村振兴背景下民族地区改善民生的路径研究——以广西巴马瑶族自治县为例[J]．中国市场，2022(22)：36-38.

[21]王乐，张滢．具身视角下乡村旅游体验研究——以陕西袁家村为例[J]．咸阳师范学院学报，2022，37(2)：46-52.

[22]周立，王晓飞．城乡中国时代的乡村振兴和共同富裕——集体行动理论对话与袁家村案例分析[J]．山西农业大学学报(社会科学版)，2022，21(4)：1-12.

[23]卢祥波．共同富裕进程中的农村集体经济：双重属性与平衡机制——以四川省宝村为例[J]．南京农业大学学报(社会科学版)，2022，22(5)：23-32.

[24]周旺妮，张榆琴，李学坤．农村产业融合对农民收入的空间效应分析[J/OL]．统计与决策，2022(19)：61-64.

[25]胡俊颖，苑海龙．旅游产业与文化产业深度融合发展的机遇、挑战与路径[J]．旅游纵览，2022(17)：160-162.

3 农村生态宜居

乡村振兴战略是推动城乡一体化进程的重要布局，在全国一盘棋的前提下，推动农村生态宜居是实现乡村振兴的重要内容，也是实现富强民主文明和谐美丽的社会主义现代化强国的必由之路。农村生态环境问题长期被大众忽视，其监管力度与城市相比稍显不足，宽松的政策环境以及环保意识的欠缺导致农村地区污染严重，不仅威胁当地村民生命健康，也对土地可持续发展造成不良影响。当前，为实现农村生态宜居，亟须解决农药、化肥、地膜、废水等面源污染问题。

3.1 农村生产污染案例——农药

我国幅员辽阔，自然环境复杂，病虫草害发生率高。据统计，我国农业常见的病虫草灾害达 1600 多种，防治难度非常大。加上生态环境恶化、气候变暖等影响，农业面临更加严峻形势。农药作为当前病虫害最有效的杀手，仍是农户最常用的除害手段。当前，我国每年农药使用折百量约为 23 万 t，过高的农药用量导致农药污染事件层出不穷，农产品质量安全令人担忧。特别是“毒死蜱”“克百威”这类毒性强的农药，危害尤其大。解决农药污染是解决农村污染问题的重中之重，能够从源头上促进食品质量安全提高。

3.1.1 农药污染案例分析

2008 年，广东省遂溪县一位 77 岁老人因取水摔伤死亡，消息一出震惊大众。据了解，该县数百村民每天都要到 3km 以外的镇政府取水，道路的艰难让取水成为村民沉重负担，每年都有不少老人学生在取水途中摔伤住院。取水途中潜伏着巨大风险，村民为何仍锲而不舍呢？原因很简单，村里已经没有干净可使用的水源。1986 年村委会与湛江市春江生物化学实业有限公司签订了 50 年土地流转合同，将属于村庄集体所有的 29.03 亩土地转让给该厂使用，承包金为 76120 元。为了节省成本，厂方将收购的废弃农药瓶清洗后再使用，而清洗的农药废水却在没有经过处理下直接排到工厂后面的一处池塘，长年累月下来，该村庄及周围几个村子水源都受到严重污染。当地井水的检测结果中 pH 值、硝酸盐氮、挥发酚、硫化物等均不达标，甚至有村民家养的牛在工厂附近吃草后直接中毒死亡。农药厂污染对村庄造成了严重的影响，村民用水成为最大困难。不仅如此，由于土壤水源的污染，村民的粮食、牛肉等农产品完全没有销路，对生活生产造成了严重的影响。农药污染造成的危害极大，最直接的影响是健康问题。厂商不规范生产成为农村地区农药污染重要原因。除了生产环境的农药污染事件，使用环节更是污染的重要源头。据了解，近年来为了提高农作物产量，不少农户仍在使用高毒产品，如毒死蜱、克百威等农药。2022 年，四川省在抽查一批茶叶公司发现，多批茶叶杀虫剂克百威、水胺硫磷含量超标，最高超标量达 11 倍。农药残留超标主要在于茶叶种植过程，为消灭病虫害，种植户大量使用高毒性产品。残留的农药在食用过程中直接进入人体，对健康造成非常大的威胁。除此之外，我国每年所需农药包装物约为 100 亿件，其中被随意丢弃的包装废弃物超 30 亿件，包装物的随意丢弃对环境破坏也极为严重。

上述案例说明我国农药污染主要来源，即生产方和使用方。与遂溪县类似的村庄数不胜数，土壤水源受到污染，村民生活受到威胁。近年来由于我国经济发展迅速，环境问题也尤为严重。农药生产作坊的不规范导致农村地区污染严重，为了节约成本，乱排放未经处理的生产废水导致水体受到严重污染，不少地区甚至出现高病发率的特征，危害非常大。而作为农药使用方，为了提高农产品产量，在种植养殖过程中非常依赖农药的使用。除了茶叶外，例如“毒茄子”“毒芹菜”“毒豇豆”等事件也屡见不鲜。过量农药使用以及使用高毒性农药使农药残留高，威胁人体健康。农药污染受到广泛关注，群众也在抵制农药的使用。然而，水体污染没水喝、农产品残留超标等事件仍然频频发生，究其原因主要在于农药污染管理体系的缺失。缺乏一套专门的法律体系，导致农药污染管理缺乏法律依据，缺乏责任落实，农药生产使用环节没有合理地管理，缺乏必要监督。其次，缺乏较为合理的奖惩制度，对农药的使用约束性不强，激励不够，导致农户使用不当，造成严重污染。除此之外，缺乏科学合理的替代技术推广，使农药成为大部分农村地区唯一的治理病虫灾害的手段，导致农产品污染严重，农村地区生态环境遭到破坏。当前，农业问题已然是乡村振兴的重要落脚点，解决农药污染问题刻不容缓。通过典型的农药污染治理案例，可以为我国广大农村地区农药污染问题解决提供参考。

3.1.2 农药污染治理案例

农药生产使用不当造成土壤污染，从而导致产品农药残留过高，危害人体健康。加之农药残留危害具有隐匿性，短时间难以发现，若长期食用带农药残留的食物，人体免疫系统将遭受毁灭性打击，各个组织内细胞将发生恶变，甚至提高癌症、白血病等疾病的病发率。不仅如此，农药的不当使用以及农药包装物随意丢弃，导致土壤、水源等遭受污染，使农村地区生存环境恶化，进一步威胁人民健康。农业是国家赖以生存的基础，解决农药污染问题是促进农业绿色生态转型的重要举措，对提高地区农产品质量安全和生态环境质量具有重要意义。

3.1.2.1 完善农药残留限量标准体系

农药残留限量标准是指单位农产品中农药最大浓度。目前，我国制定的食品农残限量中覆盖了近500种农药，限量标准达7000多项[1]。在食品安全方面，中国取得了较大进步。但与发达国家仍然存在较大差距，参考图3-1，发达国家限量项目数量远超我国。目前，我国农残限量标准仍存在覆盖不全面、规定不明确等问题。因此需要加大力度完善农药残留限量标准，提高食品检测门槛，进而提高农产品质量安全。

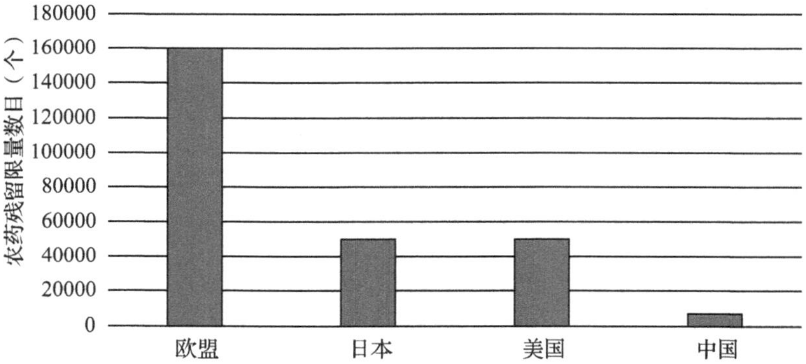

图3-1 中国与发达国家农药残留标准数量对比

按照国际经验，为完善农残限量标准，普遍采用的方法为“一律限量”。“一律限量”起源于日本，是为了解决进口食品与未登记农药使用的问题。日本由于国土面积小，大部分食品需要进口，进口食物农药残留的种类多过本国已登记种类，加之存在农户使用未经登记的农药，导致法律规定的最大限量标准覆盖不全面，食物农药残留问题仍然严峻。为弥补法律上的缺失，日本制定了“一律限量”标准，即除明确规定的最大残留标准外，其余未明确规定的农药残留按统一标准执行。这一标准的实施得到良好效果，发达国家纷纷效仿，建立了本国的“一律限量”。参考表3-1，各国标准虽略有不同，但标准的实施弥补了现有法律空缺，一定程度上完善了农药残留标准制度体系。

表 3-1　发达国家(地区)一律限量标准

国家(地区)	一律限量标准(mg/kg)
欧盟	0.01
美国	0
日本	0.01
韩国	0.01
新西兰	0.1
加拿大	0.1

当前，中国食品安全问题严峻的重要原因之一便是农残标准制度不健全，完善限量标准是减少农药使用的首要举措。借鉴发达国家在处理限量标准上的经验，采用组合拳方式应对农药污染挑战。一方面，继续增加农药最大限量标准数量，细化限量标准，提高食品质量门槛，倒逼农户减少农药使用，推动生态农业发展；另一方面建立“一律限量”制度，补充当前限量标准覆盖不足问题，有效打击农户使用自制或未经登记生产的农药行为，严格把控生产环节农药使用量，提高农户减少用药意识，增强农产品质量安全。

在标准制定的同时，要尽快建立完善的农残检测机制和溯源机制。通过农产品检测区分合格农产品与不合格农产品，同时将合格农产品进行区分，挑选出质量高的有机生态农产品，产生约束力的同时又给予有机农户一定程度的激励。在此基础上，要重视责任溯源。比如日本，非常重视食品安全，推出了食品安全溯源制度。在生产、加工、消费等环节建立了大量的数据库。农业部门在农产品生产基地登记关于农产品农药的使用信息并监测农药残留；上市后，农产品外包装必须包含产地、生产商等主要关键信息并附有条形码，一旦发现产品有问题，立马可以根据包装信息溯源，寻找主要负责人。作为农药残留标准体系的补充，农残检测机制和溯源机制能够使其真正发挥作用。

3.1.2.2　建立严格的监管体系

农药污染严重的重要原因之一便是监管不到位，监管体系不完善使农药在生产销售使用环节长期出现违法犯罪行为。例如，随州市某公司生产“施耳康”“金点二代美帕曲星”在内的 44 个产品，均属假农药；乐东黎族自治县某村民家中非法储存 23392 瓶甲胺磷、克百威、三唑磷等农药；种植户使用禁止农药氧乐果的“茄子案”“豇豆案”“黄秋葵案”等。农药在生产、销售、使用环节均出现不同程度的违法犯罪现象，这些现象的频发主要原因在于我国现有农药管理制度的不健全，监管体系还存在很大不足，因此要建立更加严格完善的监管机制。

国际社会在农药监管方面的经验非常丰富，通过借鉴国际经验能够对我国农药管理提供更多参考意见。特别是美国，从生产经营到使用，分别制定了农药登记管理制度、经营许可制度以及施用许可制度[2]，在农药管理方面有着一套非常成熟的监管制度，如图 3-2 所示。

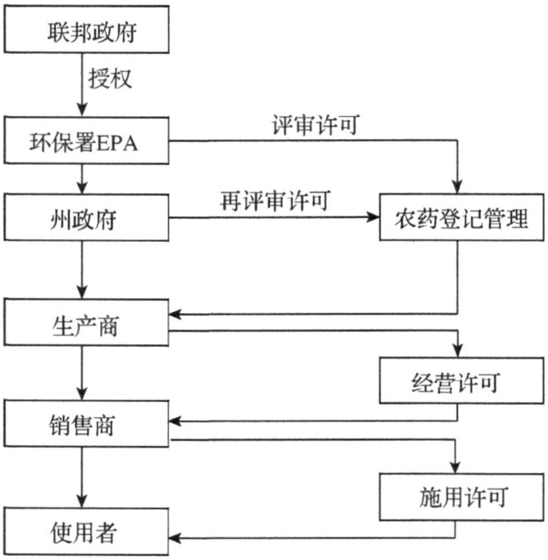

图 3-2　美国农药监管体系

（1）农药登记管理制度。美国对生产农药有严格的管理制度，厂商想将生产的农药进行批发售卖，需要通过农药登记管理制度，即联邦与州政府共同批准许可并登记该农药，赋予其合法地位的制度。联邦政府将许可权力授予环保署，环保署通过评审确定该农药是否合法。环保署通过后，该产品所属州政府要经过再次评审，确定其毒性、风险、等级等具体信息，严格检验产品标签内容，为农药后期售卖使用提供基本资料。联邦政府与州政府共同批准后，该产品将登记入册，正式成为合法交易的产品。这就是美国的农药登记管理制度，该制度在很大程度上规范了农药生产者行为，对打击假药、禁药等现象起到较强作用。

（2）农药经营许可制度。销售商是养殖种植户最直接的联系人，农药销售过程的监管对提高地区农药使用合理化有着密切的关系。农药污染严重一个重要的原因就在于经营户销售过程存在不合法行为，因此美国出台了农药经营许可制度，用以规范经销商行为。首先，农药经销商需要获得州政府颁发的许可证书；其次，在买卖产品过程中要设置台账，要有明细的买卖记录，方便后期溯源，一方面对厂商进行监督，防止黑心厂商出售假冒伪劣产品，另一方面对售卖商起到约束作用，防止其故意售卖非法产品。除此之外，做好售卖记录也能起到追踪作用，防止农户过量购买农药。

(3)农药施用许可制度。农药施用许可制度是一项非常具有特色的制度，该制度要求农药使用者必须具备一定资质，资质的获取主要通过州农业部。首先，申请者需要通过州政府组织的资格测试或培训，通过病虫草灾害识别、农药产品识别、灾害防治技能等测试，获取农药施用权。成功通过考核的申请者会获得州政府颁发许可证，证书的有效期一般为2~3年。有效期内，获得该证书者能够使用农药，特别是一些限制性的农药。证书过期后，要想再次获得该权利，需要重新申请考核。研究表明，农药使用知识普及及技能培训对减少农药使用量具有显著效果[3]。这项制度很大程度上解决了农户使用不规范而引发的农药污染问题，同时普及防治知识，能够有效促进农业生态转型。除此之外，该制度中还包含一项病虫防控咨询师制度(PCA)，PCA制度要求农户在购买限制性农药时，需要咨询师提供书面推荐，且需要在咨询师指导下使用。咨询师是农业方面的专家，对病虫灾害方面具有较高的理论知识水平和实践能力，能够更好为农户提供专业知识指导。

美国在农药监管方面具有一套完整的体系，从生产到使用都进行了严格监管。农药厂商在农药生产过程中必须考虑产品的合法性，只有生产合法产品才能通过联邦政府和州政府的许可登记，因此，通过登记管理制度能够很好规范厂商生产行为。其次，美国出台的经营许可制度也有效打击了中间商的非法行为，对假药、禁药的监督进一步加强。清晰的台账也有利于追责，对农药买卖起到约束作用。而施用制度与咨询师双重组合直接作用于农户，更有利于提高农药使用科学性，也增加了农业科学普及的渠道，扫除了科学知识与实践间的障碍。当前，我国监管存在断层，产销用环节均存在各种非法现象，要建立一套完整的监管体系，从厂商到农户，都要有一套监管机制，对各方都要起到约束作用。

3.1.2.3 建立灵活的奖惩机制

奖惩机制是政策实施有效的保证，奖惩制度能对农户施药行为产生显著正向影响[4]。一方面对农药涉及各方起到强有力约束，另一方面能够促使绿色生态农业观念深入人心。特别监管机制要取得良好的效果，奖惩机制必不可少。

日本在农药管理方面设置了非常严格的惩罚制度，日本《药物取缔法》中规定，农户违规施用农药将受到100万日元以下罚款或3年以下有期徒刑[5]，严格的制度明显减少了农药使用量，据了解，日本农药使用量仅有政策实施前的一半。当然，严格的惩罚机制能够对农户用药行为起到强制作用。但由于农产品价格低、利润薄等原因，农户生产成本增加，容易引发更大矛盾。因此，政府资金扶持便能起到很好的缓冲作用，日本政府制定了相应的资金扶持政策，帮助农户转型，巩固了农药管理政策。

惩罚机制在减少农药使用上有较强的约束作用，但在农业绿色转型方面激励不够。仅有惩罚机制，农户在农药使用上保持着不犯错就好的态度，对更加生态的生产方式探索力度不够。为了起到更好激励作用，政府应该制定鼓励政策。例如，韩国实施的“亲环境农业”政策，通过专门的认证机构评审产品，农户可获得相应等级的商品标签使用权。等级越高，农产品的质量就越高，相对售卖价格越高，同样需求也非常大。这一政策激励农户向绿色生态农业转型，提高农产品质量，间接减少了农药使用，同时扩大了其他病虫灾害防治手段的影响力。为保证该制度的有效实行，韩国政府出台了一系列相关配套措施，如产品等级认证有效期为一年，防止产品质量下降；等级认证资格不能违规冒用，一旦违规将处以 2.5 万美元罚款或 3 年以下有期徒刑；因“亲环境农业”政策遭受损失的农户可获得补偿，评价等级越高的产品获得的赔偿越高[6]。

缺乏必要的奖惩机制，监管机制有效性也大打折扣。表现好的农户得不到应有激励，造成严重污染的农户也得不到警示。其直接后果是农户为提高产量仍然大量使用农药，因为从监管角度看，用与不用都没有多大差别，使用农药不但不会增加较大成本，还能因为产量提高增加收入。因此，农产品市场将会出现“劣币驱逐良币”现象，农药污染问题仍旧得不到很好解决。为了真正促使农药使用的减少，促进监管机制的有效性，应该配备合理的监管制度。各地政府应该根据中央指示出台相应的奖惩措施，对达标农户进行分级别奖励，对不达标农户要进行严格的惩罚措施。一方面，通过这种方式可以约束滥用农药行为，另一方面可以促进有机农业发展。同时，通过奖励措施还能弥补农户因减少农药使用增加的成本，提高农户转型信心。

3.1.2.4 农药税收征收管理

环境资源属于公共物品，具有外部性特征，而环境污染又具有负外部性，这导致生态环境日益遭受破坏。为了解决环境负外部性特征，发达国家提出了“排污权”管理制度，遵循“谁污染谁付费”的原则。排污权管理制度被广泛运用于污染管理，特别是大气污染和水污染，此后又演化为环境保护税。随着经济社会不断发展，污染形式更加多样化，环境保护税运用也更为广泛。像对待传统污染一样，发达国家也将环境保护税运用到农业上，针对农村地区农药污染严重的情况，出台了农药税收制度。为了解决农药残留过高问题，发达国家设置了较高税率，且征税基础设置灵活。征税基础包括：农药有效成分、农药价格、农作物播种面积、农药等级[7]。瑞典就以农药有效成分为基础，每千克征收30瑞典克朗；丹麦依据农药价格征税，征收比例为34%～54%；挪威则依据播种面积交税，每公顷征收20～160挪威克朗；而法国则以农药等级征税，毒性越高的农药征收的税率越高，最高可征收1.67欧元，最低征收0.38欧元。

发达国家在征收农药税收时，主要有两个特点，一是征收税率普遍偏高，较高的征收税率能在很大程度上抑制农药使用，对农业面源污染具有较强的控制能力；二是设置的税率具有灵活性，一般来说依据农药毒性不同，设置的税率有差别，毒性高的产品征收税率更高，这在一定程度上缓解了征税带来的矛盾，又能减少高毒性农药产品的使用。我国农药管理上可以借鉴发达国家经验，采用农药税收来规范农药使用，政府要评估各种农药的危害性，根据农药毒性划分等级，实行差别税率制。一方面，这种方式由于增加了农户用药成本，农户在使用上会更加谨慎，减少了滥用现象；另一方面通过设置差别税率，减少烈性毒药使用量，同样能够减轻对环境的污染。

3.1.2.5 农药包装废弃物管理

2020年，我国《农药包装废弃物管理办法》正式实施，标志着农药包装废弃物管理工作正式拉开。农药包装随意丢弃是农村地区农药污染的重要原因，丢弃的包装物有残留农药，不仅污染水源、土壤、植被等，还影响生物多样性，同时，包装物多为塑料制品，难以降解，对生态环境也会造成极大污染。由于环境的复杂性，农药仍是病虫灾害的主要克星，农药使用将会是一个长期过程，包装物回收是当前农药使用与农药污染矛盾的缓和手段，能够在使用农药同时又减少一定污染。因此，我国开始实施包装废弃物回收管理办法，这是缓解农村地区农药污染的良好开头。为了使管理办法更加科学合理，使管理办法能落到实处，成功减少农村地区农药污染问题，我国可以参考其他国家工作经验。资料显示，发达国家农药废弃物回收率普遍偏高，一般在70%～94%[8]。较高回收率在于其严格的管理制度。国际社会在农药废弃物回收管理上存在一系列普遍做法，对废弃物回收各个环节进行规定。

（1）落实相关主体责任。图3-3显示农药包装废弃物处理有5个过程，包括规则制定、组织协调、清洗、回收、处置，各个环节对应不同主体。首先是规则制定，规则制定主体是政府，包括中央政府和地方政府。政府在废弃物处理上处于最重要的位置，政府负责制定相关法律法规，对回收处理整个过程实行监督管理；其次是组织协调，行业协会负责组织协调各个农药生产企业参与行动。为鼓励企业参与回收废弃物行动，行业协会通常会赋予企业一定的标识，农户只有购买有协会标识的产品才能免费获得包装物处理权，否则需要自己承担处置费。德国、巴西就采用了这种方式鼓励生产企业加入包装回收处理行动，得到了生产企业的支持；最后就是包装物正式处理过程，主要包括三个步骤：清洗、回收、处置。首先，农户需要将使用过的包装物进行清洗，清洗后的包装物需要送到集中回收点，一些国家回收集中点由经营点代理，然后由第三方机构进行销毁或利用，生产厂商需要为此付费。

图 3-3　农药包装废弃物处理过程

(2)农药包装物回收过程。据统计，全球大约有 61 个国家参与农药包装废弃物回收处理行动，较为普遍的做法是在全国各个地区设立集中回收点，有些集中点由经营商承办。集中回收点要与专门处理回收物的第三方机构建立协议，定期对回收的包装物进行销毁或利用。例如德国实施的 PAMIRA-System 项目，在全国设立了 400 个回收点，并配有专门的检查人员。农户需要将清洗后的包装物送至集中点检测，检测合格的包装物由废弃物运输车直接运送到地区处理中心进行清洗粉碎。新西兰的 Agrecovery 项目则将经营网点作为回收集中点，农户将清洗 3 次后的包装物送至经营网点，最后承包商将经营网点收集的废弃包装物运走并销毁。

(3)农药包装物处置过程。国外大部分国家都会将回收的包装物进行再利用以减少环境污染，如法国，设立有专门的回收商，对不同材质的废弃物进行鉴别，大部分废弃包装物都能再利用，该国废弃包装物利用率达到 80%，约 20%的不可回收废弃物直接进行焚烧发电等。农药废弃物随意丢弃会造成塑料农药等复合污染，对土壤、动植物产生较大影响，进而使人类产生健康危机[9]。废弃物回收利用不仅能够有效解决农药污染问题，提高生态环境质量，还能提高资源利用率，间接减少其他污染源。

3.1.2.6　发展绿色防治技术

使用农药的主要目的是消灭病虫草灾害，提高农作物产量，要想减少农药使用量，根本方法在于寻找绿色病虫灾害防治技术取代农药。当前，常见的病虫灾害绿色防治手段主要有物理防治和生物防治。

(1)物理防治。物理防治是指在农作物栽培过程中采用种子处理、轮作混作、人工诱捕等方式防治病虫灾害，减少农药使用。种子处理上，可选择无病虫灾害的优良种，例如英国在种植苹果时，选择了无病虫灾害的种子，这种苹果种很少发生病虫灾害，因此其产量比普通苹果高约 30%；其次可选择晒种或浸种，将黏附在种子表面的虫卵杀死。德国就是通过浸泡含有 VITA-

CAT物质的稀释液，提升了种子的成活率及抗病虫能力。轮作是指改变作物播种周期，混作是指栽培多种作物，两种耕种方式主要目的是改变农田生态，增加农田生物多样性，增加病虫天敌，形成一条相互克制的生态链，起到防治病虫灾害的作用。人工诱捕是指通过人工捕杀、杀虫灯诱杀等方式直接杀死害虫，提高作物成活率及产量。

(2)生物防治。生物防治是一种利用病虫天敌减少病虫数量的防治手段。农业病虫灾害的天敌包括鸟类、昆虫类。如美国在防治白蛾灾害中就运用了生物防治技术，白蛾作为农林业重点防治对象，其数量逐年攀升，严重影响美国农林业发展。美国白蛾天敌包括鸟类、蜘蛛、捕食性昆虫和寄生性昆虫[10]，利用这些天敌，美国成功应对了蛾灾泛滥的现象。

对农药使用设立门槛固然能减少农药的使用量，但由于病虫灾害频发，门槛越高，农产品生产者承担的压力就越大，可能会激发更大的社会矛盾。同时，要想直接大幅度减少农药使用量也不现实。短时间内制定较为严格的农药管理制度能够对农药污染起到一定抑制作用，但从长远来看，要真正解决农药污染问题还需要开发更多病虫灾害防治技术，从根源上减少农药使用量。当前，国际社会积极倡导发展生态有机农业，就是要通过物理或生物方式等绿色手段防治病虫灾害，从而减少农药污染，提高食品质量安全。当前，我国需要在短期内通过设立门槛对农药使用进行严格把控，长期则需要探索更多绿色防治手段替代农药，并作为主要防治手段，使农业转型升级，建设生态宜居的农村。

3.2 农村生产污染案例——化肥

作为十几亿人口大国的中国，粮食安全问题尤为重要，在人均耕地面积少的条件下，化肥为粮食增产作出巨大贡献。我国化肥施用主要有4类：氮肥、磷肥、钾肥、复合肥，近十几年化肥使用状况如图3-4所示。从图中不难看出，近年来化肥施用总量有下降趋势，但下降幅度偏低且总量仍然居于高位。除此之外，农作物单位播种面积化肥施用量也在缓慢下降，但数值仍然偏高(图3-5)，与国际公认的安全上限225kg/hm^{2}差距过大。中国工程院院士尹伟伦明确表示，中国化肥用量约占世界的31%，每公顷用量是世界平均用量的4倍。化肥施用总量与单位播种面积施用量居高不下，大量化肥的使用虽然能够使粮食增产，但同时也带来了巨大的环境污染。据统计，2020年我国废水主要污染物中，氮磷总计356.01万t，广东、广西、湖北、湖南、四川、江苏、山东氮磷污染尤为严重。化肥过量使用会堆积在土壤中形成硝酸盐，而硝酸盐通过蔬菜等农作物又会进入人体，影响健康。同时，过量的化肥渗透土壤，转入地下水，破坏水质，造成严重污染。

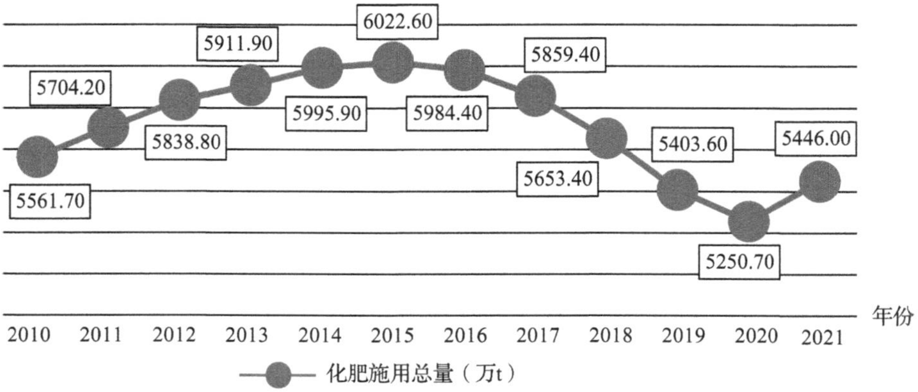

图 3-4　2010—2021 年我国农业化肥施用总量变化

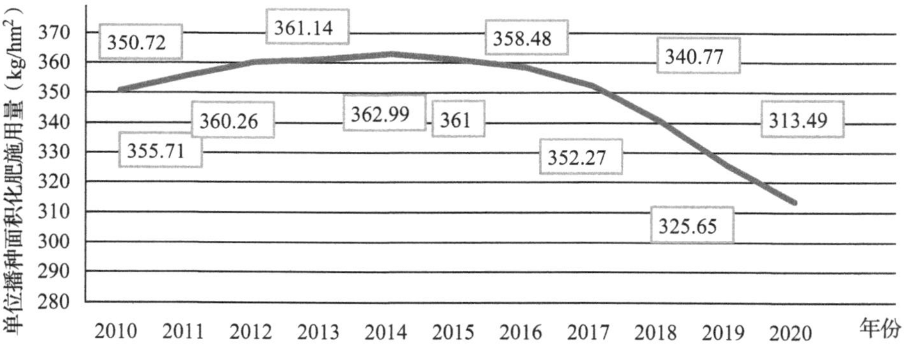

图 3-5　2010—2020 年我国单位播种面积化肥施用量

3.2.1　化肥污染案例分析

水稻作为南方地区主食，需求量非常大。为了满足大米供应，水稻种植户使用各种手段提高产量，而化肥则是首选。然而，随着产量的提高，水稻质量安全问题却一再发生。据调查，我国部分地区已经出现镉超标现象。2013 年，湖南“镉大米”事件再一次成为社会关注焦点。刘某是该县一个大米厂老板，该厂生产的大米镉超标。据其介绍，从水稻种植到打包均按正规程序，并未添加重金属。几经调查发现，稻田重金属超标，因此生产的大米镉超标。然而，土壤水源重金属超标的主要原因居然是化肥的使用，由于化肥中含有重金属元素，过量使用后残留在土壤水体中，加上土壤酸化，使得水稻更容易吸收重金属，导致重金属超标。这种“镉大米”事件在各地均有发生，食用过量的重金属对人体危害非常大。“镉大米”已经成为危害健康的杀手之一，与其他重金属中毒不同，这种残留在农产品中的重金属难以在短时间发现。虽然不会在较短时间造成中毒现象，但由于人们需要长期食用大米，长期的重金属摄入对人体危害不言而喻。

由于化肥带来的产量增长效益过大，其污染常常被人们所忽视。特别是化肥中“镉”重金属污染，对人体健康威胁巨大。化肥污染问题是农村污染不可忽视的环节，由于缺乏对化肥污染的重视，导致农村地区土壤污染严重。当前，各地区“镉大米”类似事件频繁出现的主要原因：一是政府缺乏重视，缺少严格的管理制度，造成化肥使用环境过于宽松，导致种植户化肥使用无度、滥用情况时有发生；二是没有科学合理的技术指导，导致化肥使用出现过量的情况，土壤水体受到重金属等污染；三是有机肥技术普及不到位，农户缺乏对有机肥的认识；四是没有建立合理的转型激励机制，如有机肥生产设备补贴、有机肥使用补贴、农产品绿色认证等，没有合理解决转型成本问题，农户不愿承担较高的生产成本。解决这些问题是解决农村地区化肥污染的关键，对农产品绿色转型至关重要。

3.2.2 化肥污染治理案例

化肥作为农作物增产最直接的手段，是农户重要的依赖品。作为农业大国，我国农村地区化肥的使用已经非常普遍，解决化肥污染问题任重道远。当前，为更好管理农村地区化肥使用状况，可以借鉴其他国家或地区的先进经验。

3.2.2.1 建立严格法律制度规范

法律具有强制性，是解决化肥污染的基本手段。对化肥施用进行专门立法对减少污染至关重要。发达国家在化肥的使用上有着严格的法律制度安排，对化肥施用全过程进行监控，不仅提高了化肥使用效率，更降低了土壤水源中的氮磷镉污染，促进生态环境改善。

（1）美国的化肥管理制度。美国各州自治权非常高，在化肥管理上也通常采取自治方式。美国环境署制定了化肥法案，各州政府依据该草案制定了本州的化肥管理办法。例如，马里兰州颁发的《化肥法案》，详细规定了当地化肥施用。总体上，美国各州遵循一种普遍的制度安排[11]：第一，化肥登记管理制度，包括生产商、经营商，需要在州政府备案管理，详细记录化肥信息及个人经营信息等，便于打击违法行为；第二，化肥标识管理制度，是指每种化肥产品外包装上都需要注明产品名称、总量、等级等基本信息，方便了解产品；第三，监管制度。各个州州政府将不定期派遣专业检测人员或机构进行抽查，一旦发现违规经营或违规产品，将停止销售并接受相应行政处罚；第四，惩罚制度，违规生产经营会受到没收产品的处罚，情节严重还将判处二级犯罪，对违法行为起到警示作用。

(2)欧盟的化肥管理制度。与美国自下而上的形式不同，欧盟在化肥管理上主要采用自上而下和自下而上结合的模式，制定了一套完善的法律体系，如图 3-6 所示。为减少化肥施用量，欧盟颁布了《硝酸盐施用指令》，该指令详细规定了化肥减量目标及施用方法等。因为欧盟成员国较多，各国实际情况千差万别，因此欧盟要求成员国制定自己详细的计划，包括减量目标、实现步骤等。在符合总指令的前提下，各成员国因地制宜制定自己的计划更有利于指令推行。指令的推出对减少化肥污染起到一定作用，但由于环境处于变化中，该指令存在不适用的条例。为了完善指令，进一步减少化肥污染，欧盟在 1991 年又出台了《农业面源硝酸盐污染控制指令》，规定了每公顷土壤中的硝酸肥料上限 170kg，丰富了化肥管理制度；2000 年出台的《水框架指令》全面规定了水源质量安全要求，为农业化肥施用增加了补充性约束。

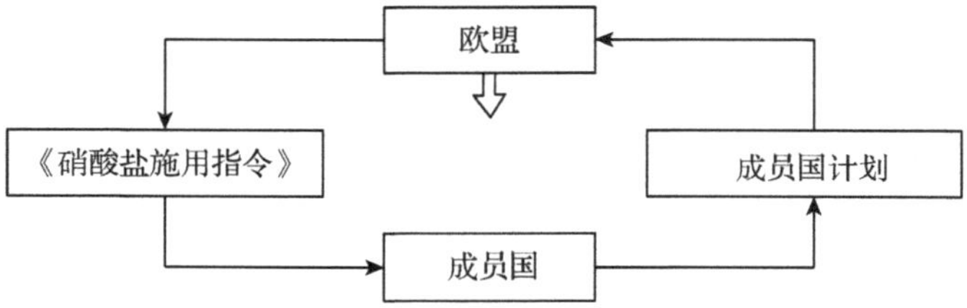

图 3-6 欧盟化肥管理制度确立过程

发达国家在管理化肥污染过程中，都制定了相应法律法规。我国要参考发达国家做法。从国家层面说，要建立一套具有强制力的法律，出台统一的管理准则，自上而下管理化肥污染问题。同时，中央要适当给地方放权，提高各地政府自主能力，因地制宜制定出适合本地区的化肥管理制度。通过这种自下而上和自上而下结合的方式，保证政策实施有效性。在制定法律法规时，要有更加严格详细的条例，涉及化肥生产、销售、使用各个环节，严格落实每个环节的责任主体，只有将责任落实到个人头上，才能真正提高政策的执行力。

3.2.2.2 建立激励机制，提高农户积极性

发达国家为减少化肥使用量，先后建立了税收制度，但由于化肥污染认定较困难，付出的成本比较高，其效果也不尽如人意。为了更有效引导农户向绿色生态农业转型，各国开始使用激励机制。农产品因为其特殊地位，利

润较低，农户为扩大产量大量使用化肥。直接杜绝化肥的使用显然不现实，为了引导农户减少化肥的使用，可以投入财政资金用以补贴。一方面能够减轻农户经济压力，另一方面能够促进农业改革。

日本在减少化肥施用上加大了财政资金投入，对相关主体均进行了补贴。首先是对农户的补贴，日本在化肥等施用上进行严格的规定，符合规定的农户可申请认定为生态农户，生态农户将会获得相应的生态补偿，2016 年补偿的预算达到 24.1 亿日元。其次是为地方政府、公共团体、民间团体等提供运营资金，2016 年预算约 229 亿日元[12]。日本的全方位补贴政策为化肥减量扫清了较大的资金障碍，不仅直接对农户支付补贴，同样给社会团体、地方政府支付运营资金，保障化肥管理机制良性运转，提高化肥减量计划可实现性和持续性。德国为了减少农户化肥施用规定，凡氮肥用量减少 20%~50%，每公顷播种面积可获得 80~1500 马克补贴，直接补贴激励了种植户的积极性，对化肥减量政策贡献极大。除此之外，德国政府每年提供约 40 亿欧元用于农业面源污染问题，对解决化肥污染提供较大支持。德国政府的资金补偿制度在化肥污染方面取得明显成效，氮肥用量强度下降约 40%，磷肥用量强度下降约 68%[13]，硝酸盐污染有所缓解，水源富营养化有所改善，地下水源质量明显提高。

日本与德国在补贴上具有相似处，首先要针对农户进行补贴，直接支付的方式能够最大程度调动农户减少使用化肥的积极性。通过补贴，农户产量风险控制得到保障，同时也能抵扣由于转型引起的成本增加问题，直接支付的补贴模式是最基本的激励方式。其次，要对相关涉及主体进行补贴，例如各地方政府、公益机构、民间团体等，只有通过政策支持，提高补贴，才能使各部门发挥作用，带动农户进行生态农业转型，解决农村面源污染问题。当前，我国在化肥管理上投入不够，一是对农户直接补贴较少，难以引起农户减量的兴趣，农户在生态环境与成本面前，大多仍然选择较低成本，因而化肥减量政策实施起来较为困难；二是对其他相关主体，如科研机构补贴较少，研究并开展各种项目的经费严重不足，难以维持项目的持续性，所以对化肥减量相关的研究也比较少，缺少更加科学可行的行动方案，相关政策实施缓慢。

3.2.2.3 运用现代科技手段，科学施用化肥

澳大利亚农牧业非常发达，是其支柱性产业，优质的农牧产品享誉全球。但最初，澳大利亚因国土面积中有 1/3 不能发展农牧业，便大量使用化肥用于增加农业产量，2000 年达到顶峰，使用量为 109.9 万 t，是 1961 年的 31 倍。化肥的大量使用对土壤、水源造成了严重污染，食品安全问题尤为突出。

特别是谷物、甘蔗、牧草、棉花、油菜等产业，消耗的肥料异常多。为了解决化肥施用过量引起的环境问题，澳大利亚政府开始重视化肥科学施用技术的研发。

(1)信息化技术。信息化技术是指通过遥感技术、电子计算机技术、无线传感技术、卫星定位系统等方式，探测农作物生长状况，从而合理分析化肥施用量。例如，澳大利亚研发的卫星追踪天线系统(SATRAC)，通过卫星定位加上图像生成系统，确定作物长势，进而预测化肥需要量。除此之外，还可以监测其他病虫灾害状况，提高农作物产量。

(2)施用量计算模型。计算模型是指专门开发用以计算肥料使用量的模型，这种模型涵盖了多种变量，通过变量的设定，能够推测出肥料施用量，为农户科学合理决策提供数据支撑。例如，澳大利亚的水稻施肥量系统 Manage Rice，通过设置相应目标产量，模型会通过科学计算推测出肥料用量；农场养分损失指数模型，通过土壤水分含量、地形、水源等要素，能推测出农场养分损失情况，在指导农场养分损失的情况下，只需要与农业专家咨询便可得到合适的施用量数据；土壤养分含量测算模型可以测量土壤所含的各种养分，进而通过科学配比，调节作物所需养分含量，达到科学用肥目的。

现代高科技技术一直以来都被广泛运用在农业上，特别是为防止病虫灾害及其他自然灾害，高科技技术在其中发挥重要作用。化肥污染最重要的原因在于使用量过多，如何减少化肥施用量是关键环节。运用科学的监测计算手段，能够更加准确测量化肥施用量，是解决化肥污染重要的手段。当前，我国由于农产品价格低、小农户多等原因，农业生产成本高，农业上的科技投入较少，因此化肥施用量仍然存在过度情况。据统计，2008—2017 年中国化肥施用量是澳大利亚的 19.8 倍[14]。为了化肥施用的科学性，国家要增加农业科技投入，综合运用多种方式提高现代科技手段在农业中的普及，提高农业现代化水平。

3.2.2.4 多方合作，建立完善的服务体系

治理农村面源污染中，除了直接涉及政府、生产商、销售商和农户外，也涉及众多第三方机构，第三方机构在技术服务方面能够提供较多的帮助(图 3-7)。第三方机构包括学校科研机构、相关企业等，共同构成了污染治理的组织结构。针对日益严重的化肥污染状况，美国政府联合了众多大学企业，从各角度提供服务项目。

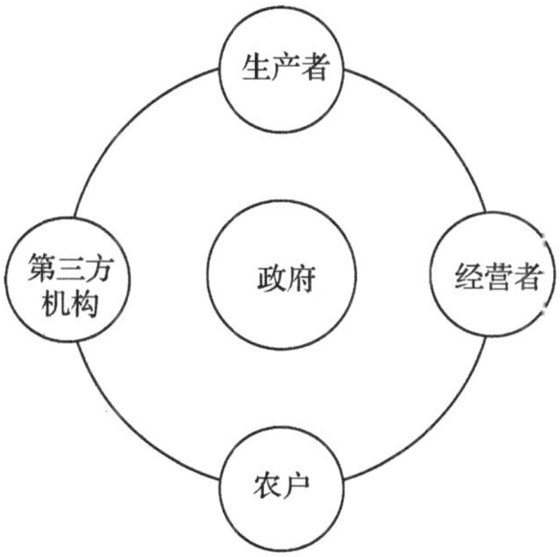

图 3-7 农村面源污染涉及主体

(1)学校科研机构。美国国会在 1862 年通过了《莫雷尔法案》，要求凡是有国会议员的州将获得联邦政府划拨的土地，土地面积达 3 万英亩，用于专门的农业院校建设，培养专门的农业人才。随后 1887 年通过的《哈奇法案》规定农业学院要成立农业试验站，定期向农户展示科研成果，并提供具有实用价值的农业信息。除此之外，联邦政府每年还将拨大量款项用于这些农业院校，依托院校进行农业知识普及，宣传农业污染危害并提供解决方案。例如马里兰大学，作为联邦政府资助成立的农业院校，目前成立了 6 所分校和教育机构，总共覆盖 23 个县。该校 200 多名教师不仅需要培养农业学生，还需要向农户科普农业知识，包括养分咨询师、农产生产户等培训和认证[15]。明尼苏达大学通过 70 多年的田间试验，制定了针对中南部地区的种植指南，通过监测土壤养分状况，确定了玉米种植最佳的氮肥总量数值。学校及科研人员无疑是解决化肥污染问题的关键，强大的科研能力是最有力的资源，要合理利用这些科研资源为化肥污染找到科学的解决方案。

(2)相关企业。除了学校科研机构的支持，美国农业企业在化肥管理上也提供了较大贡献。美国的农业公司服务项目不断扩展，不仅提供传统的农用物品，还增加多项服务型产品。例如，美国 Ag Enterprice 公司提供的肥料 4R 技术：农用机械农产品、田间指导、数据记录、信贷。该公司不仅提供专门的技术咨询服务，为农户制定科学的施肥计划，还提供施肥的农用设备，提高工作效率及化肥使用率。同时，该公司为了帮助农户增产，还提供数据记录支持，通过长期数据支持随时调整作物施肥量。为解决农户资金不足问题，公司还与第三方金融机构合作，提供信贷服务，帮助农户解决资金获取困难问题。Nutrien Ltd 公司与 Ag Enterprice 公司类似，为农户购买种子、农用器械、种植等提供了方便，同时该公司还与顶级的农产品制造商的风投公司合作，为农户提供领先的生产技术模式。美国的农业企业在农业服务项目中打破了传统固有模式，提供的产品在不断创新，提供的服务也日趋多样化，这为农户生态提供了较大便利。

当前，中国在治理化肥污染问题中存在大量主体缺失问题，政府大力呼吁不能起到明显效果，没有科学的研究难以有合理的解决方案和实现路径。政府应该增加科研院所及大学的专项资金，设立科研项目，整合学术资源为化肥污染治理服务，提供更加切实可靠的计划。同时，要鼓励农业企业转型升级，为农业企业创新提供税收等优惠，激励企业提供更多实用服务项目，将科研成果转换成生产力，为农户化肥减量提供详细的实现路径和具体的指导方案。同时，政府要鼓励金融机构为小农户提供农用贷款，解决小农户资金不足筹资难问题。通过社会整体联动，打赢农村污染防治战，争取早日实现增产增量不增污染的目标。

3.2.2.5 发展有机农业，增加有机肥施用

欧盟农业转型升级成功还在于有机肥的大量施用。欧盟国家有机肥主要分为两类：非矿物和矿物。非矿物有机肥主要来源为动物粪便、作物残余物等。这种有机肥来源于自然，没有经过化学加工，是一种环境友好型肥料，不仅能提高农作物产量，还能解决禽畜粪便污染等问题，有助于环境保护[16]。2017 年我国开启了“果菜茶有机肥替代化肥”的试点行动就是参考欧盟非矿物有机肥的使用。山东省平原县是第一批试点区县，该县将秸秆、稻壳、养殖粪便等混合发酵，产生的有机肥直接就近用于农作物。据悉，自项目实施以来，该地单位面积耕地化肥施用量减少了 15%，全年化肥施用量减少 10%。该试点行动不仅解决了农产品生产中废弃物问题，有效改善了土壤条件，保护了生态环境，还通过有机肥销售为农户扩宽了经营范围，使平原县农户生活质量得到很大提升。矿物有机肥则是通过向有机肥中添加矿物质，从而提高氮磷钾浓度，提高肥料肥力。通过增加泥炭、褐煤等，提高化肥施用效果，从而提高化肥利用率，减少化肥施用量。

欧美在有机肥生产上有一些严格的限制标准，对氮磷钾元素含量都有一定标准，且每种类型都有两种存在状态，即液态和固态(表 3-2)。固体肥和液体肥在养分含量上的标准不同，固体肥元素含量标准一般大于或等于液体肥。除此之外，因肥料构成元素不同，标准也有差别，如果仅含氮磷钾三者中的一种，其元素标准值一般等于或大于含多种元素的标准值。除了对氮磷钾养分进行规定外，为了生产更高质量的有机肥，欧盟同样规定了有害物质的限量标准。有机肥中有害物质一般有 9 种，分别是镉、六价铬、汞、镍、铅、

无机砷、铜、锌、缩二脲。其中要求最为严格的物质为镉、六价铬、汞、缩二脲几类，每千克化肥中检测到的毫克数不超过12。标准宽松的是铜和锌，有机矿物中锌含量可高达1500mg。

表 3-2 有机肥中各元素含量限值

类 型		氮(%)		磷(%)		钾(%)	
		单一	多种	单一	多种	单一	多种
非矿物有机肥	固体肥	>2.5	>1	>2	>1	>2	>1
	液体肥	>2	>1	>1	>1	>2	>1
矿物有机肥	固体肥	>2.5	>2	>2	>2	>2	>2
	液体肥	>2	>2	>2	>2	>2	>2

设立养分含量最低标准和有害物质最高标准对生产商有明确指导性，生产的产品才更具有科学性。同时，认证工作的开展也离不开标准的细化，只有通过制定详细的标准，才能区分有机肥与非有机肥，继而配合补贴政策的实施。当前，为了提高农作物产量而过度使用化肥，已经造成了严重污染，农户对有机肥的认识还不够。加之市场上有机肥较少、价格高，更加阻碍了有机农业的发展。政府应该重视这个问题，一是增强农户意识，组织有机肥科普活动，让农户认识更多身边常见的有机肥，如禽畜类粪便、作物残余物等，减少购买专门有机肥的成本；二是要加紧引导农业企业生产更多有机肥产品，提高市场供应，减少有机肥价格带来的阻碍。此外，要因地制宜严格细化有机肥各项元素含量标准，解决产品认证难问题，通过认证的生产商可获得一定的税收优惠或补贴。同时，不定期对有机肥进行抽查，严格按照标准执行，防止假冒伪劣产品盛行。

3.2.3 科学合理使用化肥的案例

粮食、蔬菜等农作物的产量直接关系着农民生计，我国农村从20世纪30年代开始逐渐普及化肥，化肥普及使越来越多的农民认识到，相较于传统农家肥而言，化肥具有产量促增作用。但是，近些年来我国农业中存在着化肥超量使用问题，化肥用量过大不仅会使土壤条件和环境受到污染，甚至有可能将一些重金属带入粮食作物中。随着农业产业转型升级的推进，绿色有机农业也越来越受到重视，在国家相关政策的指导下，越来越多的试点启用有机肥替代化肥进行绿色农业耕作。

【案例1】2017年我国开启了“果菜茶有机肥替代化肥”的试点行动，山东省平原县成功成为第一批试点区县。平原县的果菜茶有机肥代替化肥行动的主要要点是将蔬菜种植与畜牧养殖结合，将农田产生的秸秆、稻壳等与养殖基地产生的动物粪便相结合并加以腐熟发酵处理，将产生的有机肥就近用于农户的农业生产中去。平原县的有机肥代替化肥的试点行动不仅使得农业生产中的废弃物减少，还实现了畜牧养殖粪便资源的循环使用，其还改善了土壤条件也间接增加了农作物的产量。平原县专门成立了有机肥生产企业，对大型养殖场进行设施升级后通过收集各种养殖场的粪便并进行有益菌发酵处理等流程后制造有机肥以供农户种植蔬菜使用。从总体上来看，平原县有机肥项目使得项目实施地区单位面积耕地的化肥使用量年均减少15%以上，使得每年全县的畜牧养殖粪便利用率提高2%，试点地区的绿色有机肥行动带动全县更多农户尝试使用有机肥，使得平原县全县年平均化肥使用量减少约10%。以农户个体如平原县叶庄村的农民任某海来说，他的西葫芦大棚使用有机肥后，成熟期每日产量比使用普通化肥多出150kg左右，再加上政策补贴支持下的有机肥价格优势使得生产成本也进一步降低，既使农户实现了增收，又在宏观层面上保护了环境。随着试点项目的逐渐开展，平原县逐步推广了农业和畜牧业废弃有机物的堆肥还田，还发展了有机肥的商品生产，不仅让县域内农户更多地使用有机肥以减少成本促进增收，还为平原县有机肥生产企业拓宽了经营市场。

近年来，我国农业农村部大力推进有机肥替代化肥的试点项目，政府不仅提供有机肥项目的专项资金，还提供部分技术指导支持。对于农户来说，有机肥项目确实使得试验区农户田地质量改善，促进了农户增收；对于环境来说，有机肥项目使得大量农业和养殖业的废弃物得以循环利用，并且逐渐解决我国面临的化肥过量使用导致的各种环境污染、资源破坏、食品安全受损等问题，可推动农业升级转型和绿色发展。

3.3 农村生产污染案例——地膜

农用地膜是一项已经在全世界范围内较为成熟的农业生产技术，其在农田的广泛应用提高了农业生产效率，促进了农业发展。地膜的使用不仅使农作物的种植成活率提高了，农田作物病虫害、杂草能够有效被抑制，还能保持土壤肥力、提高农作物产量与品质，增强农作物的抗旱保墒、防涝排水能力，但是地膜在发挥巨大作用的同时，也避免不了残留的危害，大量残留的地膜将污染土壤、影响作物生长、影响农田机械化操作、污染农村环境和危害人畜健康。为减轻地膜残留危害，降低地膜使用成本，地膜回收再利用成为地膜处理的最佳方式，其次地膜新技术与地膜回收新技术的研发也成为如今农用地膜发展的新趋势，最后地膜标准的严格执行也是减轻地膜危害最直接有效的方式。

3.3.1 地膜使用的优点

(1)提高作物幼苗成活率。地膜有调节地温的作用，一般地膜覆盖后土壤温度能够提高2~3℃，对农作物幼苗的生长具有较好的调节和促进作用，能够使栽培物提前成长，促进作物早出苗、早发育。由于地膜的覆盖，可以减少外界环境剧烈变化对作物幼苗的伤害，使得作物可以增加在冬春季种植的次数，也能减少幼苗生长期间病虫害危害，减少农药使用的同时提高幼苗成活率。

(2)预防、减轻病虫草害。地膜的使用能够将裸露的土壤覆盖，使得作物根部的地膜内温度较高，且杂草不能够突破地膜的束缚，使得大部分杂草不能够生长，或生长出来后被高温清除，保证田地无杂草争夺作物养分，由于地膜具有反光特性，特别是银灰双色膜对蚜虫等害虫具有驱避作用。地膜覆盖地面，一些害虫难以直接进入作物根部，使得作物减少病虫害啃食根部，且地膜的使用对作物的病害也具有一定隔离减轻作用。通过地膜的覆盖，能够有效减少除草剂，杀虫剂、防病剂的使用，也减少除草、杀虫、防病所需人力成本投入。

(3)增强抗旱保墒、防涝排水能力。在大部分较为干旱少雨的山地地区，地膜得到了广泛应用，由于地膜的气密性较强，在地膜覆盖后，地膜内的土壤和外界空气可以起到很好的隔绝效果，使得土壤中的水分难以蒸发，大部分水分会凝结在地膜内侧，最终滴落回土壤中，使土壤湿度保持在一定水平；此外，地膜还能起到防涝排水的作用，当雨水充沛的季节到来时，雨水可以被地膜隔离，不能进入作物生长的墒内，汇入田沟中最终排出，有效避免作物受涝，也能使得作物根部土壤不因雨水渗入后而变得松软，作物易倒伏。

(4)保持土壤肥力，提高作物产量与品质。由于地膜可以对土壤进行覆盖，使得土壤水分自下而上进行运输，地膜覆盖的土壤水分含量高，土壤的含盐量相对降低，防止土壤盐渍化；地膜的使用能够有利于作物根系的生长，防止土壤板结，对土壤理化性状具有较好的改善作用；地膜还能提高肥料的利用率，增加土壤营养，由于日晒风吹雨淋减少，土壤的肥料不易流失，并且增强了作物根系的吸收能力；地膜还能增强作物的光照，有较强保温作用，使得作物生长更加快速，作物质量和品质更加优良。

3.3.2 地膜残留的危害

(1)地膜残留污染土壤、影响作物生长。地膜在农业使用的过程中不可避免就会产生地膜残留，研究发现，地膜残留在土壤中将阻碍土壤毛细管水的运输和交互，影响土壤渗水性，使得土壤局部缺水，土壤孔隙度和土壤的通透性降低，土壤易板结。此外，残留的地膜在土壤中将会阻碍作物种子难以发芽、根系的正常生长受阻，并且残留的地膜也会阻碍作物对土壤中养分、水分的吸收，最终导致农作物的产量下降。

(2)地膜残留影响农业机械化操作。地膜残留在土壤中也会影响农业机械化运作，在进行农地耕犁时，农业机械需要通过动力转头和动力犁产生巨大动力，而残留的地膜可能会出现缠绕农机的犁头和机械转盘的情况，导致农业机械操作出现故障或农业机械操作过程中需要随时清理缠绕的地膜，使得农业机械操作效率降低。同时，由于地膜会导致作物的生长程度有所差异或造成倒伏，导致收获农作物时进行机械化收割不能够以同一个水平进行收割或收割出现漏收问题。

(3)地膜污染农村环境、危害人畜健康。由于烟草、辣椒、玉米、萝卜、马铃薯等作物中都可以运用地膜，并且能产生较好的效果，因此地膜在农业生产中的应用较为广泛，以云南省为例，2020 年云南省使用地膜数量就达到了 9.42 万 t。使用量巨大，但是农民在使用完地膜后并不能够将地膜进行完全的清除，部分地膜残留在农田中。此外，有些地方的农民由于农地距离较远，交通不便，或种植面积较广，而地膜回收的利润又较低，因此大量地膜就直接不予以处理连续覆盖，导致地膜散碎难以处理或堆放于田间地头、公路或村头村尾，导致地膜污染农田的同时也使农村环境被破坏。残留在农田的塑料颗粒含有有害物质，危害人体健康，或被牛羊误食导致牛羊生病或死亡。

3.3.3 地膜的创新利用与成本降低措施

(1)严格实施地膜标准化。地膜的使用标准应该严格实施，农业生产过程中部分农民存在使用厚度较薄不可降解地膜的情况，或是将地膜进行重复利用，由于较薄或重复利用的地膜在受到风吹日晒后容易破碎，难以完全清除干净。根据 2018 年 5 月 1 日正式实施的《聚乙烯吹塑农用地面覆盖薄膜》新标准，地膜最低厚度由 0.008mm 提高为 0.010mm。但是由于较厚的地膜其成本较高，为了降低成本，部分地膜生产企业及农户就会忽视国家标准，生产质量不过关的农用地膜，导致地膜残留较多，最终长期积累后影响农作物的正常生长。因此，地方政府应严格监督农业地膜的使用标准，农业企业及地膜生产企业也需要严格执行地膜标准，实现农业可持续化发展。

(2)地膜回收再利用。地膜利用已成为农业生产过程中必不可少的一部分，为减少地膜危害，使地膜利用可持续化，对地膜进行回收再利用已经成为废弃地膜最有效的处理方式。由于地膜再次回收时需要对其进行初步清洗，回收流程较为繁琐，农民回收积极性不高，因此地膜污染已成为目前农业生产过程中需要重视的问题。但目前国内地膜回收处理还相对粗放，且残膜回收率较低。目前，残膜回收方式主要是人工回收和机械回收，主要依赖其他农事活动开展时顺带清除。地膜回收利用过程需要投入较多人力，但回收利用效率不高，因此创新地膜回收方式，提高回收地膜的补贴水平对于刺激农民进行地膜回收也具有较大作用。

(3)地膜新技术的应用。创新农用地膜生产与回收利用对于减轻地膜污染，降低农用地膜使用成本具有较大意义，目前国内外对农用地膜创新进行了深入探索。首先，如全生物可降解地膜的研发，弥补了传统聚乙烯地膜残留难以降解的不足，通过可降解地膜的利用，可充分发挥地膜在农业生产中的各类功能，也能避免传统地膜难以降解导致影响农作物生长的缺点。其次，废旧地膜回收主要有能量回收、化学分解、物理回收等方式。近年来，地膜回收利用技术的研发，对提高地膜利用率，减少地膜污染发挥巨大作用，如废旧聚乙烯基地膜回收造粒技术的探索，将有效提高废旧地膜重复利用的效率，促进农用地膜可持续发展。

3.3.4 地膜利用典型案例

不同农业区域，地膜利用及处理方式有所不同，部分地区村民的地膜回收处理意识较差、地膜质量低于国家标准、回收处理工艺较为落后等原因导致地膜污染严重，处理利用率较低的情况突出。在其些区域，由于村民的地膜残留处理意识较强、采用最新技术的可降解地膜、当地政府大力支持、清洁回收利用手段较为先进等原因，成为全国地膜利月处理的典范。为更好地说明地膜利用的优缺点以及地膜污染的处理，下面将从两个正反案例进行具体分析，最终得出地膜残留危害治理的有效经验与启示。

3.3.4.1 西北地区残膜“白色困局”

随着地膜在农业上的广泛应用，特别是在干旱地区的广泛使用，导致农田质量下降，作物产量降低。地膜残留物对我国西北、西南地区的污染越来越严重，西北地区地膜使用量最大的新疆地区，已经成为地膜污染的重灾区。由于覆盖地膜能够增强当地作物的抗旱保湿能力，并且通过地膜的光反射作用，能够提高瓜果蔬菜的品质，因此，当地农民大量使用地膜，直接导致了新疆地膜污染严重，平均 $1m^2$ 土地就可以收集到一块残留的地膜。残留地膜的逐年积累导致其危害越来越严重，处理难度较大且效果不佳的同时费时、费力、费钱。

(1)西北地区地膜污染成因及污染现状。第一，“垃圾堆”上种地。几十年前，地膜普及使用后，新疆棉农的棉花产量显著提高。但由于长期使用白色地膜，当地土地上残留了大量的白色残膜，农民不得不在满是白色残膜的土地上种植作物。用抓斗可以在一把土里找到四五片残留的薄膜。进入 4 月后，随着新疆各地春耕春种的全面实施，农田残膜污染也达到了最直观的阶段。在翻耕过的农田里，废弃塑料膜密密麻麻地分布在田野各处，偶尔风一吹，灰白残膜在地上枯枝周围漂浮或缠绕；在已经播种的农田里，新膜覆盖着旧膜，旧膜落在新膜上。2013 年，当地农业资源环境保护站在新疆 20 个县的农田连续抽样调查中发现，当地每亩农田的地膜平均残留量达到 17kg，是全国平均水平的近 5 倍。其中，近 80%的农田每亩残留超过 15kg。在南疆部分乡镇，地膜最高残留量甚至超过 40kg。按每年每亩施膜 4kg 计算，相当于在农田上施膜 10 层。由于农民大量使用超薄膜，它在被拉起后会腐烂，无法回收，所以只能被埋在地下。埋在地下多年的残留膜屑无法清理，只能成为农田的永久危害。

第二，残留潜在危害巨大。由于许多当地农民对残膜的危害知之甚少，他们在翻地之前只是用耙子清理地面残膜，地面残膜很快就会被新铺好的塑料膜覆盖。可以捡到的大片残膜经常被农民当场烧毁，或者干脆丢弃在地里；在许多地方，残膜堵塞沟渠，影响农田排水和灌溉；有的残膜甚至混有稻草，导致误食的牛羊中毒；随着地膜残留物在土壤中逐年积累，其污染只会越来越严重。最直接后果是作物产量减少，农民收入持续降低。播种时，种子不能在残膜上生根，严重影响作物的成活率和产量。根据当地农业科学院的研究，随着残膜量增加，作物产量呈下降趋势。以当地产量最大的棉花为例，当土壤残膜量达到每亩 3. 5kg 时，产量将至少减少 15%。一些农业专家指出，新疆大力推广测土、配方施肥、高科技节水等技术，但作物的增产效果基本被残膜所抵消。此外，由于当地薄膜生产标准中存在一些漏洞，制造商可以合法地继续生产超薄薄膜，这很难控制。

第三，治理困难重重。大量残膜的存在对西北地区农业生产构成了极大威胁。虽然为了应对“白色污染”，专家建议使用“可回收或可降解地膜”。由于严重缺乏投资，中国仍然缺乏有效的残膜回收机械和真正实用的可降解地膜产品，导致难以控制“白色污染”。即使农民使用完全符合国家标准的地膜，也不愿意清理田间残留的地膜。经计算，每亩土地粗略清理一次地表残膜需要一人半天；按照每人每天150元的人工成本计算，在他们40亩的棉田里雇人捡拾地膜至少需要3000元。春耕前，局部地区处理残膜最常见的方法是用拖拉机来回拉动耙或大“耙”在农田中来回作业。据使用过的农户介绍，当地农机企业设计生产的这些小型农机的回收利用效果并不好。经过多次操作，表面残留膜的回收率仍低于50%，一半以上的塑料膜仍埋在地下。可降解地膜的高成本、残膜回收机的适应性差以及地膜标准化方面的漏洞导致了西北地区地膜污染治理困难。

（2）经验教训。通过对以新疆为代表的西北地区地膜污染问题进行分析，我们可以看到当地地膜污染的原因主要是因为其大量使用，而且使用的地膜较薄，质量较差。其次是农户的残膜处理清除意识较差，残膜处理清除成本较高，地膜残留物长年积累后处理难度大，并且可降解地膜的成本较高、机械化收集残膜效率低下等多个原因导致以新疆为代表的西北地区“白色污染”严重，造成农田肥力下降，影响农作物正常生长的同时污染环境，破坏生态平衡，危害人畜健康，处理难度和所需花费成本较高，因此形成恶性循环。案例分析发现，必须增强农民的地膜污染治理意识，严格执行地膜标准化，投入地膜新技术、回收利用新手段的研发对于农用地膜利用可持续化以及农业可持续发展至关重要。

3.3.4.2 敦煌市地膜回收，变废为宝

“要想作物长得好，地膜就要用得早。”20世纪80年代，地膜推广应用开创了敦煌农业现代化技术发展的新局面，为粮食稳产增收、蔬菜全季供应、农作物推广注入了活力。然而，地膜所带来的问题也不容忽视。地膜从增产增收的“白色革命”逐渐演变为困扰农业发展的“白色污染”。机器摘完棉花后，在棉秆残根下覆盖着10 μm厚的地膜，看似完好，但已破败不堪。当它被拉碎的时候，它会被翻到土壤中。农民要花时间和劳动，用耙子，或者用双手，一个一个地清理，这真的让农民很头疼。近年来，敦煌市依托省级废旧地膜回收示范县工程，实现了地膜“再利用-回收-加工-再利用”的良性循环，开创了“化废为宝、资源化再利用”的绿色模式。

（1）具体举措。为解决地膜“白色污染”问题，敦煌市依托废旧地膜回收利用示范县创建项目，通过项目招标引进地膜回收处理企业，通过基层政府的引导与创新性回收激励模式的打造，促进了敦煌市地膜污染问题的解决。其主要的治理举措如下：

第一，依托项目建设，大力开展“以旧换新”。依托废旧农膜回收利用示范县建设项目，敦煌市充分调动广大农户自觉捡拾交售废旧地膜的积极性，组织废旧地膜回收加工企业——敦煌市合顺再生资源有限公司设立了8个回

收站点，按照1：8的兑换比例开展“以旧换新”活动，当新地膜不足以兑换旧膜时，按照保护价每平方米60~80元，也就是以每吨700~1100元的价格进行收购。通过将平时在农地中收集起来的废膜集中送到回收站点，以积分的形式兑换新膜，促进农民地膜回收的积极性。对于农民来说，既能降低生产成本，也能减少农田中的废膜，提高农田肥力，又能从源头上控制农民使用质量不达标的地膜。

第二，营造氛围，积极宣传培训。除了通过以旧换新活动吸引农户参与外，当地政府还印制《中华人民共和国土壤污染防治法》《农用薄膜管理办法》《敦煌市废旧地膜“以旧换新”“交旧领新”实施细则》等政策宣传材料，加大农民对地膜残留危害的认识，通过抽纸、纸杯等生活物资进行印刷宣传资料的发放，组织废旧地膜回收利用企业和回收站点在敦煌市范围内深入宣传。同时，以农技培训为契机，采取宣传语张贴横幅、宣传资料印发、微信公众号文章转发等多种形式进行地膜知识宣传推广。目前，已进行宣传培训3200余人次，发放宣传资料达到4000余份，宣传工作取得了较好成效。

第三，示范引领，探索减量替代。在进行回收利用推广、政策宣传导向的同时，积极探索地膜处理的新方式，以新技术研发为突破点，通过试验示范，引进全生物可降解地膜使用，寻找传统地膜的替代品，并建立全市可降解地膜试验示范区，推动敦煌市的地膜绿色革命，从技术创新的角度探索新型可降解地膜替代传统地膜以治理“白色污染”，探索地膜绿色化使用的路径。

（2）经验教训。地膜给农民农业生产带来巨大作用的同时，污染问题随之而来。敦煌市由于气候干燥，对地膜的需求量较大，因此每年产生的废膜、残膜逐年积累，最终影响了当地农作物的生长。为解决地膜“白色污染”问题，可依托废旧地膜回收利用示范县创建项目积极引进废膜回收处理企业入驻，创新废膜回收激励机制，提高回收效率。通过多项举措共进，最终增强农民的废膜回收意识与回收积极性，推动了敦煌市地膜绿色可循环利用，为当地生态环境的改善做出重大贡献，也为我国农业地膜污染治理积累经验并提供示范作用。

3.3.5 地膜污染治理的经验借鉴

地膜多重功能对农村地区农作物种植具有不可取代作用，然而地膜污染问题也不容忽视。作为增产的重要手段，如何规范地膜的使用，减少地膜残留危害是解决地膜污染的重要环节。

3.3.5.1 完善地膜生产使用政策及标准

政策及标准是解决地膜污染最重要的方式，通过出台相关政策及制定严格的生产使用标准，能够提高地膜生产使用的约束力，减轻残留危害。发达国家最早重视地膜污染，在农用地膜生产使用方面出台了一系列政策和标准。

(1)日本。日本是最早关注农用地膜污染问题的国家，早在20世纪50年代，日本工业标准委员会便制定了地膜的标准，经过一番修改完善后，于1994年出台JIS K 6784标准，该标准沿用至今。根据规定，农用地膜厚度必须超过0.02mm，过薄的地膜使用后容易发生破损，造成残留物的堆积。规定地膜最低厚度，能够提高地膜质量，减少破损率。除了对生产地膜制定标准，日本政府同样也制定了地膜使用后的处理政策。2000年出台的“3r”政策——减少、再使用、循环再利用是地膜处理的总规章。日本在处理废旧地膜时有两种方式，对达到法定厚度的地膜，如果未发生破损，可以多次利用；没有达到法定厚度或已发生较大破损无法使用的地膜需要交至专门点回收。如果农户私自焚烧地膜将处以1000万日元罚款或3年以下有期徒刑。日本在地膜生产使用上的标准推动了地区地膜污染的治理进程。

(2)美国。美国由于耕地面积、水源等自然资源充足，非常适合发展农业，农作物种植面积广，这导致地膜使用数量也相对增加。据了解，美国每年农用地膜使用量约为45万t。为了减少地膜使用量，美国政府于1990年出台了农业法案，禁止滥用地膜。为了更进一步规范地膜使用，美国材料与试验协会制定了ASTM D4397—02标准，要求农用地膜生产厚度为0.025~0.25mm。为从源头上解决地膜污染问题，美国农业部于2014年制定了可降解地膜生产标准，但由于监管力度不到位，农膜市场上出现大量假冒伪劣产品，特别是以次充好的现象时有发生。

(3)欧盟。同其他国家一样，为了解决粮食问题，欧盟在地膜上的使用增加也非常明显。2012年欧盟农用地膜产量约51万t，到2016年涨至79万t，短短几年时间涨幅达到55%[18]。2017年，欧盟通过了修订的EN13206标准，规定农用地膜厚度为0.025~0.2mm。除了规定地膜厚度外，欧盟也将生物可降解地膜标准纳入管理中，协调各成员国加快生物可降解地膜生产模式的建立。据统计，欧盟每年超3万t地膜可降解，其中有67%的地膜符合最高降解标准。

日本、美国以及欧盟在地膜管理上有共同点，都制定了较为详细且专门的政策标准，通过制定政策及标准，对地膜生产及使用都有一定的约束作用。在地膜生产上，都规定了合格的厚度，这种方式可最大限度减少地膜的破损，提高地膜再利用能力，减少农田塑料残留。除此之外，发达国家也在地膜处理上进行了不同地规定，比如可降解地膜的生产标准、回收地膜的程序等。通过一系列标准的制定，从生产到使用环节都有详细的指导，对地膜残留污染起到较好的缓解作用。当前，中国地膜管理尚处于起步阶段，地膜生产标准较低，大约低于发达国家 2 倍，较低的标准是污染的重要原因。要继续加大对地膜的管理力度，同时制定更为严格的标准，提高地膜质量，减少环境污染可能性。

3.3.5.2 提高地膜回收利用率

地膜回收一般涉及两个重要部分，一是回收工具，二是回收程序。回收工具的选择确定地膜是否能够二次利用，而回收程序则体现了地膜回收利用率。

(1)地膜回收是提高利用率减少残留污染的重要方式，由于地膜回收工作量大，发达国家一般采用专门的回收机械。表 3-3 展示了国际普遍使用 3 种类型的回收机器，即搂集型、筛土型、拾捡型。搂集型回收机类似农村地区收集落叶杂草的草耙，通过将地膜搂聚在一起进行回收。这种回收机操作简单，适合小农户使用。但由于其仅作用于农地表面，难以清理土壤中的残膜，回收效果较一般。其次由于农作物残留较多，这种方式收集的地膜更容易与残留物混在一起，难以再次利用。因此通常被农户直接焚烧，产生大量的致癌物质，更加危害人体健康。筛土型回收机需要先将地表 10cm 的土壤铲进设备中，然后通过机械作用将土块击碎，最后用筛子将土和膜分离。这种回收机比搂集型更有效，能够最大程度上清理土壤中残留的地膜。不过与搂集型类似，筛土型回收机也不能完全保证地膜和作物残渣的完全分离，一般来说通过筛土的方式只能筛掉土块，土壤中的作物残渣和杂草根系等都会留在残膜中，这也导致了二次利用的困难，采用这种设备的回收率也并不高。拾捡型回收机模拟人工操作，直接通过设备将残膜捡起，能够与作物残留物分离，提高了二次利用的能力。但这种回收机的工作量较大，一般来说为了不影响回收机使用，需要先将作物残留物进行处理，不宜过高，否则机器难以有效使用。这三类机械各有其优缺点，但从回收角度看，仅拾捡型能够真正做到膜秆分离，能够提高二次利用率，更适合回收使用。

表 3-3 地膜回收机械类型

机械类型	优 点	缺 点
搂集型回收机	操作简单，方便小农户使用	残膜与作物混在一起难以分离，影响回收使用率；仅能收集农地表面的残膜
筛土型回收机	效率高，可以清洗土壤内部的残膜	地膜和作物根茬难以分离，二次利用困难
拾捡型回收机	地膜与作物残渣分离，方便二次利用	附加条件多，工作量大

（2）地膜回收程序主要包括农膜回收过程应遵循的法规及各回收主体的责任。日本、美国、欧盟在地膜回收处理上都有一套完整的程序。

日本是较早关注废弃农用地膜的国家，如图 3-8 所示，日本地膜管理涉及五个主体。政府在地膜使用处理过程中处于重要位置，是法律法规、标准制定者，也是监管的主体。日本政府 1970 年颁布的《废弃物处理与清扫法》详细规定了地膜的使用、回收、处理等义务。为了更好实现地膜管理，日本成立了专门的促进委员会。根据政府制定的政策标准，促进委员会一方面要进行宣传科普，另一方面要协调生产商、销售商和回收机构，促进农业各部门有序开展工作。而地膜涉及的直接相关主体有生产商、销售商和使用者。根据规定，生产商具有两项法定义务：一是生产适合规定厚度的地膜，二是要支付本厂地膜回收处理费。销售商则起到中间作用，主要负责售卖地膜，部分地区回收点也设在销售处。而地膜使用者也就是农户，需要对废旧地膜进行回收，然后送至第三方处理机构进行处置，这需要承担一定的费用。或者送至经销商处，不用直接付款，但经销商需要将处理费用加至地膜售价上。同时，根据规定，使用者不能私自填埋或焚烧地膜，违者个人将受到 1000 万日元以下罚款，企业将受到 3 亿日元以下罚款。严格的回收程序使日本农膜污染得到很好控制，据统计，日本已从 1989 年 23%的回收率增至 2014 年 76%的回收率，而私自焚烧填埋也下降至 9%、8%[19]。

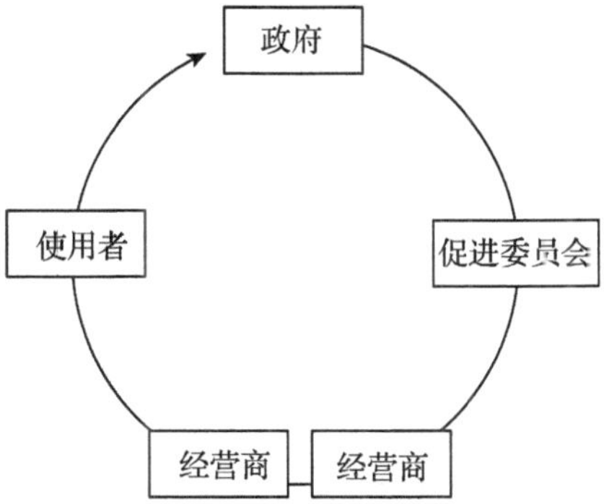

图 3-8　日本地膜管理主体

欧盟在地膜回收上有着同样的处理程序，除了基本的回收程序外，在农膜处理方面还引入了市场机制。欧盟成立了专门的管理机构——农用塑料标记协会，将回收站的地膜进行分类，对可再生的地膜进行检测，符合规定的废弃农膜会进行标签管理。具有标签的废弃农膜可以在市场上交易流通，实现回收效益。这种标签管理的前提是制定详细的标准，只有通过严格标准限值，才能为农户、回收站、农业企业提供科学指导。欧盟将市场机制引入地膜管理，能够实现废弃地膜效用最大化，不仅能减少回收带来的大量成本，还能节约资源，提高地膜使用率，减少地膜污染的危害。

发达国家地膜管理有着良好的运行效果，我国也开始重视借鉴，每年地膜回收率也在不断上升。但由于起步较晚，管理较混乱，地膜回收处理并没有形成一条完善的管理线。当前，我国中西部地区由于地理位置影响，耕地面较为破碎，很大一部分农户种植规模小，管理起来比较麻烦。对于废弃的地膜更多采用焚烧方式处理，污染环境。要真正提高废弃地膜回收再利用率，首先要有明确的政策和程序，落实主体责任，制定严格的违法处罚条例。其次可以适当引入市场机制，通过财政倾斜，提高企业参与度，明确回收废弃膜最大利益的处置方式。

3.3.5.3 推动技术创新，研发可降解地膜

解决地膜污染问题，除了进行回收利用外，国际社会普遍做法是生产可降解地膜。传统地膜大多是聚乙烯材料制成，难以降解，因此成为污染严重的白色垃圾。可降解地膜解决了塑料普遍存在的问题，即使残留在土壤中，也能快速降解，降低对环境的危害。当前，可降解地膜主要有 4 类：

(1)生物降解地膜。生物降解地膜的主要原料是淀粉，包括玉米、土豆、谷物等产生的淀粉，有时也添加糖类，如日本就是通过糖和淀粉混合制成地膜。这种淀粉或糖制成的地膜能够通过土壤中的微生物快速降解，不会在土壤中堆积太久，因此能够将污染降到最低。不过这种地膜耐水性较差，不适合用在雨水多的地区。

(2)光降解地膜。光解地膜是指在地膜中加入光敏性物质，使用后的地膜可以吸收紫外线，产生光化学反应，从而达到降解结果。但光降解地膜也存在较大问题，一是受地理气候条件影响，不同地区降解速度很难把控；二是只有表层的地膜可以降解，土壤中的地膜由于不能接触紫外线，仍旧难以降解。

(3)纸地膜。纸地膜的主要材料是植物纤维，在添加一定的化学物质后，将纸张制作成与传统地膜具有相同功能的可降解地膜。纸地膜具有很好的可降解性，但这种地膜质地非常脆弱，可有效使用的时间较短，造价高，不利于大规模推广。

(4)液态喷洒地膜。这种地膜以液态形式存在，喷洒到地面后形成膜，具有传统地膜的保湿保温等功能。这种地膜不会对土壤产生危害，但由于目前采用人工喷洒，工作量大，效率低。

目前，可降解地膜已经成为解决地膜污染的重要抓手，发达国家正在通

过各种技术解决可降解地膜生产问题。可降解地膜无污染的特点是大家趋之若鹜的主要原因，但目前可降解地膜仍存在成本高、可控性不强等问题。上述四种可降解地膜虽然各有其优缺点，但各地区可以选择适合本地的产品。例如，德国巴斯夫公司就在新疆棉田展开了生物可降解地膜试验，实践表明，生物可降解地膜在新疆地区取得良好效果。不仅能够提高作物产量，也能通过快速降解的方式不留污染。可降解地膜生产技术已经成为当前研究热点，政府要紧跟国际社会步伐，投入资金进行研发，尽早生产出适合我国使用的可降解地膜。

3.4　农村生产污染案例——废水

为了建设美丽乡村，我国提出农村废水治理的目标。“十三五”期间，提出乡村废水处理率要达到60%。我国在农村废水治理方面也取得了一些成效，废水处理率从2006年的1%涨至2020年的36%[20]。虽然废水治理有一定成效，但实际处理率仍然低，没有达到要求，对乡村生态环境影响大。如图3-9所示，农村废水主要分为两类，一类是生活废水，另一类是生产废水。

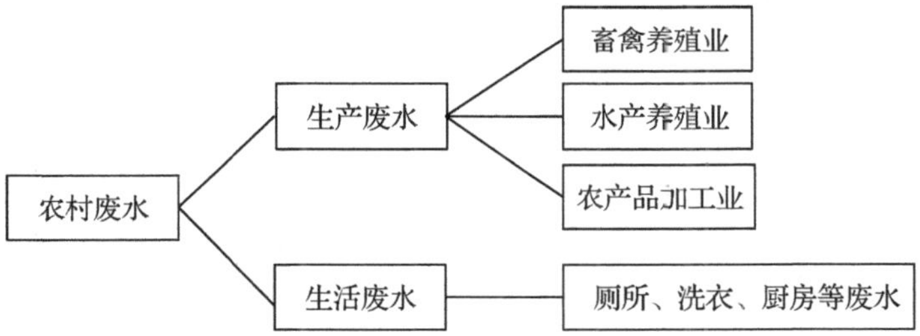

图3-9　农村废水类型

生产废水主要包括3个来源：畜禽养殖业、水产养殖业、农产品加工业。畜禽养殖废水主要是有畜禽的排泄物、饲料残渣组成，这种废水不仅伴有兽药、重金属等有害物质，还可能携带病原体，对人和动物都有威胁。水产养殖业的污染主要来源于残留的饲料、鱼类粪便以及杀虫剂等化学制品，这些物质会造成水体污染，从而产生大量废水。农产品加工业废水主要包括果蔬加工废水、肉类加工废水等，果蔬产生废水，主要产生于冲洗、榨汁、腌制等环节；肉类废水主要来源于碎肉内脏等的清洗环节血液和粪便等物质混合清理水，直接产生加工废水。为了提高农产品价格，农产品加工成为农户首选，然而，随着农产品加工业的扩大，生产废水问题也日益成为破坏环境的重要角色。

3.4.1 废水治理的必要性

农村生产废水污染环境事件层出不穷。2020 年 3 月，江苏栟茶镇某南美白对虾养殖园区汇集养殖尾水并直接排放入海，监测显示，排水口无机氮浓度超过规定标准限值近 16 倍，对地下水质和海水造成严重污染。除此之外，据调查，该养殖园区设立的 120 多个总面积达 100 亩的温室小棚均属违规搭建，且其并未获取海域使用权和取水使用权，养殖过程存在多项违法事件；2021 年 4 月，位于庄河市鞍子山乡西北天村的大连迪利食品有限公司将食品生产加工废水排入附近的丰利河，导致化学需氧量浓度、氨氮浓度、总磷浓度超标。丰利河作为多个村庄的饮水灌溉来源，其重要程度不言而喻。食品加工厂任意排放废水导致水体发生污染，不仅使河流中鱼虾等生物大量减少，也对沿岸村民身体健康造成直接影响；2022 年 1 月，江西袁州楠木村村民发现自家饮用水气味异常，排查自身原因后发现源头泉水泛黄发臭，漂浮大量悬浮物，随后村民立即向当地环境局举报。几番调查后发现是瑞金河源头某养猪场私自将猪粪污水排放至附近有自然溶洞的竹林里，污水经过溶洞低洼处流入了河流中，污染村民饮用水。

与这些典型事件类似的情况时有发生，农村地区基础设施、经济、科技等实力与城市有较大差别，在监管方面也存在很大差距。养殖场、食品加工厂之所以乱排放是长期监管缺失所致。环境资源本身具有外部性特征，监管不到位很容易造成工厂无所顾忌乱排乱放，污染环境。农村生产污染异常严重，特别是农村地区镇上或县里，由于人口比较密集加上有一定的工商业基础，部分河流水质已完全改变，水体污染特别严重。水体受到污染不仅影响生物多样性，更影响人体健康。同时，由于缺乏必要的科普宣传，农村地区对生产废水再利用的认识也不到位，缺乏生产废水再利用的引导也是生产废水乱排放的重要原因。对于禽畜养殖业来说，粪便废水是农作物有机肥的重要来源，然而由于缺乏重视，导致养殖场乱排乱放污染环境。引导养殖场科学合理利用废水对增加收益减少污染具有重要意义。

3.4.2 废水源类型及其治理

发达国家在治理污染过程中通常采用 3 种模式：控制命令型、市场激励型和公众参与型。控制命令型主要是指运用法律法规、行业标准等约束个人或企业行为，通过法律手段和行政手段，能够对污染者行为产生较大影响。市场激励型则是将市场手段引入污染治理中，通常包括税收、排污权交易、补贴等具体方式，目的是使污染者根据效益原则做出最优选择。公众参与型是为弥补政府和市场不足产生，为更好进行监督，将环境质量相关的大众也纳入其中，提高决策能力和解决污染问题的能力。农村生产废水污染治理通常也采用这3种手段，在具体呈现形式和侧重点上略有不同。

3.4.2.1 畜禽养殖业废水治理

畜禽主要包括猪牛羊禽，生猪养殖在我国畜禽养殖业中占比最大。据统计，我国猪肉消费约占世界总消费的一半，养殖量约占世界总量57%。由于经济文化等条件，猪肉成为我国主要消费品，在我国国内肉类中的产量及消费量占比约60%。每年生猪养殖约占国内畜禽总饲养量的57%，生猪产业非常庞大。然而，生猪产业庞大的体量也造成了严重的废水污染。生猪养殖时粪便、尿液、饲料残渣混合冲洗水形成了污染环境的有害废水，未经过处理的废水直接排放或处理不达标的废水排放严重污染周边土壤水源及地下水质，影响食品安全和饮用水安全。我国生猪养殖量大，生猪养殖成为畜禽养殖业最主要的废水排放源，研究科学的生猪养殖废水处理方式是解决当前废水污染的重要举措。

(1)美国在处理生猪废水上有着可参考的经验。美国在生猪养殖过程中，猪圈和我国农村地区有较大区别。我国农村地区养殖场一般为实体地面，粪便废水清洗都需要人工。而美国则是镂空形态，美国养猪采用漏缝地板，地板下面是粪坑。粪坑的高度在0.6~2.5m。这种蓄粪池比较好收集养猪场的粪便废水，而且可以通过加水减少氨气等臭味。一般养殖场每周都要进行一次清洗，由于比较集中，且没有生猪的干扰，清理过程比较简单，可以使用刮板类机械清理。生猪和排泄物分离非常方便清理，且便于集中收集处理。蓄粪池收集到的排泄物废水等污染物会定时拉走送至集中处理点进行后续处理。

(2)废水的后续处理一般采用生物方式。生物处理最典型的就是厌氧处理技术，养殖场的废水进入沼气池进行厌氧发酵，厌氧发酵后的废水一般能够将有害物质杀死，同时消除排泄物臭味。此外，生成的沼气还能作为农村地区的燃料来源，废渣也可以作为有机肥用于农田。这种技术的好处非常多，是发达国家常用的养殖场废水处理方式。法国和德国在这种技术上运用很成熟，稍微有规模的养殖场都配备有沼气装置，可储存500~1000m^3的废水。需要用时，直接可以运送到农场作为肥料，且产出的沼气也可以作为农产电力和热源。加拿大由于种植业发达，肥料需求旺盛，一般都是将排泄物废水集中运走进行堆肥处理，通过厌氧和有氧发酵后，产生有机肥用于农田。日本在废水处理上也采用生物模式，日本通过在猪圈地面铺设木屑收集排泄物等废水，在这些木屑微生物作用下，废水直接变成有机肥，可以直接给农作物使用。日本的木屑处理方式与前几个国家不同，这种方式更灵活、成本低，比较适合小农户使用。而沼气池集中处理的方式需要一些设备支持，有一定成本，更适合中大型养殖场。

在我国，解决养猪场废水问题是解决畜禽废水污染最重要的环节。猪肉是中国最主要的食用肉类，养殖规模大，造成的污染也严重，解决生猪养殖场废水问题至关重要。关于废水收集，可以采用美国猪坑分离形式，不仅方便进行清洗，减少工作量，还方便集中收集。收集后的排泄物等废水可以采用生物模式处理，根据养殖规模不同，可以选择木屑微生物处理法、堆肥法、沼气装置法。小型养殖场可以选用木屑法，方便操作，使用成本也非常低。稍大规模的养殖场采用沼气池或移动沼气设备，规模化、集约化处理废水。废物利用形成有机肥和沼气，不仅对环保型农业提供支持，还能解决农村地区资源不足问题，是多赢局面。

3.4.2.2　水产养殖业废水治理

中国是水产养殖最多的国家，每年可为世界供用60%的水产品[21]。日益增长的市场需求促使中国水产养殖不断规模化，形成了各式各样的养殖场。然而，水产品增长速度过快，相关标准与法律不够完善，导致养殖业缺乏标准化、自动化、清洁化。养殖场在处理废水时，通常不经过处理直接排入水体中。这些废水中包含有鱼饲料、鱼类排泄物以及杀菌剂、杀虫剂等化学制品，混合废水含有大量氨氮、蛋白质等，直接排入水体中容易造成水体富营养化，破坏生物环境，减少生物多样性。目前，水产养殖废水处理上通常采用三种方式：物理技术、化学技术、生物技术。物理技术是指通过过滤、吸附等物理方法去除水中有害物质，达到净化水质效果；化学技术是指通过氧化还原等化学反应方式去除水中的污染物质；生物技术是指利用藻类、水生植物等微生物净化水质。

生物技术具有成本低、效率高的特点，被广泛运用在水产养殖废水处理上。国际社会通常使用藻类塘、人工湿地处理水产养殖废水。藻类能够高效去除废水中的氮磷、有机碳、病原体等污染物而且运行维护简单、费用较低，发达国家通常采用藻类清理水产养殖废水。藻类塘最初由美国加州大学提出，后广泛运用在德国、法国、新加坡、以色列等国家。水产养殖本身用水量大，加之该行业规模不小，因此产生的废水量也非常大，使用其他技术花费的成本高，不利于推广使用，藻类刚好克服了这种困难，更适合水产养殖这类大型用水产业。另一种使用普遍的生物处理方式是人工湿地，人工湿地产生于20世纪70~80年代，90年代第四次国际研讨会正式宣布将其用于污水处理中。人工湿地不仅能通过微生物系统净化废水，还有美化环境、净化空气等功能，是现代社会广泛使用的生物净化方式。目前，美国、丹麦、德国、新西兰等国家均有大量的人工湿地被投入废水处理中。

水产养殖废水治理首先要有专门的法律规章制度、行业标准、监督体系，以及选择合适的技术进行推广。藻类净水方式是一种低成本、机动性高的净化技术，适合养殖场较分散的情况，这种方式便于单个养殖户使用。而人工湿地具有净水和美化环境双重功效，适合用在养殖场集中的地方，人工成本占地面积较大，投入成本及后期管理维护较高，建立在养殖场集中的地方不仅能够处理较大量废水，还能通过一定的废水处理费用提供湿地可持续经营支撑。在我国沿海地带，通常是集中连片的水产养殖基地，人工湿地不失为一种较适宜的废水处理方式，而一些内陆地区的养殖场通常较小、分散，藻类净化技术更适合推广。

3.4.2.3 农产品加工业废水治理

随着居民消费水平的提升，我国农产品加工行业随之取得较大发展。数据显示，2020 年全国农副食品加工业资产总额超 3 万亿元，规模以上企业数达 2.1 万家。农产品加工业的快速发展也带来了较大的环境污染问题。2021 年 9 月，湖北云梦县某肠衣加工厂违规倾倒清洗废水被查，每年排出 60t，导致周边两块稻田和三个坑塘受到污染。2022 年 5 月，江苏南通某豆制品加工企业连夜将生产污水偷排进九圩港河，经检测，这些废水的氨氮和总磷含量严重超过地表水环境质量标准，对河流污染严重。如案例所示，农产品加工业废水主要来源于原料和设备的清洗以及食品加工过程。食品加工业产生的废水含有大量食物残渣、有机物等，直接排放不仅可能造成恶臭，还会造成水体严重污染。但食品加工业的废水通常不含毒性，比化工行业、造纸行业更具有可利用性。加工废水回收利用不仅能防治水源污染，还能节约水资源。

美国较早关注农产品加工废水处理问题。早在 20 世纪 70 年代，政府就发布了 5 个废水还田技术指南，距今已经开展了几十年的农产品加工废水还田计划。为了顺利开展这个计划，环境署建立了一套详细的管理制度。在农产品加工废水处理上，生产商承担主要责任，需要与第三方检测机构订立合同。第三方检测机构需要就生产的过程工艺、废水排放等给出详细检测报告，并根据检测信息制定详细的解决方案，方案通过环境署通过后方可实施。美国农产品加工企业对废水还田计划响应积极，1994 年，加州超过 800 家企业开始实施废水还田。据统计，目前加州 70%农产品加工业开始实施还田计划，大大提高了水资源再利用率、减少了环境污染危害。这种计划的成功使各国纷纷效仿，欧洲各国也开始实施废水还田计划，马铃薯淀粉加工废水用于农田的现象非常常见。英国和德国马铃薯淀粉加工企业会将收集到的废水去除蛋白质，然后直接卖给农户用于农田浇灌。出售废水获得的收入可以抵消废水处理的费用，给企业治污省下较大成本，减轻了企业的经济负担。云南省南屏镇就参考了发达国家农产品加工废水处理经验，开展了“碳房小组咖啡加工废水处理”项目。该镇咖啡种植面积达1189亩，加工一吨咖啡平均生产4~6t废水。庞大的废水量直接排入大开河导致周边水体严重污染。2020年建立的废水收集处理池能够100%收集生产废水，日处理污水规模达100t，满足当地咖啡生产废水处理需求，对咖啡废水综合治理具有良好效果。

当前，由于我国缺乏严格的监管导致农产品加工企业乱排污现象时有发生，农村地区河流变臭水沟、土地变垃圾场。为解决乱排污情况，首先要出台专门的法律法规，能够对这些企业作坊产生很好的约束力。其次出台技术指南，例如废水还田技术指南。通过废水处理再还田，不仅能节约水资源，对环境保护也能起到很好的作用。同时政府应该重视废水处理工艺指导，增加资金投入，提高废水处理设备补贴水平，鼓励企业运用专业的设备进行废水处理。或者可以在食品厂集中的地方设立污水处理中心，提供专门人员和设备，通过付费原则让企业承担一定处理费。最后，处理后的废水可以卖给农作物生产种植户，抵消废水处理费，盘活废水处理计划。

3.4.3 废水污染与治理的案例

3.4.3.1 废水污染的案例

秦王川位于甘肃省永登县东部和皋兰县之间，秦王川一名起源于隋末西秦霸王薛举屯牧，地区历史文化底蕴深厚。秦王川属于山间地区，地形为断陷式盆地，地区内以洪积平原为主。总行政面积约为470km²，东西南三个区域除了部分露出第三系红层土壤外，多为第四系黄土覆盖。农村整体地势平坦，农地集中连片，是永登县乃至兰州市的重要土地资源。秦王川地区自从获批为兰州新区以来，该地区进行全面整改，特别是农村旱厕改造，但是经过多年改厕，秦王川一些农村仍存在化粪池污水缺乏专人收集处理，村级污水处理站运行不畅等问题，不仅影响“厕所革命”实效，还造成“二次污染”。

主要问题及后果：

秦王川部分农村地区缺乏建设污水收集管网和处理设施的能力，同时建设好污水处理后存在用不了、用不好的问题，导致改厕污水处理成难题。根据污水处理方式，农村改厕分为分散式和集中式，其中分散式改厕，化粪池的污水主要靠生物菌、三格化粪池自然降解等方式处理污水，由群众自行处理。但是部分农村地区农户因为不会处理、无处处理、处理麻烦等原因，将化粪池污水直接排入农村沟渠、农田，使得整个农村地区气味熏天。有的厕所不到半年就被弃用了，很多新厕化粪池不到半年就被填满了，臭气熏天，村里没有收集处理设施，只能把化粪池挖出来，把污水排到农田，改用旱厕。

基层干部反映，农村改厕修建的化粪池容积较小，过一段时间就得清掏，增加了群众处置污水成本，而且清理化粪池频次过高，易发生渗漏和混排，影响粪污无害化处理结果。散式改厕，部分技术尚不成熟，且后续管护比较复杂。

秦王川一些农村对污水进行了集中处理，建设了小型污水处理站，但是却造成二次污染。一些农村小型污水处理站大门紧闭，门口杂草丛生，内部环境脏乱，电闸上的按钮没有亮灯，污水处理站排出的水富营养化明显。污水处理站的后续管护不力、技术不成熟是主要原因。西部农村基层政府表示，农村改厕后续运维资金主要靠基层负担，污水处理设备运行 3~5 年就要维修，维修成本高，导致部分农村污水处理设施处于非正常运行或停止运行的状态。其次基层筹集改厕管护资金也是一大难题，虽然一些农村当地财政收入还算可以，但农村改厕点多面广，后续还需要乡村配套资金，对于村集体经济较弱的村而言，存在不小困难。农村改厕是一项长期性的工作，资金需求量大，各级财政应加大投入。部分基层干部表示受经济、技术等条件的制约，村镇污水处理难以采用较为成熟的城市污水处理工艺，而现有的生态型工艺仍处于探索起步阶段，处理污水效果不够理想。

3.4.3.2 废水治理的案例

山东省菏泽市曹县，位于山东省西南部，古时候称为曹州，处于鲁豫两省八县交界处。总行政面积为 1969km^2，管辖 5 个街道办事处和 22 个乡镇。该县先后荣获过“中国芦笋之乡”“中国食品工业百强县”“中国泡桐加工之乡”“中国平原绿化先进县”等荣誉称号。曹县是山东省直接管县市金融体制改革试点县，作为国务院批准的对外开放县，是东部企业向中西部地区梯次转移的桥头堡和承接带，是中原经济区东部县市之一。

曹县绝大多数都是农业人口，农村生活废水面广量大，情况较为复杂。为解决废水处理问题，曹县采取全县推进、因地制宜、政策准确、分类处理的废水治理理念，不断深入调研、大胆探索、科学规划，并与齐鲁工业大学联合研发，创造了“阳光房”生活废水处理模式，截至目前曹县已建设 60 多处，这一模式逐渐成为曹县美丽乡村建设的一把利器。曹县全面吹响了农村生活废水处理的号角，探索出适合自身特点的“曹县模式”，在农村生活废水处理方面取得了良好的改革效果。

主要做法及成效：

(1)强化组织领导，规划治理蓝图。为解决曹县农村生活用水问题，按时保质完成废水治理目标任务，县党政一把手亲自指挥调度，深入一线调研，先后召开 10 多次专题会议研究部署。同时，成立了以分管县长任组长，生态环境、住建、农业农村等部门主要负责同志任副组长的乡村生态振兴工作专班，结合美丽宜居乡村建设规划，以乡村生活废水治理为主攻方向，全面加强协调指导和监督管理，确保农村生活废水治理工程顺利实施。

（2）强化模式创新，坚持分类施策。针对曹县美丽宜居乡村及沿河村庄生活废水直排的问题，曹县与齐鲁工业大学共同研发的地埋式一体化膜处理+“阳光房”模式，不仅投资少、占地小、维护费用低、出水稳定，而且美观大方，保证了冬季水生植物、微生物生长的适宜温度，确保一年四季都能有效运行。“阳光房”生活废水处理站项目主要采用“格栅+调节池+水解酸化+生物接触氧化+水生植物降解+MBR膜+消毒+阳光房”等多种形式相结合的处理模式，该技术是将膜分离技术与生物技术有机结合的新型废水处理技术。生活废水首先依次进入格栅、调节池、水解酸化池、生物接触氧化池，对废水进行初步处理，设备主体采用6mm以上钢板焊接，内外防腐，相当于一座微型的废水处理站。水解酸化池及接触氧化池内栽植分解污染物能力较强的水生植物，利用水生植物发达的根系分解部分有机物，降低运行成本。水生植物通过自身的生长代谢可以大量吸收氮、磷等水中的营养物质，制造氧气促进微生物的生长代谢，净化水质，水生植物发达的根系还可以供好氧微生物附着，增加废水与好氧微生物的接触面积。初步处理后的废水经MBR膜进一步处理，将生化反应池中的活性污泥和大分子有机物截留住，把好最后一道关口。

（3）强化废水治理，提升治理效果。“阳光房”的特色是确保废水处理项目一年四季都能有效运行。参与活性污泥处理的微生物多属嗜温菌，适宜温度在10~45℃，低于5℃将停止生长。曹县当地冬季气温往往降至零度以下，为保证冬季处理效果，在主要设备外加装阳光房，既可以保证冬季微生物生长所需温度，也可以保证水生植物在冬季正常生长。“阳光房”项目占地面积小，一般为70㎡，建设简单易行，投资少。每座“阳光房”废水处理站日处理规模一般为150~200m^3，投资约25万~30万元，服务人口约2000~10000人，比较适合于美丽宜居乡村配套设施建设。根据农村早、中、晚排水量较大，而平时排水量非常小的特点，在集水池安装了浮球，水量大时设施运行，水量小时设施停运，避免了做无用功，节约了运行成本。目前，曹县采取了EPCO市场化治理模式，对农村生活废水治理进行统一规划、统一采购、统一建设、统一运营，县政府购买服务。将所有“阳光房”废水处理站全部委托第三方公司运行管理，运行处理费为0.7元/m^3，出水水质稳定达到《城镇废水处理厂污染物排放标准》（GB 18918—2002）一级A标准。

（4）强化日常监管，打造净美水域。曹县首批建设的一体化MBR+生态阳光房废水处理站，目前已运行近一年时间，彻底解决了生活废水直排的问题，也有效解决了河流断面水质不稳定的问题。曹县坚持建立健全农村生活废水处理设施长效管理机制，探索农村生活废水减量化、资源化处理模式，结合农业种植开展循环利用，启用已建城镇级废水处理设施，使接入的农村生活废水得到有效处理，确保实现“治理一片、水清一片”，着力打造水环境治理的“曹县典范”。

总之，对一些农村较为集中、建设规模较大的污水处理设施，可动员和支持企业、社会资本参与项目建设，发动群众投资、投工、投劳，并通过整合农村改厕与农村人居环境整治资金等方式筹措资金。为加大农村改厕后续管护力度，可以成立、引入专业化的环保公司，统一开展农村改厕工程建设、维护与管理，或者由乡镇成立农村改厕污水处理专业队伍，保障清洁人员的工资待遇，建立“发现、上报、解决”的机制，变废为宝、资源化利用是农村改厕污水处理的主要方向。农村改厕污水处理项目最好采用成熟可靠、稳定性好的处理工艺，兼顾低能耗、易操作的原则。

3.5 农村生活垃圾处理典型案例

随着城镇化的加快，中国大量人口都流向城市，各种资源也集中在城市，这导致城乡各方面都有较大差距。在生活垃圾管理方面，农村地区常年粗放式管理，这导致农村地区环境问题越来越严重。农村地区已逐渐成为脏乱差的代名词。近年来“垃圾围村”现象已经成为乡村环境治理的重难点，这也是乡村振兴战略不可忽视的一点。根据一项调查显示，我国农村地区每人每天产生的生活垃圾约为 0.86kg。截至 2020 年年末，我国农村常住人口为 5.1 亿，每年产生的生活垃圾总量约为 1.6 亿 t。这些垃圾随处可见，有些堆在荒废的田地里，有些扔在山坡上，更多的垃圾被倒入河流中，不仅发出恶臭，还造成鱼虾大量死亡，生物多样性严重破坏，甚至影响地下水质，造成严重环境污染。农村地区有宽广的耕地、丰富的水源，是粮食生产的重要地区，保护好农村地区就是保护好我国的后续储备。当前，农村地区污染越来越严重，生态一再遭到破坏，一旦环境到了不可逆状态，粮食安全会受到严重威胁。因此，解决好农村污染问题迫在眉睫，农村生产垃圾污染严重，生活垃圾也不可忽视。

如图 3-10 所示，农村地区生活垃圾主要分为 4 类：可回收垃圾、有害垃圾、厨余垃圾、其他垃圾。可回收垃圾是指通过回收处理，能够再次利用的垃圾，这类生活垃圾进行回收能够起到节约资源保护环境的作用。常见的可回收垃圾包括废旧的书、快递盒、塑料瓶、废金属等。有害垃圾是指含有重金属或有毒物质的垃圾，对人体健康威胁大，对环境破坏力大。这种垃圾通常要经过特殊技术处理，随意丢弃容易破坏环境，引起重金属中毒，携带病菌的垃圾也容易引起疾病传染。常见的有害垃圾包括电池、油漆、废弃医学用品等，特别是新冠疫情以来，口罩已经成为人们出门必不可少的物品，随意丢弃未经处理旧口罩，如果携带病毒，可能会造成他人感染。厨余垃圾一般又叫作湿垃圾，主要来源于家庭、饭店、农贸市场等，主要是剩菜剩饭、菜叶果皮这类食品垃圾。除了上述 3 种垃圾外，剩余的垃圾就归结为其他垃圾，其他垃圾危害较小，但又没有回收利用价值。比如使用过的餐巾纸、厕纸、一些建筑垃圾等。分清垃圾种类是解决垃圾问题的关键，采用不同的方式处理各种生活垃圾已经成为国际社会共识。

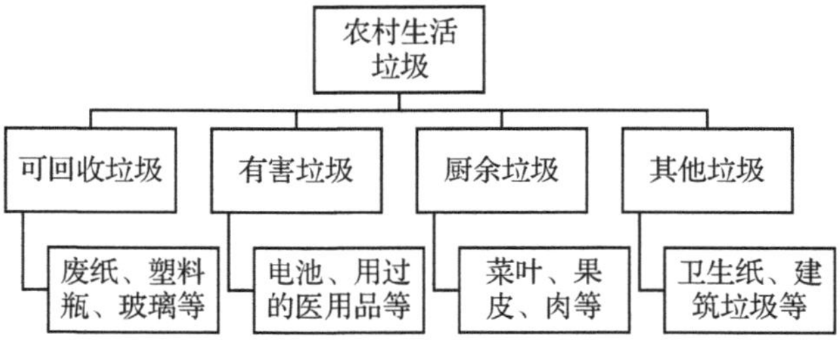

图 3-10　农村生活垃圾分类

3.5.1　建立垃圾处理法律制度

农村生活垃圾污染严重的重要原因就在于缺少专门的法律制度，法律制度的不完善导致管理没有依据，也就难以控制污染扩大。当前我国与农村生活垃圾相关的法律包括《中华人民共和国环境保护法》《中华人民共和国固体废物污染环境防治法》等，但这些法律仍然存在忽视农村生活垃圾处理或实施细则不明确等问题，对生活垃圾处理没有太大指导意义和约束力。

发达国家非常重视乡村生活垃圾处理，因此较早就出台了专门的法律，发展至今已形成了一套较为完备的农村生活垃圾处理体系。美国就生活垃圾处理问题颁布了专门法律《生活垃圾处置法》，这部法律是生活垃圾处理总章程，规定了垃圾类型、处理方式、责任主体、惩罚措施等，详细的实施细则为生活垃圾处理提供充分依据。除此之外，为保证生活垃圾管理更具现实性，国会还颁布了配套条例，进一步规定了特殊垃圾处理办法，落实了各责任主体义务，对加强生活垃圾处理提供保障。德国针对农村生活垃圾处理出台了专门法律《废物处置法》，该法律制定了生活垃圾处理方面的各种管理运作条例。在该法律总要求下，德国还出台了配套法律《废物消除和管理法》《产品再生利用和废物管理法》《环境最终管理标准》，为生活垃圾处理提供具体详细的标准指导。日本为解决生活垃圾问题，出台了《废弃物处理与清扫法》《空气污染控制法》《促进再生资源利用法》，详细规定了垃圾分类方式、责任主体、处置费用、处理技术等方面的内容，保障了农村生活垃圾得到有效处理。

发达国家乡村环境非常优美，重要的原因在于政府对垃圾处理的重视。出台专门的法律法规是乡村生活垃圾处理最重要的约束手段。当前，我国法律的不足导致农村地区生活垃圾污染严重，随处可见的垃圾不仅污染土壤水源，还因随意焚烧造成大量的有毒物质溢出，引发癌症等疾病。政府要重视农村环境问题，出台专门的法律法规，为农村地区生活垃圾制造提供强制力约束。只有制定专门的法律法规，明确各部门责任，农村生活垃圾才会有专门部门处理。否则，随意乱扔、乱埋、焚烧事件仍不可避免。同时，地方政府也应该制定适合地区的具体法规，提高生活垃圾处理可实现性与高效性。此外，制定行业部门标准和技术指南也是保障法律实施有效的手段，能够为农村地区生活垃圾处理提供指导。

3.5.2 建立农村生活垃圾管理体系

我国农村地区生活垃圾污染严重还在于管理混乱没有一套完整的管理体系，管理体系能够落实污染防治主体责任，保障生活垃圾及时处理。如图 3-11 所示，国际社会普遍采用四种管理模式：政府主导模式、市场主导模式、村民自治模式、联动模式。

政府主导模式是以政府集中管理为主，通过政策制定，政府部门会统一收集并处置生活垃圾。这种模式有足够的制度、资金保障，是大多数国家采用的管理模式。德国农村生活垃圾处理采用此模式，政府会制定相应的垃圾分类、收集、处理政策，然后政府相关部门会根据政策规定集中收集处理垃圾，因此德国在农村生活垃圾管理上也比较严格，乡村环境优美。韩国政府通过制定相应的法律法规，实施严格的“垃圾终量制”。政府在农村生活垃圾管理中具有统筹协调作用，以政府强制力保障制度长效实施。

市场主导模式是指生活垃圾处理由政府外包给企业，政府主要起监督作用，不负责垃圾处理的具体过程。美国是典型的市场主导模式，其涉及垃圾处理的部分一般外包给专门的公司。美国政府通常仅有两项责任，一是出台法律法规约束农村地区生活垃圾的制造，二是成立理事会监督外包公司垃圾处理情况。外包模式是提高垃圾处理效率的有效方式，通过外包，生活垃圾处理更具专门化。而且专业的设备和人才能够提供更多的监测报告，为地区生活垃圾减少提供数据支撑和方案备选。

村民自治模式是指以村民为主导进行垃圾分类处理，减少污染产生。日本上胜町在处理垃圾问题上就以村民为主导，村民自发对垃圾进行回收利用，如将一些废弃品重新改造，成为可用于装饰的小工艺品。这种村民参与方式不仅能够解决当前污染问题，还能增强村民环保意识，从源头上减少生活垃圾的产生。在村民自治模式中，基层组织发挥着重要作用。通过积极呼吁科普，村民们的环保意识得到一定增强，在此基础上，通过组织协调，使治理活动更加有条理，便于长期坚持。

图 3-11　生活垃圾处理管理模式

联动模式是指各相关主体都参与到生活垃圾管理中，产生“政府-企业-个人”联动的模式，这种模式不以单个主体为主导，相反各个垃圾处理过程涉及的主体都有相应的责任，需要对自己负责的部分承担责任，德国的“绿点系统”就采用联动模式。“绿点系统”是废弃包装物专门的回收体统，该系统里面涉及生产商、零售商、消费者、回收商等主体。消费者从零售商处购买商品，使用后的包装物要丢进专门回收的垃圾桶，废弃物回收商负责集中收集包装物垃圾并进行残余物清洗，清洗后的包装物可以直接作为二级原材料送至包装生产商。生产商可以再利用这些材料，然后进入下一个循环。这种模式将各个主体都纳入其中，提高了包装物回收率，减少中间环节，使包装物形成良性循环。

发达国家在生活垃圾管理模式上有不同的侧重点，但都对农村生活垃圾管理有效。主要原因在于，因地制宜选择适宜模式，才能够达到较好的效果。中国在农村生活垃圾处理问题上可以借鉴发达国家的经验，同时根据本地实际情况，找到因地制宜的解决办法。例如，可以走一条“政府—企业—村民”共同治理的道路。我国农村地区面积广、居住分散，且中国对农村生活垃圾污染问题重视较晚，因此完全采用自治模式不能起到很好的效果。政府在垃圾管理中仍然要居于主导地位，通过制定法律，规范各主体责任，比如地方政府、各环境部门、企业及个人在生活垃圾处理上应承担的责任，政府要建立专门的监督机构对各主体责任落实情况进行监督。企业要在垃圾处理中扮演操作角色，通过专门的设备器材对各种垃圾进行处理，并定期向政府部门报告生活垃圾相关数据，方便政府部门对政策的修改完善。村委会要发挥宣传协调作用，引导村民减少垃圾产生，动员村民进行垃圾分类和回收再利用，增强村民环保意识。这种政府主导，企业和村民参与的方式调动了各责任主体积极性，能够解决因政府完全主导导致的效率低下问题，而且一定程度上宣传了生活垃圾污染的知识，为从源头上解决污染问题提供了意识层面的支持。

3.5.3 生活垃圾付费原则

在处理环境污染问题上，国际社会早就有较为丰富的经验，普遍采用污染者付费原则，从源头上减少污染问题。同样，生活垃圾作为污染环境的一分子，也被发达国家引入付费机制。生活垃圾付费制发展经历了两个阶段，即定额阶段和按重量或体积支付阶段。英国最开始整治生活垃圾时就采用定额方式，要求按户缴纳固定垃圾处理费 5 英镑[22]。不管家庭人口多少，产出的垃圾多少，一律缴纳同样的垃圾费，收集到的垃圾费用来支付处理过程的各项费用。虽然垃圾处理的费用已由个人支付，但由于并没有区分垃圾多少问题，结果导致垃圾并没有像预想的减少。反而由于定额，加之工业发展，产出的生活垃圾数量越来越多。意识到定额处理费对减少生活垃圾的效果不佳后，英国政府开始了收费改革。2005 年，英国开始实施按重量征收费用的制度。这种方式更具公平性，也带有一定的激励性质，鼓励家庭减少生活垃圾的产出。目前，发达国家大多采用这种灵活收取生活垃圾处理费用的方式。例如，韩国政府就将垃圾袋按容量分为 5~100L，购买不同的垃圾袋需要不同的价格，这些垃圾袋出售获得的资金用于支付垃圾处理费用。据统计，垃圾袋收取的费用约占生活垃圾处理总费用的 40%，这种收费制度大大减少了韩国生活垃圾数量。

农村地区要宜居，就要解决当前垃圾遍地的问题。实践证明，污染者付费原则是减少环境污染的有力手段。实行谁污染谁付费，能够从源头上减少生活垃圾量。当前，我国农村地区生活垃圾污染严重的重要原因之一在于垃圾未实现收费制度。生活垃圾不收费，村民就可以随意制造，随意丢弃，破坏环境。同时，垃圾处理费用也大多来源于政府，财政压力也非常大。实行垃圾收费制是一种从源头减少生活垃圾的方式，也是最环保方式。由于我国生活垃圾处理起步晚，贸然收取费用不但成本高，还会产生抵触。为了真正促进收费制度实施，可以先从试点城市开始，逐步扩展到其他城市，最后将农村纳入管理范围；或者可以先设立生活垃圾处理先进示范村，给农村地区树立榜样，鼓励各地关注生活垃圾污染问题。当然，制定的收费标准也要考虑地区综合实力和城乡差别，采用循序渐进模式开展，一刀切和激进模式都不利于推进农村地区生活垃圾处理。

3.5.4 生活垃圾分类处理

垃圾分类处理是目前国际社会公认的最佳方式，要进行垃圾分类处理首先是将生活垃圾按一定的标准进行分类，然后根据不同类型的垃圾选用不同的处理方式。由于美国属于州自治，各地在垃圾分类上有区别，但总体上有两种分类法，一是分为可回收垃圾和不可回收垃圾，二是分为可回收垃圾、不可回收垃圾、有机垃圾、有害垃圾和大件垃圾。德国生活垃圾分为 5 类：包装废弃物、厨余垃圾、不可回收垃圾、可回收废纸类、可回收玻璃类。韩国一般将生活垃圾分为衣物垃圾、一般垃圾、厨余垃圾、可回收垃圾等 4 类。以上几个国家的分类方法有许多相似处，同时也是国际社会普遍使用的分类法，将生活垃圾分为 2~5 类。然而日本创造了一种“无限分类模式”，日本政府尽可能将垃圾细分，例如一个塑料瓶，都要分为瓶盖、瓶身和包装膜等。日本生活垃圾大致可分为可燃垃圾、不可燃垃圾、资源性垃圾、大件垃圾、家电垃圾五大类，每种大类下又进行了详细分类。例如，可燃垃圾就包括厨余垃圾、碎纸屑、橡胶制品等。目前已知日本将垃圾分为了 100 多种，这种精细化分类使日本成为资源循环利用的典型代表。垃圾分类目的是进行有效管理，提高资源利用率，减少环境污染。因此，在做好基本的分类工作后，应该使用合适的方式对分类后的垃圾进行处理。我国目前对垃圾的分类还未太细化，主要参考普遍分类法将垃圾分为四大类：可回收垃圾、厨余垃圾、有害垃圾和其他垃圾。下文将依据这 4 种分类法分别介绍各国典型处理方式，为我国农村地区生活垃圾处理提供参考意见。

(1)可回收垃圾处理方式。可回收垃圾一般包括废纸、塑料、玻璃、金属、布料等几类，顾名思义，这种垃圾具有回收再利用的价值。可回收垃圾在城市处理比较方便，一般城市周围都有废品回收站，一些废旧书、快递盒居民可以直接拿过去卖。因此城市的生活垃圾回收方式一般是自愿型，而且回收率非常高。但农村不同，农村很少有废品回收的地方，村民们缺乏回收意识，回收率很低。为了提高农村生活垃圾回收利用率，可以参考印度尼西亚的“生活垃圾银行”方式[23]，这一做法在国际上获得一致好评。印度尼西亚在各个地方设立“垃圾银行”服务点，当地的人们能够将可回收的垃圾送至该服务点，服务点会出具相应的货物清单，包括物品类型、重量等基本信息。每月月末，“垃圾银行”会将这些收到的可回收废品卖给废品回收公司。收到的款项一部分用于垃圾收集等相关费用，一部分支付给拥有货物清单的售卖本人。据统计，截至 2015 年，印度尼西亚已建立 2800 多家“垃圾银行”，约 17.5 万人参与回收。这种方式解决了个人由于废品较少难以联系废品公司的问题，运用到农村地区非常适合。农村地区可以以村或镇为单位，设立回收点，回收点能够产生积累效果，将大家零散的废品进行集中。等累积到一定量，回收点更方便联系废品回收公司进行售卖。这种直接售卖生活垃圾的方式是最好的宣传，能够让村民们快速了解垃圾分类，提高垃圾回收利用率。同时，这种方式也自动抵消了垃圾处理产生的费用，能够为生活垃圾处理提供良性循环。

(2)厨余垃圾处理方式。厨余垃圾包括剩菜剩饭、菜叶、果皮等食物类废物，厨余垃圾一般来源于家庭、食堂、饭店。最初厨余垃圾主要运用填埋方式，随着技术发展，各国开始发现厨余垃圾价值，纷纷收集再利用。如图3-12所示，目前厨余垃圾再利用主要有3种方式。

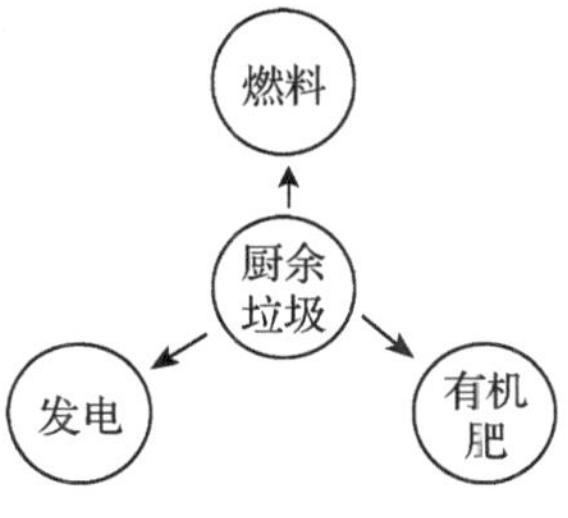

图3-12　厨余垃圾处理方式

瑞典垃圾处理公司会提供厨余垃圾回收袋，居民将装满的垃圾扔进专门的回收桶后，回收公司会集中进行处理。处理后的厨余垃圾可以转化为生物油，成为交通工具的燃料。据统计，1kg的厨余垃圾生产出的生物油可供一台普通汽车行驶2km。英国的厨余垃圾处理设备非常先进，一般大型酒店、饭店会购买这种设备用来处理每天产生的大量厨余垃圾。经过处理后的垃圾可以变成有机肥，将有机肥出售可以增加收入。看到商机后，英国产生了一批新兴投资公司，将收集到的厨余垃圾转化为有机肥，施用在一些闲置贫瘠的土地上。这些土地被施用有机肥后，售价大幅提升，居民购买热情高涨。一方面处理了厨余垃圾问题，一方面又提高了资源利用率，还促进了有机农业发展。这种引入市场机制的方式大大激励了社会厨余垃圾有效处理的热情。此外，英国还建成多个全封闭式厨余垃圾发电厂，平均每天可处理12万t厨余垃圾，发电150万kW·h，是数万家庭一天使用量。我国农村地区每天产生的厨余垃圾也非常多，特别是小城镇上，由于人口集中，厨余垃圾乱倒现象非常严重，夏季发出的恶臭让人难以忍受。农村地区在处理厨余垃圾时，可考虑有机肥模式。通过建立集中处理点进行厨余垃圾回收处理，然后转化成有机肥，再卖给农户或种植户。既能处理厨余垃圾堆积现象，又能减少化肥施用，提高农村地区生态环境质量。

(3)有害垃圾处理方式。有害垃圾包括电池、过期的药品、已使用的医疗用品等。有害垃圾不像其他3类垃圾，这种垃圾一般带有毒性，对环境污染非常大，有些甚至可短期直接造成人体健康受损，因此有害垃圾处理要谨慎细致。德国和瑞士拥有许多废电池处理工厂，这些工厂通过专门的技术可以从废电池中提炼出各种金属物质。提取物甚至比一般金属物质更纯粹，因此售出的价格更高，提高了废旧电池的再利用率。瑞典每年约有 250t 药品被随意丢弃，给环境造成了很大污染。为了解决药品废弃问题，瑞典政府要求药店无偿提供药品回收服务。回收后的药品会集中处理，进行无公害化焚烧。为了提高消费者参与率，药店实行积分制。消费者可以通过向药店提供废药换取积分，积分可以用来换取代金券或商品。农村地区较为普遍的有害垃圾是废旧电池和废弃药品，对这类有害垃圾处理要更加仔细。通过设立一些激励机制，提高村民参与率，减少有害物质随意丢弃现象，同时，农村地区要建立专门的有害垃圾处理中心，通过专业设备进行无公害处理，对能再次利用的垃圾要提高可利用性，对于不能利用的垃圾要遵循保护环境理念，以更加环保的方式处理。

(4)其他垃圾处理方式。其他垃圾是除了上述 3 种之外的垃圾，例如餐巾纸、渣土等。其他垃圾既没有回收再利用的价值，也没有太大的毒性，各国普遍采用卫生填埋方式处理。卫生填埋由于不产生额外的再利用效益，一般由政府承担处理责任。通过收集垃圾，然后集中送至填埋点进行填埋。

生活垃圾处理第一步是分类，只有通过分类才能进行下一步的管理。农村地区垃圾分类的知识普及非常欠缺，极少村民知道垃圾基本分类方法。当前，要推动农村地区垃圾分类管理，宣传科普是第一位。基层政府组织要加大相关知识的宣传，借助驻村干部等人员，积极科普垃圾分类知识，也可以通过问答奖励模式提高农户参与度。在宣传垃圾分类思想下，要规划好地区生活垃圾处理服务中心点设立问题。由于农村地区缺乏基础设施，经济相对较落后，政府部门应该承担主要职责，建立专门的垃圾处理中心。垃圾处理中心要配备各种垃圾处理的部门，用于垃圾分类管理后续处置问题。垃圾服务中心可以按实地考察选址，辐射范围可以是周围几个镇，这样有利于地区集中化处理，减少设备闲置率。同时，要增加专业人才和设备，学习国际各类生活垃圾处理技术，提高垃圾再利用率和无害化处理能力。除此之外，要调动村民参与积极性，更多科普生活垃圾回收利用的知识，提高村民自制有机肥、旧物再改造的能力，增加生态产业链。一方面提高环境保护能力，使农村更加宜居；另一方面增加就业岗位和创收机会，提高农村地区经济水平，早日实现乡村振兴战略。

参考文献

[1]朱光艳，朴秀英，廖先骏，等．国际农药残留一律限量研究及对我国一律限量制定的建议[J]．植物保护，2021，47(4)：1-5.

[2]何才文，魏启文，王建强，等．美国农药管理及其对我国农药管理的启示[J]．中国植保导刊，2015，35(3)：86-90.

[3]王建华，马玉婷，王晓莉．农产品安全生产：农户农药施用知识与技能培训[J]．中国人口·资源与环境，2014，24(4)：54-63.

[4]沈昱雯，罗小锋，余威震．激励与约束如何影响农户生物农药施用行为——兼论约束措施的调节作用[J]．长江流域资源与环境，2020，29(4)：1040-1050.

[5]王绪龙，姜健．国外发达国家农药使用管理经验及启示[J]．渤海大学学报(哲学社会科学版)，2019，41(6)：77-82.

[6]李学荣，王慧芳，张利国．国外农药减量施用政策实践及对中国的启示[J]．世界农业，2016(11)：74-79.

[7]罗倩文，姜松．农业面源污染治理的环境保护税政策改进[J]．税务研究，2020(5)：130-135.

[8]刘亚萍，姚芳，刘振东，等．国际农药包装废弃物管理概况[J]．世界农药，2021，43(8)：6-20

[9]薛颖昊，黄宏坤，靳拓，等．土壤微塑料和农药污染及其对土壤动物毒性效应的研究进展[J]．农业环境科学学报，2021，40(2)：242-251.

[10]孙守慧，南俊科，杨丽元，等．美国白蛾天敌研究进展[J]．环境昆虫学报，2021，43(6)：1331-1347.

[11]胡中华，陈静芝．化肥过度使用所导致的农业面源污染立法思考[J]．安全与环境工程，2012，19(4)：31-34.

[12]钱小平，尹昌斌，方琳娜．日本与欧美农业环境支持政策对中国的启示[J]．中国农业资源与区划，2016，37(7)：35-44.

[13]张维理，武淑霞，冀宏杰，等．中国农业面源污染形势估计及控制对策 I. 21 世纪初期中国农业面源污染的形势估计[J]．中国农业科学，2004(7)：1008-1017.

[14]许宁，钟大森，吴长付．澳大利亚农业氮肥施用概况及对我国氮肥施用的启示[J]．作物杂志，2021(1)：1-6.

[15]潘昭隆，李婷玉，马林，等．美国农田养分管理体系的发展及启示[J]．土壤通报，2019，50(4)：965-973.

[16]金书秦，唐佳丽，杨小明，等．欧盟有机肥产品标准、管理机制及其启示[J]．中国生态农业学报(中英文)，2021，29(7)：1236-1242.

[17]龙昭宇，杨紫洪，张康洁，等．中国地膜污染防控政策结构与演进——基于 1990—2020 年政策文本的量化分析[J]．中国农业资源与区划，2022，43(1)：141-152.

[18]靳拓，薛颖昊，张明明，等．国内外农用地膜使用政策、执行标准与回收状况[J]．生态环境学报，2020，29(2)：411-420.

[19]胡钰，刘代丽，王莉，等．发达国家农膜使用情况及回收经验[J]．世界农业，2019(2)：89-94.

[20]张玮，刘玮，熊峰，等．我国农村污水治理技术与发展模式展望[J]．应用化工，2022(5)：51.

[21]乔卫龙，张烨，徐向阳，等．水产养殖废水及固体废弃物处理的研究进展[J]．工业水处理，2019，39(10)：26-31.

[22]杨帆，邵超峰，鞠美庭．城市垃圾分类的国外经验[J]．生态经济，2016，32(11)：2-5.

[23]刘月清．对“生活垃圾银行”助力垃圾分类的思考[J]．环境教育，2020(6)：67-69.

农村乡风文明 4

农村乡风主要是指在特定乡村内人们长期所形成的道德观念、传统信仰、价值追求、风俗习惯和行为方式等的总和，是村民普遍认同且遵守的一种社会风气和风俗，具有规范农村社会群体行为的功能，在本质上体现为一种特定的乡村文化。农村乡风文明实际上是农村精神文明的建设的一部分，包含了政治、文化、风俗习惯、社会保障等方面。党的十六届五中全会提出建设社会主义新农村的重大历史使命，正式定义了"乡风文明"一词，同时将其纳入了社会主义新农村建设精神层面的重要组成部分[1]；党的十九大将农村乡风纳入乡村振兴战略总要求[2]，随之提出了农村新发展时代的要求，即"创新农村精神文明建设有效平台载体"。应当注意的是，乡风文明与乡农文明有着本质上的不同，从某种意义上讲，乡风文明包含在农村文明之中，而农村乡风只是农村精神内涵的一个重要方面。中国几千年的传统文化基因决定了当今乡风文明的内核，政府推行的意识形态、社会风气、外来文化影响以及人们的现代利益观念等使当下乡风文明在传承传统乡风时呈现多种形态的变异。

党和国家高度重视农村乡风文明建设，无论是从现代化建设的大局出发，还是从乡村振兴战略出发，乡风文明的传承和发展都具有绝对重要地位，它不仅是我国乡村振兴战略实施的关键步骤，也是提升农民综合素质、树立崇高精神境界、改善日常生活的重要保障[3]。根据我国当前乡风文明建设的实际情况来看，仍然存在着党组织建设不完善、缺乏物质基础、传统文化传承不畅、社会风气不良、缺乏主体和专业人员等问题，分析引发问题的原因，应该完善党组织建设、大力发展农村集体经济、传承农耕文化、深入开展移风易俗工作、强化主体地位以及发展农村教育事业等，助力农村乡风文明的传承与发展建设。

4.1 农村乡风表现形式

农村乡风文明是新时代乡村建设的灵魂所在，作为农村地区的一种特殊文化，直接反映了农村村民的思想观念和行为方式。农村乡风的形成是一个自然的社会历史发展过程，体现了时代精神特征，反映了特定时代的社会精神特点，也体现了农村历史发展的必要条件，是对特定地区社会文化、经济、政治和道德建设情况的总体归纳，涵盖了社会文化、经济、政治、道德建设等不同方面，是精神文明、政治文明以及物质文明相互作用的结果，其表现形式主要包含以下 12 个方面。

4.1.1 行文明礼仪，养文明习惯

乡风文明的侧重点是乡风，落脚是文明礼仪，我们日常生活的多个方面都有所涉及。从内容上看，包括外表、行为、表情、动作、语言、衣着以及与人交往等；从客体上看，包括公共礼仪、馈赠礼仪、个人礼仪、招待礼仪、餐桌礼仪、社会交际等。

随着中国农业经济的蓬勃发展和我国全面脱贫攻坚战的胜利，广大农民的物质文化生活发生了重大改变，生活需求层次得到了提高，物质生活相比于以前更加丰富多彩，变频空调、液晶电视、洗烘一体化洗衣机等家用电器品质不断发展，生活质量得到提升。最主要的是精神生活得到了改善，农民消费结构较之前发生了巨大变化，其中食品消费比例不断下降，恩格尔系数不断降低，交通出行、医疗保健、文教娱乐、衣着等消费比例不断提高，消费结构得到了质的转变。各方面的改变促使着农民群体生活方式和精神文明不断发展，许多农村开展了新型职业农民素质和礼仪宣传活动，倡导农民学习文明礼仪，不断加强道德修养，增强文化底蕴，要讲究文明举止，使大家都能够本着尊重、真诚、适度、自律原则与人交往，远离不文明言行。曾有新闻报道有农民进城担心弄脏公交车座椅而选择直接坐在地上，农民一直都是朴实无华，这也使得对农民存有偏见的人群对农民不再持有不好的刻板印象。

4.1.2 艰苦奋斗，勤于学习

“足蒸暑土气，背灼炎天光”，日出而作、日落而息精准地描绘了农民的工作生活。艰苦奋斗向来是中华民族的传统美德，也是中国共产党一直坚持的优秀作风，是我国农村农民奋斗的真实写照。在党和政府领导以及全国人民不懈努力下，我国取得了脱贫攻坚的伟大胜利，人民生活质量得到显著提高。基层工作条件艰苦，任务繁琐，承载着重要的责任，从脱贫攻坚再到推进乡村振兴，就要敢吃苦。对于乡村振兴中乡风文明工作，大家必须认识到当重任要降临到某个人身上时，肯定会“苦其心志，劳其筋骨，饿其体肤”，我们必须有勇于吃苦的精神。在农村，优秀的农耕文化使得不管是农民还是村干部到管理的政府官员一直有着自力更生、勤于学习、勤劳致富的风尚，自觉远离好逸恶劳、铺张浪费、贪图享乐的不良作风。

4.1.3 与人为善，诚实守信

农民一向给人老实憨厚的形象，在人际交往中似乎是不善言辞，但给人十分亲切、和善的感觉。在平常交往生活中，农民涉及的社会范围十分有限，绝大多数情况下是与乡村本地人一起交流生活，农民彼此之间情感交流深厚，建立起良好的社会联结关系。随着农家乐等形式的农村商业经济发展，很多人会去农村体验生活，走此一遭，许多人更加切实感受到了乡村里与人为善的美好乡风，只要任何人有任何困难，不管是否认识，农民都会不约而同、不计回报地及时帮助你。此外，“今日借你家一斗米，明日必将如数奉还”，农村里抬头不见低头见的状况下，大家都能做到诚实守信，有借必有还，农村小卖部等商业经济店铺也能够做到合法售卖、诚信经营，一般不会出现坐地起价、欺瞒报价等不良行为。

4.1.4 积极学习法律，增强法制意识

立法为民，执法为公，法律在国家治理中必不可少，依法治国就要有法可依，在农村也是如此。党的十八届四中全会明确提出要全面推进依法治国，建设中国特色社会主义法治体系，建设社会主义法治国家。我国作为农业大国，谈论国家的任何问题都要以农村为依据，以在总人口中占据大多数的农民的意见为参考。长期居住在农村的农民普遍文化素质较低，整个农村普法环境差，对于大多数有文化的农民而言法律可能是陌生的，更不用说对于连文字都不认识的人。随着农民农耕不再只是自给自足，而是伴随着农产品交易等商品经济现象的发生，学习法律法规以保护农产品交易的有序合法进行。同时，积极学习法律法规和社会安全意识，可以有效避免不知不觉中的犯罪行为，预防无意识犯错现象。我国的国家宪法日是每年的 12 月 4 日，许多农村会开展“宪法进农村”等主题的普及法律知识教育活动，农民在进行系统化的学习后能够自觉依法规范自己言行举止，利用法律捍卫自身的合法权益，有效提高个人的法律意识。例如，许多农民林木的偷砍滥伐是违法行为，受到普法教育后，农民能够依法约束自己的不当行为，做到遵守法律规定。

4.1.5 抵制歪风，弘扬正气

婚丧嫁娶是人生中的大事，农村置办这些事情一般都有特定讲究。在古老的农村，不管是婚宴这些喜庆活动还是丧宴这些悲伤的事情都是大操大办、大肆铺张，盲目攀比靡然成风，随礼多少成了人们交谈资本，人情消费不断攀升，许多民众不堪重负。面对这些陋习，各大基层政府逐渐开始整顿风气，抵制歪风、弘扬正气，禁止大操大办、大办滥办酒席之风。对于婚事，提倡不比排场、不比彩礼嫁妆，不设定豪华的宴席，不举行过于隆重的仪式，制

定随礼的上限；对于丧事，提倡厚养薄葬、祭扫雅办，倡导生态化安葬和火葬，精简丧葬流程，避免封建迷信，坚持文明礼俗，不随意修建灵堂和神龛，摒弃不良旧俗，不在公共场所吹打鼓乐和燃放烟花爆竹，禁止沿殡葬线乱撒纸钱，倡导进行家庭追思会、网上追悼等环保绿色、生态节能的方式悼念逝者；对于满月酒、升学宴、老人寿宴等其他活动，要合理规划购买消费标准以及事务规模，倡导节俭操办，注重文明内涵，可以通过发送微信、短信等线上形式表达自己的情意，不要铺张浪费，传承节俭民族美德，弘扬文明健康的新时代乡风。

4.1.6 崇尚科学，积极学习科学文化知识

新时代发展背景下，农村的陈规旧俗得到了一定改变，多数农民能够自觉摒弃不良的旧风陋俗。在科教兴国、科技兴农的主题宣传下，将农村改革开放和现代化建设进行有机融合，通过多种教学方式，实施科学文化知识的普及和宣传，促进农民对科学文化知识的了解与学习，能够有效提高农村群众整体素质、培养人才、发展生产力，促进社会在政治、物质、精神三方面的文明建设，更好地提升村民的道德风貌。农民科学知识的普及是美丽乡村建设的重中之重。崇尚科学，认真学习科学文化知识，积极参加健康的文化体育活动，拒绝“黄赌毒”，不沉溺于打麻将、玩游戏和非法宗教活动，追求真善美是现在农村美好乡风的表现形式之一。

4.1.7 爱护生态环境，保持乡村整洁

环境卫生是一个村子最直接的外在形象，关系到全村人的身体健康和生活质量，是农村文明进步的基本条件之一。在乡村振兴背景下，多地农村都进行了环境卫生的整治工作，包括加大农村环境清洁力度，深入开展农村旱厕改革，进行农村生活垃圾的分类治理，以及大力引导农民养成讲卫生的好习惯等，农村面貌较之前发生了很大的变化。环境整治让农村焕然一新，但是良好生态环境的保持需要每一个农民的努力。每个农民都是农村共同生活环境的创造者和维护者，每个人应该要有保护生态环境的意识，自觉做到不乱扔物品、乱丢垃圾，做到生活垃圾分类投放；爱护河塘水源，确保生活用水洁净；保持房前屋后和庭院干净整洁；不违章搭建；不在公共场所吸烟；不散养家禽和犬只；不随地吐痰或大小便，保持公共场所干净整洁。乡村是农民群众共同生活的家园，在农村生活的每一个人都应该树立健康卫生的生活理念，培养健康的生活方式，做到共同清洁家园，共享幸福生活。

4.1.8 尊师重道，尊师重教

从古至今，老师在农村普通百姓中的地位非常高。读书对于农村孩子来

说不是唯一的出路，但却是最好的出路，祖祖辈辈都是农民的情况下，想要改变现状就是要读书，来冲破长时间的束缚。当下，区别于以往孩子来田里帮忙耕种，农民就算不能拥有高质量的生活，也会将孩子送去学校读书，老师教书育人，给农村孩子带去的不仅仅是课本知识，也给孩子打开了前往新世界的大门，给农村孩子讲述城市生活、社会变化，给农村孩子改变现状的机会。农村发展不仅仅依靠财政资助，还需要给农村带来新气息的人才，城里孩子相对于农村长大的孩子并不完全知悉农村的实际状况和人情世故，农村孩子通过读书走出农村再到回报农村是乡村振兴切实可行的途径之一。大家深刻明白教育是阻断贫困代际相传的重要途径，村民之间互相比较的往往不是谁更加富裕而是谁家的孩子更用功，农村学校也经常会有政府和各地企业的帮扶，设立贫困生资助和奖学金以激励学生更加努力学习。因此在农村，不管是学生，还是家长对老师都十分恭敬，农村社会有着尊师重教的风尚。

4.1.9 邻里团结，和睦相处

农村是一个熟人的“小社会”，村里人彼此十分熟悉。无论是凉爽的早晨，还是炎热的中午，无论是在大树下，还是在古井旁边，人们的生活早晚都熙熙攘攘，富有烟火气息。三五个人经常聚在一起叙叙日，拉拉家长里短，或者是话古道今。任何人遇到困难需要帮助，作为邻里都能马上前去帮忙。乡村的邻居之间没有勾心斗角，没有尔虞我诈，有的是相互之间的坦诚和善良。当然，也会存在着邻里纷争，比如贪图小便宜，偶尔一下无关痛痒，时间一久总有一方心生埋怨，威胁着两家关系。同时，涉及利益纠纷以及鸡毛蒜皮的生活琐事、小孩纠纷等都会让关系变得紧张。但是，农村邻里之间相处总体上能够做到微笑相迎、主动问好，互相体谅、互相尊重，互关互助。探访亲友提前做好约定，邻居之间在拜访对方之前能够先敲门，等取得主人同意后再进门。最重要的是邻居之间发生矛盾纠葛时，能够冷静处理，做到严以律己、宽以待人，同时旁观者能够打圆场，友善调和，而不是摆弄是非。

4.1.10 健康餐饮，节俭养德

随着人们物质水平的提高，饮食逐渐从吃得饱到吃得好过渡，禽肉售卖种类越来越多样化，农民餐饮较之前也有了很大改善。农民祖祖辈辈以种地为主，对于蔬菜种植和管理都有着自己独到经验，自家种植的时令果蔬往往比菜市场买来的更加绿色健康。为了提高身体素质以及更加有力耕种，多地农村宣传要做到均衡饮食营养，每天除了以谷物为主，也要摄入多样食物种类，做到均衡膳食。各年龄阶段人群应该天天运动，食不过量，农村的老龄人口特别多，运动能力和消化能力较年轻人较弱，多数老人为了保持平衡，

晚饭一般吃的较少。同时，老年人有着高血糖、高血压、高血脂的三高潜在风险，在科学文化知识不断普及的情况下，这些农民通常能够做到坚持清淡饮食习惯，少吃高盐、高油食品，控制糖量摄入以及限制饮酒。此外，厉行节约、反对浪费是中华民族家庭饮食文化中的优良传统。农村一向是借鉴派的代表，农民自身更加懂得事物来之不易的道理，几乎每个农民都能够做到按需备餐，进行光盘行动，杜绝粮食浪费。

除了健康饮食，农村不管是自家餐饮还是聚会酒席都十分注重餐桌礼仪。餐桌文明是衡量一个人物质文明程度的重要标尺，大家每天都在与餐桌餐具打交道，小餐桌中包含着大文明，餐桌文化蕴含着珍爱粮食、尊重劳动、艰苦朴素的传统美德，是对中华优秀传统文化的传承与发展。“百善孝为先”，“长者先动筷”。在农村特别是参加宴席时，晚辈都会等村里年纪较长、有威望的老人先动筷子然后再开始用餐，这些无不彰显了中华传统美德。另外，疫情期间，农村政府在宣传防疫措施后，大家都能够尽量做到不聚餐，聚餐时主动使用公筷、用消毒液洗手等，一双个人用筷，一双公筷的现象在餐桌上越来越常见。

4.1.11 文明出行，遵守交通法规

良好的交通秩序是农村有效运转的必要条件。有限空间和高密度人口，要求农民群众遵循乡村管理制度，不乱张贴、乱涂写以及乱设置广告牌，不乱建私人建筑和摊点，创造优美乡村环境，让每个农户都能心情愉悦地生活和农作。随着农村发展和人民生活水平提高，不管是农耕需要用到的拖拉机等耕作用车，还是私家车或者其他各种车辆的数量都骤然增加，农村道路狭小，多地交通压力巨大，各地农民都能够自觉遵守交通规则，不闯红灯、不乱穿马路，车辆和行人自行其道，不酒后驾车，以免造成交通堵塞和人身伤害。公共场所、购物场所互相谦让，自觉排队；出行出游不损坏公共绿化和公园体育健身器材等基础设施，使整个农村井然有序，构建平安、便捷、舒心的农村空间。

4.1.12 主动帮助弱势群体，乐善好施

随着时代发展，农村空心化严重，留在农村的空巢老人以及留守儿童越来越多。究其原因是迫于生活压力，为给家庭创造更好的生活环境，年轻劳动力不断外出打工，老年人跟不上新时代的发展变化，对城市存在着一定排斥，不愿意进入城市和子女生活在一起，同时怀有浓厚的乡土情怀，也不愿意离开生活已久的乡村。在外打工的农民，由于无法很好地解决子女的入学升学、没有足够时间和精力照看子女等问题，在权衡整个家庭经济利益与子

女教育之后，他们往往会将子女放在农村给老人进行照看。农民一直是联结关系十分强的群体，村民之间有着互帮互助的优良风气，对于空巢老人、留守儿童等弱势群体，在没有任何要求和规定下，大家都能够做到主动关心、提供帮助。若有人出现农作物生产危机、突发情况等问题，农民都能做到不自私自利、见危不救，每个人都秉承着良好的农村风气，做到及时伸出援助之手，救人于危难之际。

4.2 农村乡风传承面临的挑战

4.2.1 基层政府职能方面缺失，农村党政组织建设不完善

村镇党政组织作为基层治理机构，是乡风文明建设落实到农村的执行者，是基层群众与党和国家联系最便捷最直接的桥梁和纽带，农村乡风建设的成败在很大程度上取决于基层党政组织的思想认知、政策水平以及执行情况。农民做事往往会追随着基层政府政策，基层党政人员的一言一行对农民的影响巨大，其工作作风将直接影响着农村乡风的好坏。尽管党中央不断强调要加强基层党政建设，但是目前部分乡镇党政建设仍然存在着很大的问题[4]。

首先，是农村基层党政组织内部建设不完善，管理涣散。在农村，部分基层党政组织成员之间的关系松散，导致党政组织生活开展缓慢，在农村乡风文明建设中难以有高效的领导能力，组织整体的凝聚力和战斗力不够。农村存在着基层党政人员老龄化严重现象，一些党政组织处于半瘫痪、瘫痪状态，不能担当起上级党政组织下发的农村乡风文明建设重任，无法将党中央相关决策建议与本村实际社会文化发展进行有效衔接，导致本村乡风文明建设没有可靠的短期实施措施和长期合理规划。更有甚者信念动摇、随波逐流，对农村乡风建设态度消极，对于本职工作不作为，存在一定惰性，缺乏社会责任感。同时，由于基层奖励机制不够完善，而农村相关建设工作难度高、任务繁重，部分基层党政工作者选择了辞职，真正留下来的实务人才稀缺，导致党政组织更加涣散。

其次，部分基层党政工作人员思想觉悟不够高，存在着认知偏差，在很大程度上阻碍了农村文明建设。建党以来，中央就不断强调廉政建设的重要性，不断进行反贪污腐败行动。党的十八大以后，以习近平同志为核心的党中央开始全面推进反腐败斗争，深入打击贪污腐败现象。但是一些基层党政人员以为在农村无人实时看管便可以横行，抵制不住不良思想诱惑，心存侥幸，顶风违纪，完全将党中央的廉政思想抛掷脑后，摒弃了社会主义的先进思想，动摇了农村党员和群众对党的伟大事业的思想认同，导致了农村黑恶

势力的存在，从小处开始泛滥，逐渐侵蚀党政组织的政治基础，损害了党的高尚形象，降低了党政组织的公信力，败坏了社会风气。还有一些党政组织人员由于本身文化素质较低，自身不能深刻领会党的指导思想，对于马克思主义理论的理解较浅，导致党的理论号召力较弱，无法很好地引起党员与群众思想的共鸣。

再次，农村党政组织的社会号召力不够强。在很多农村，优秀的党员为了自身更好地发展或者其他原因不断离开农村，党政组织人才不断流失，农村党政人员为人民服务意识不断降低，甚至出现了农村党员挂名现象，这些都从侧面反映了农村党政组织社会号召力有待加强。有些党政人员甚至滥用私权，如在农村土地征用和房屋拆迁等利益分配问题上，出现了官僚主义、结党营私等不良现象，极大损害了农民利益，使得民心涣散，参与农村乡风文明建设的农民越来越少。

最后，农村党政组织的政策执行能力和与时俱进的改革能力仍有待加强。作为党政政策执行的最后一环，能否将中央政策准确无误地执行到农村实际中关系到农村乡风文明建设成败。但是部分农村党政人员在执行过程中，没有将政策与实时变化着的社会发展趋势相结合，对于政策的理解存在主观偏差，未能将政策作为原始出发点，背离了政策原来的导向，没有很好地顾及广大农民利益，在执行政策时出现了偏离实际、部分执行、形式主义等行为，使得农村文明建设进程进一步拖延。同时，部分基层党政组织人员盲目追求农村经济发展，错误地将农村经济发展当成是农村乡风建设的全部，否定了农村乡风建设对于经济建设的促进作用，在农村建设中将经济作为日常工作的全部，致使农村文化基础建设远远落后于经济建设。

4.2.2 农村集体经济薄弱，乡风建设缺乏物质基础

农村集体经济不仅可以给乡风文明建设提供坚实的物质基础，还能够稳定农村社会秩序，在潜移默化中培养农民的集体意识。收入是农村集体经济发展状况的重要体现，集体经济收入不佳不仅难以建立与农村乡风文明建设相关的公共服务和基础设施，而且有可能使集体经济组织在兴办文化公益事业活动时产生负债，将在经济基础和集体意识两个层面对农村乡风建设产生冲击。

首先，农村集体经济整体收入较低。农业农村部 2020 年共统计了 54 万个村集体，其中当年无经营收益的村子数量为 12.1 万个，“空壳村”数量占比为 22.5%。在有经营收益的村子中，经营收益为 5 万元以下的约 12.5 万个，占全部村子的 23.1%，比上一年减少 22.0%；经营收益在 5 万～10 万的村子

约 11.5 万个，占总比 21.3%；经营收益在 10 万~50 万的村子约 13.2 万个，占总比 24.5%，比上一年增长 41.0%；经营收益在 50 万以上的高收益村子约 2.7 万个，占总比仅 8.7%[5]。由此可见，农村集体经济无收益的“空壳村”和收益低于 5 万元的村子占据了大多数，而高于 50 万的强村和富村相对较少，乡村集体经济经营收入整体较低。

其次，农村集体经济收入来源相对单一。2020 年村集体经济组织总收入约 6320.2 亿元，其中补助收入和发包及上交收入约 2676.8 亿元，占总比 42.2%，农村经营性收入和投资收益一共占比 34.7%，可分配收益中外来投资收益仅占 0.2%，较上一年减少 17.6%[6]。由此可见，农村集体经济组织的收益还是主要靠土地承包租金、财政补贴等传统收入形式，农村集体经济市场能力相对较弱，村集体经济组织经营性收益和外来投资收益相对较少，农民集体经济收入结构有待进一步优化。

最后，农村集体经济收入差距较大，不同区域之间分布不平衡。从区域分布看，2020 年东部、中部、西部地区的村集体经济组织收入比例为 5.58：1.96：1，东部地区的经济收入较中西部地区更多。从经济收入结构来看，北京、浙江、江苏、广东、山东等东部发达地区的村集体组织的经营收入较多，吉林、青海、甘肃、宁夏、内蒙古等中西部地区的相关收入较低，经营性收入最高的广东省是最低的青海省的 210 倍，经营性收入差距大。在发包及上交收入中，广东、山东两省均达到了 100 万元以上，西藏、宁夏、青海等地该项收入较少，最高的广东省收入是最低的西藏自治区的 2750 倍。从投资收益看，浙江、广东、江苏、北京、上海等相对发达地区收益较多，而西藏、新疆、海南等地收入较少，辽宁省甚至出现了 8439.7 元的投资收益赤字[7]。区域发展不平衡在一定程度上反映出农村集体经济资源配置不合理现象，极易造成不同村集体组织之间过大的贫富差距，农村集体经济整体发展难以快速提升。

4.2.3　农村传统文化传承不畅，面临遗失

农村优秀传统文化是乡风建设的重要基础，文化传承与发展对于良好乡风建设至关重要，但是目前乡村文化面临着城乡差距大、不符合现代化潮流、出现衰败迹象以及难以传承与发展等危机。虽然近年来乡村政府在文化建设、组织活动等方面的资金投入不断加大，但是长期以来的城乡文化相对独立，农村文化建设与城市文化建设之间存在历史遗留差异，两者之间仍然有很大差距。同时，农村文化相对城市文化有着封闭性和稳定性，在新时代转型发展中受到了城市文化冲击，产生了与之对立的文化冲突，农村文化发展面临

着转型难、进度慢等问题。部分农村还出现相互攀比现象，致使农村文化建设内卷化严重，部分农村为了政策而设定文化目标，忘记了文化建设初心，村与村之间的文化共同体逐渐被解散，农村人口的文化精神世界逐渐崩塌，这在一定程度上使得农村乡风建设与传承遭遇了阻碍。

现代社会千变万化，多种文化相互碰撞，部分农村传统文化与时代脱节，难以符合当前大众喜好。目前，农民的文化生活还是相对单一，每天以农耕工作为主，闲暇时的娱乐休闲方式相对较少，多数以聚众聊天、打扑克牌、麻将为主，只有在节假日或者特殊时候，村里才会开展小吃节、集会、舞狮等民间活动。但是随着社会的变化发展，老一辈的艺术工匠年龄越来越大，传统文化的学习过程较为艰苦，大多数年轻人更倾向于轻松舒适的工作，观念与老一辈人产生了较大分歧。长此以往，各种优秀的民俗技艺、民族语言、民俗文化将逐渐被人们淡忘，这将给农村乡风文明带来无法估量的损失。

在建设乡风文明背景下，部分农村踏踏实实干事，努力建设农村文化以建设美好乡风的基层政府，存在着矫枉过正的内卷化现象，这些农村在政策法规完善、基础设施建设等方面都取得了良好的效益，但是欲速则不达，通过外在建设快速提高自身文化底蕴是不可行的，这也使得农村传统文化只是在形式有了好的发展，实际内涵却没有更高层次的提高，反而使文化在形式主义中逐渐没落。例如，基层农村政府将基础文化设施建设好以后，并没有将公共物品使用以及日常维护列人后续规划之中，公共资源浪费现象十分严重。如有些拥有小型书屋的农村没有安排专职人员进行管理，存在着书本更新不及时、没有人员引导等情况，公共文化服务的质量不高，农村公共文化发展处于无序状态。文化站、图书馆、篮球场等设施虽然建设好，但部分农村很少或者没有在相应场地上组织活动，这些公共文化设施利用率极低。此外，一些高档级别的设施并没有很好地在农村及其附近地区进行建造，农民仍然没有办法随时走进商场购物、在电影院看院线电影等，城乡公共文化发展差别较大，农村文化有不断衰败之势。

4.2.4 农村陈规陋习依旧存在，社会风气不良

农村风俗习惯是农民总体的社会意识集结，具有相对稳定性，形成之后在短期内难以改变；农村社会风气则凝结了村里全部人口的价值取向，表面上体现为农民每天的行为方式。良好的风俗习惯将带来正派的社会风气，有助于农村乡风文明的建设与发展；陈规陋习则会助长社会不良风气横行。虽然一些农村地区经济快速发展且生活富裕了，但由于各种主客观因素，长期固有的传统习俗并没有发生变化，一些不良风气表现得十分突出，不仅降低

了农民的精神生活品位，也向乡风文明建设发起了冲击。

其一，封建迷信思想在农村根深蒂固。大多数农民自身文化素质较低，不能十分客观地辨别社会中的各种现象，在遇到困难或者有所求时往往会借助于迷信，对科学信仰并不坚定，信奉鬼神学说，自主拿出钱财用于修建神像、寺庙、祖坟等，甚至每天特定时间进行烧香供拜。在人生受到挫折或者发生重大变故时，有些人鼓吹仙道、妄信鬼神，寻求所谓的神婆的帮助，希望神婆能够为自己指点迷津，早日走出困境。这些愚昧现象使得封建迷信活动和传统势力迅速回潮，大量假道士、仙姑、神汉、巫婆等角色应运而生，在农村进行预测人生、姓氏占卜等诈骗行为[8]。行骗不止于线下，手机、电脑等各种通信工具以及微信、抖音等新媒体社交平台给封建迷信传播提供了便捷，利用农民不能很好地甄别网络信息真假而在这些平台上行骗。这些错误思想侵害了农民身心健康，败坏了农村风气，严重阻碍了农村乡风文明的建设与传承。

其二，部分农村地区不良陋习依旧存在。最常见的就是农村“大嘴”搬弄是非，在村子街道旁的三五聚众聊天，本可以增进相互之间的情感，却在每个人的理解偏差和添油加醋之下，一件日常小事被炒作成了天大的事情。农村实际上就是一个熟人社会，婚丧嫁娶讲究排场，如在婚礼中索取高额彩礼，丧事也要大操大办，每个宴席都要随份子，本是代表一份心意，却在相互攀比以争取面子中逐渐变味，人情消费水涨船高，成为农民的负担。更有甚者为了收取所谓的份子，设立很多没有意义的宴席，形式上是庆祝，实际上却是对农民财产的强取豪夺。还有些农民不思进取，沾染黄赌毒等不良风气，有的人甚至试图靠赌博来发家致富。特别是春节这些重要节假日，聚众赌博风气盛行，参与人数众多、覆盖面积广、形式多种多样，还有人为了谋取自私，在自家私自设立麻将馆等房间，并购置老虎机、麻将桌等用具以供赌博[9]。

其三，农村部分群众思想道德缺失，价值观扭曲。在农村抬头不见低头见的情况下，仍然存在极端个人主义思想突出，缺乏公共奉献精神，集体意识淡薄，只谋求私人利益的人，农村集体意识面临着逐渐被瓦解的风险。还有些农民的世界观发生了极大扭曲，为了获取物质利益不断践踏道德底线，在老人生前不进行赡养，却在老人死后大操大办以展示自己的孝心。为了争取贫困户拿到补助，欺报瞒报自己的家庭情况，处于金钱至上的状态。这不仅仅是个人价值观的扭曲，也是社会道德沦丧的体现。

除了上述提到的不良社会风气之外，部分农村还存在着好逸恶劳之风，甚至仍然存在着村霸、宗族恶势力等社会黑暗势力，这些都给农村社会造成了极其恶劣的影响。

4.2.5 农民参与积极性不高，乡风传承缺乏主体

农村乡风建设关键在于人员参与，农民在整个农村乡风建设中发挥的主体作用至关重要。但是农民整体参与积极性不高，主体意识较为浅薄，这给农村乡风建设造成了挑战。

首先，农民的经济主体意识较弱。在一些经济相对落后的农村，农民在经济发展中并不能占据主导地位，对农业生产发展经营缺乏长远目标和规划，且满足于自身小农孤立的生产经营，没有集体经济的合作意识，对于农业市场变化的把握不足，市场经济的主体意识尚未完全确立[10]。与此同时，很多农民自身文化知识有限，没有现代农业认知，对于农业转型升级和创新没有概念，不能够及时跟上政府对农村新发展的要求，长期依赖于国家的惠农政策。

其次，农民的社会主体意识较弱。农民的社会主体意识和农民自身的个人主体意识是相互对立的，是农民意识到自己作为整个农村社会的一员而存在，自己的行为与整个农村社会发展息息相关，并能产生影响的一种社会整体意识。农民的社会主体意识淡薄，一方面反映在农民社会交往程度低，一些年老农民和农村妇女常年没有机会外出，习惯于在自己熟悉的小团体中四处走动，由于社交相对较少，社会支持度较低，他们无法定位自己在社会中的主导地位和实现价值。另一方面，一些农民往往把生活的本质理解为单纯的物质财富增加，而忽视了对集体事业的美好追求、共同富裕的社会理想，没有明确的人生追求，这也就无法找到社会价值。

再次，农民的文化主体意识薄弱。农民文化的主体意识是指从农村日常生产工作中产生的农民精神世界外化的思想表现，主要由科学意识、批判意识和独立意识组成。虽然在现代化社会中，很多农村从落后的社会制度中解放出来，但是一些农民在其人格上仍然具有对外部环境的依赖顺从心理，倾向于受到不管好与坏的全部城市文化和外来文化的影响，对乡村本身具有的优秀传统文化失去自信。同时，在道德、美学和精神信仰等文化领域，一些农民盲目崇拜科技和文物，缺乏对科学精神的追求。农民对传统农业技术的传承与发展仍然处于“求用”的功利状态，还没有形成“求真”的科学意识。此外，农民还缺乏对传统文化的独立批判意识，无法有选择地摒弃传统文化的糟粕并继承积极因素，导致传统文化的发展产生异化。

另外，农民的政治主体意识较弱。农民政治主体意识是指农民作为权利主体在农村政治生活中的权利和责任意识。自从村民自治制度在农村实施以

来，农民的权利意识得到了明显的激发，但是与此相应的责任意识却没有建立起来。农民的权利意识和责任意识的不平衡发展在本质上是农民政治主体意识较弱的表现，一方面说明部分农民对权利本身的理解存在误差，重利益而轻权利。一些农民参与政治生活仍然主要是形式主义的参与，有目的性地维护政治权利，对公平正义的民主政治精神没有深刻的了解，容易形成金钱至上的错误观念，而不是从自己作为权利主体出发去参与政治活动。在许多农民看来，权力在很大意义上用于个人私利，缺乏参与农村公共事务管理和决策的政治责任。同时，大多数农民对于政治相对淡漠，尤其是农民工的政治参与权难以实现，部分农民政治参与自主权较低，政治参与的主动性和创造性不足，参与手段明显不合理。

此外，农民的生态主体意识较弱。农民生态主体意识是指农民在现代生产生活中形成的对生态危机和生态环境保护积极地、自觉地反思和认识，是农民对人与自然关系积极反馈的结果。总体来看，农民的生态环境保护观念相对淡薄，行动积极性不高。具体而言，农民缺乏生态忧患意识和生态道德情感，不关心长远的生态问题，同时也缺乏生态科学意识、生态保护常识，对生态责任、绿色消费、生态农业应有的认识相对匮乏，生态保护意识薄弱。部分农民很少选择秸秆还田、循环生产、农牧结合这些传统农业生产技术，无法充分发挥生态资源优势，主动创造新的生态价值，农民生态价值意识的错位使得生态利益与经济利益关系难以平衡，生态责任意识缺失。还有一些农民缺乏自然资源可持续利用的责任感，擅自破坏生态环境，把自然资源当成自己私人的财产，忽视生态责任。

农民自身的主体意识淡薄是一方面，部分农村地区没有充分认识到农民在农村乡风建设中的重要价值，不懂得尊重农民群众的主体地位，这是导致农民参与乡风文明建设缺少动力的另一方面。一些农村的基层干部在工作中没有建立起全局意识，只会溜须拍马、迎合上级领导，在农村文明建设中搞形式主义，强制让村民参与，这很大程度上削弱了政府的公信力，使得许多农民对政府的工作持怀疑态度，不愿意参与到农村的相关建设中。

4.2.6 农村教育发展相对落后，缺乏专业人员建设

教育是提高人们科学文化素质的重要手段，也是文化传承和发展的重要基础。农村教育实际上是使农村及其后代不断改变旧观念、旧思想的过程，不断提高农民的文化素质教育，使得农民有更好的机会走出去。农民文化素质的高低将决定着农村乡风文明水平的高低。但是，目前我国农村教育水平相对落后，农民的文化素质普遍较低，这为不文明的农村习俗传播提供了土

壤，制约着农民主体意识的提升，弱化了农村乡风文明建设中的农民群众力量。

其一，农村的义务教育发展相对落后，农民文化素质普遍较低。根据相关统计数据显示，截至2020年，在我国农村居民家庭中户主中，未上过学的比例较之前有所下降，但是仍然有3.4%，小学文化程度占总比32.3%，初中文化程度占总比51.3%，这两者占比较之前都没有大的变化，而高中文化程度占比11.2%，大学专科及以上占比41.8%[11]。这些数据意味着即使我国实现了全面脱贫，农村经济较之前变化巨大，但是大学本科以上学历的农民占比趋近于零，高等教育的农民人口太少，农民的文化水平仍然普遍较低，农村人口缺少必要的科学文化知识和道德法律意识，农村乡风文明建设没有较好的人才支持。

表4-1　2013—2020年我国农村居民家庭户主受教育程度占比(%)

文化程度＼年份	2013	2014	2015	2016	2017	2018	2019	2020
未上过学	4.7	4.4	3.8	3.3	3.2	3.9	3.6	3.4
小学	32.3	31.8	30.7	29.9	29.8	32.8	32.5	32.3
初中	51	51.5	53.1	54.6	54.7	50.3	50.8	51.3
高中	10.7	10.9	11.1	10.7	10.8	11.1	11.2	11.2
大学专科	1.2	1.2	1.2	1.2	1.3	1.6	1.7	1.6
大学本科及以上	0.2	0.2	0.2	0.2	0.2	0.3	0.3	0.2

其二，农村的教育资源配置与城市相差巨大。虽然很多考取了教师资格编制的新老师都会先去农村实习，但相对于城市学校的名师，农村教师队伍相对落后。同时农村学校老师的薪资待遇相对较低，教学水平提升难度较大，职业晋升渠道不够通畅，生活环境相对较差，优秀教师往往趋向于向城市流动，导致很多农村学校教学质量持续下降，由于频繁换老师，教学方法的不断改变使得学生不得不改变自己的学习方式以适应老师，成绩维持难，有些地区的农村学生辍学现象也越来越严重，新时代的低文化水平的半文盲人群越来越多。初中、高中毕业不读书的人都外出打工，获得大学及以上教育的人群不甘于只是在农村发展，总是想方设法留在城市打拼，很少有人愿意回到农村参与基础建设。虽然外出务工人员的资金很大一部分回流到农村改善了原来的家庭经济状况，也改变了当地的物质面貌，但是这导致了农村有效劳动力不断流失，农村素质文化较低的人群占比不断增大，而他们又难以承担起建设农村乡风的重任，人才缺失现象严重。

其三，国家在农村的思想政治教育工作开展还存在一定问题。农民的思想政治素养较低，将弱化农民参与政治生活的主体能动性，但是一些地方领导干部并没有认识到做好农民思想政治教育这一工作的重要性和紧迫性，导致农村思想政治教育的空白和缺失。同时，基层思想政治教育工作机制并不完善，许多农村缺乏专职机构和专门人员来负责农民的思想政治教育。部分思想政治教育内容超出了农民的认知水平和思想境界，教育内容空洞、形式僵硬，没有满足农民主体的实际需求，教育内容的实施缺少一定的针对性、可接受性以及先进性。这样形式主义化的思想政治教育缺乏实务性，对农民很难有启发和引导的作用。

4.3 农村乡风传承中的典型案例

4.3.1 案例一：浙江大洋——聚焦美丽城镇创建，推进乡风文明建设

大洋镇处于浙江省缙云县东南部地区，行政区域总面积164.50km^2，地形以中山为主，全镇的平均海拔约800m，地势在整个县域范围内为最高。镇内自然资源丰富，有大洋山、大洋水库、风洞岩等多个景区，夏季气候适宜，素有避暑山庄一说。近年来，大洋镇结合自身实际状况，因地制宜，创新举措，于2020年和2021年连续入选浙江省美丽城镇建设样板创建名单，有力推进了乡风文明建设。

主要做法及其成效：

(1)乡镇核心价值与乡风文明建设有机融合。大洋镇政府认真落实习近平总书记关于培育和践行社会主义核心价值观的要求，倡导镇里全体农民群众共同参与，一起行动，从干部开始带头，从家庭做起、从小抓起，不断深入挖掘优秀的传统文化。在美丽城镇创建期间，大洋幼儿园以及小学的老师们开展“小手拉大手，建设美丽乡村”活动，向家长、小朋友宣讲环境卫生知识，教育他们对乱停放、垃圾乱堆乱放等破坏环境的行为监督劝导，同时让每个家庭都加入进来，从娃娃抓起，培养卫生习惯。基于古盐道的发展历程，大洋镇提取了“吃苦耐劳、坚忍刚毅”的“扁担精神”，创造了“千年盐道”的节点，在新的发展时代对其进行了重新定义，与“五个特别”的“抽蓄铁军精神”和“自力更生，艰苦奋斗”的“大洋水库精神”一脉相传，为大洋的未来发展提供强有力的文化指引，综合提高“硬环境”和“软实力”。

(2)大力宣传慈孝文化。慈孝文化作为中华民族优秀传统文化的重要组成部分，在农村乡风建设中不可或缺。大洋镇大力宣传“慈孝”文化，正所谓“大爱传古今，慈孝万年长”，凭借着慈孝文化的积淀，在校园、活动广场、各个

街道开展慈孝文化宣传活动，积极弘扬尊老爱幼、热爱祖国等传统道德规范，营造“仁、孝、德、福、美”的氛围。大洋镇机关支部平日积极与敬老院对接，践行“百善孝为先，孝老敬为上”，开展慰问帮扶工作。积极推进医养结合，利用当地的卫生医疗资源定期为镇域内老人提供免费的医疗服务。拆除村老人协会门前的破旧附属用房，建设“慈孝廊亭”，大力宣传和倡导慈孝文化，做到了有行动、有阵地、有内容、有效果。

(3)开展全域洁净行动。大洋镇曾经是缙云县“脏乱差”最突出的乡镇之一，特别是32间违章店面问题曝光后，把“脏乱差”问题推到了风口浪尖。顶着巨大压力，大洋拉高标杆，不等不靠，以干得助，扎实推进全域洁净。

①实施分片包干，落实责任。将村子划分为多个片区，每块片区都由镇班子成员主要负责，村镇的各级干部分组加入各个片区的管理，实行责任到人制度，列表挂图，依次推进每个街道巷子建设，还设置了赤膊墙、线乱拉、“六小”整治等专项攻坚组，配合各片区协同推进整治任务。

②标准严格，公平公正。“清”要最严格彻底地清，确保一把尺子量到底，一个标准执行到底，并从群众身边的“脏乱差”开始，整出洁净新环境。大洋镇从群众最关注的难点突破，如前村村路段32间违章店面，涉及42户，位于镇区最热闹地段，经济利益丰厚，阻力很大。工作组下定决心，抓住有利时机，通过一周时间通宵达旦地工作，顺利完成拆除，并建成了休闲公园，为民而拆赢得民心。自此营造了势如破竹的拆除常态，共拆除粪坑、猪圈、茭白池、附属用房等各类点位900多个，总面积超过6300m^2，为前村前5年的拆违面积总和。

③彰显特色，变化明显。以“高山清凉小镇，云中石韵家园”为定位，“整旧如旧”，坚持最大限度地保留原有石韵风味，最大程度地利用“治危拆违清乱”清理的本土石材修缮提升，打造了括苍雄关、印象驿站等节点；提炼具有大洋特色的“扁担精神”，并将其融入千年盐道的打造中；废物利用，将虽有风韵但破败不堪闲置的老车站，通过提升打造成印象驿站，吸引大批群众前来参观。

大洋以“创国家卫生乡镇”为标准，奋勇争先，马不停蹄搞创卫，成功通过了省级小城镇环境的综合整治验收，并被评选为市级卫生乡镇和省级卫生乡镇，同时在创建国家卫生乡镇市级技术评比中，大洋镇又以同批申报乡镇第一名的成绩喜获创国卫“入场券”，有望实现创卫“三连跳”。

④让书画长廊充实书香大洋。大洋镇虽地处偏远，但书画爱好者众多，富有独特的高山文化氛围。为加强书香大洋建设，大洋专门邀请本土文化名人创作体现大洋自然风光和风土人情的楹联、诗词，并诚邀郑晓华、江吟、蔡

云超等书法大家以及一些大洋籍的书法家进行撰写。打造书画长廊，为繁荣书画艺术、带动群众文化艺术活动普及，推动大洋高山文化、和谐文化的挖掘和建设，为满足群众日益增长的文化需求提供了实物载体。

⑤移风易俗树新风。大洋镇积极宣传移风易俗新风，以治理婚丧喜事、大操大办这些陋习为突破口，发放上千份红白喜事倡议书，党员、干部带头，提倡婚事新办、丧事简办，修订可操作性强的村规民约，推进殡葬改革等措施，切实解决婚丧喜事中大操大办、铺张浪费等农村社会风气中存在的突出问题。

4.3.2 案例二：安徽蓝田——坚持以人为本，培养新时代农村文明乡风

儒村位于安徽省休宁县蓝田镇，该村和世界名山黄山相距极近，与世界文化遗产地——宏村、西递接壤，全村总面积57240亩，共16个村民小组815户2796人。2020年儒村的集体经济总收入30万元。村内旅游资源丰富，有千年古树、明代廊桥、有"天书"之美誉的下双坑，具有浓郁的徽州特色；物产资源丰富，以香榧、贡菊、茶叶、毛竹等为主，为皖南唯一香榧主产地，是黄山贡菊和"屯绿"主要生产拼配基地与菊花、茶叶生产基地。近年来，蓝田镇儒村认真贯彻落实中央关于乡村文化振兴相关部署要求，坚持以人为本，深入推动移风易俗的工作进程，积极培养新时代农村文明乡风，深入推行"一约四会"模式，通过"一约四会"的方式不断改善农村的基层思想政治工作，不断激发农民主体的内生动力，为乡村振兴工作提供强有力的保障。

主要做法及成效：

(1)因地制宜，先行先试。近年来，儒村为大力推进移风易俗、推崇时代新风工作，禁止红白喜丧大操大办、大肆铺张等不良风气，以及乱砍滥伐、网鱼电鱼、焚烧秸秆等不文明行为，在原来的基础上规范规章制度、管理措施和队伍建设。一是立约。举行村民代表大会协商确定村规民约，进行文明理事会的选举，建立健全"一约四会"制度，通过制度有效遏制农村社会的不良风气，在乡村治理过程中有机融入村规民约的自治精神，让村民参与到农村新风的制定和执行中，并在真正实施后做到民主评议，让农民从中真正受益，并且让农民自身约束管理和能力提高。二是传约。为引导农民在日常生活中履行约定，儒村设立了"文化墙"，对制定的制度具体内容进行张榜公示，对大到乱砍滥伐、网鱼电鱼，小到红白宴等各个方面都作出明确规定。比如，红白各类宴席的上限为三百元，随礼不得超过两百元；婚宴喜事一天结束不续办，丧事及时入葬不烦扰邻里；各类喜丧事都禁止燃放烟花爆竹，禁止乐队等扰民表演，不影响交通等等，并逐步在蓝田镇其余各村推广。三是践约。

切实发挥“一约四会”作用，每个片区一旦有事发生，涉事人员须向地区理事反映，告知实情，地区理事在登记后应当及时报知村文明理事会，村理事会立即召开会议共同研究，严格根据本村文明理事会的规章制度解决问题。例如，从2021年以来，先后就有20多户农家在村组织的帮助下进行了喜丧事的简要办理，烟花爆竹的燃放数量比前几年减少约2/3，使村民实实在在地受益，凝聚起推动移风易俗的正能量。儒村党组织依托村民代表大会成立“一约四会”，让村民自己选会长、立村规、定民约，评好人、做好事，刹歪风、破陋习，使农民群众成为培育乡风文明、加强乡村治理的中坚力量，为做好农村思想政治工作奠定了坚实的群众基础。

(2)政府主导，共同参与。通过“一约四会”组织发动群众广泛参与到农村乡风文明建设的各项工作中来，全面提高农民的精神文明境界。一是政府主导。明确工作人员和工作职责，多措并举开展禁止毒鱼、乱砍滥伐，乱采乱烧等破坏生态行为，在村内积极建设“生态美超市”，让天更蓝地更绿水更清。切实改变作风，从党群服务中心窗口建设入手强化优质服务，以作风建设带动社风民风转变。二是群众自治。组织召开专题座谈会，通过村民代表大会推选德隆望尊、乐于服务、办事公道的“五老”人员(即老党员、老干部、老模范、老专家和老教师)以及乡贤人士任文明理事会会长和理事，充分发挥群众自治能力，利用“一约四会”在整治乱砍滥伐、焚烧秸秆、网鱼电鱼等不文明行为中发挥重要作用，教导群众在日常生活中遵守社会公德良序。三是人人参与。结合开展农村“三大革命”，在村民门前设立“门前三包”，每月开展卫生责任考评，教育村民自觉做好房屋前后的卫生保洁以及环境改善工作，让乡村更有“颜值”。同时，合理运用新时代文明实践站，积极开展各类文化宣传活动，组织开展象棋、拔河、乒乓球、广场舞等群众喜爱的各种形式活动，引导村民培养积极健康的娱乐活动。

(3)典型引领，树立榜样。一是党员干部带头。老党员王新民德才兼备、品行高尚，2016年在全体村民的认可下被推举成为理事会会长。理事会在他的领导下，逐步开始整顿村里红白喜事大操大办的不良行为，通过改俗迁风的典型宣传、文化墙等形式，向农民群众生动地展示了文明风尚的新趋势，开始了移风易俗的新篇章，荣登央视《新闻联播》，国家、省市级媒体也多次对此进行报道，取得了较好的社会反响。在推动“一约四会”工作中，党员干部们争先学习优良家风家训，带头遵纪守法、勤俭节约，带头执行婚丧喜庆事宜报告备案等有关规章制度，带头开展“一献四捐”(献计、捐款、捐物、捐地、捐工)。同时，将农村党的基层干部摒弃陋俗、推动移风易俗的积极性作为合格党员评选的重要标准，在“红黄榜”公示，树立示范榜样，激发群众参与乡村建设的热情。二是先进模范带动。常态化开展身边好人、好夫妻、好婆媳、好子女等先进人物的评选活动。近年来，共选树典型5人，始终坚持以正确的舆论引导人、以身边的典型人物激励人，形成学习先进模范、凝聚奋斗力量的和谐氛围，以明德向善、尊老爱幼、诚实守信、尽忠尽职等一大批道德模范引领全村乡风建设。三是志愿服务推动。成立"爱心车队""代理妈妈"以及"江淮服务队"等志愿者队伍，对各类社会弱势群体提供必要的支持和帮助；组织干群积极参加无偿献血；在每月一次的"主题党日"活动中，积极组织志愿服务队伍帮助劳动力短缺、残疾人家庭采菊花、干农活、做家务，帮助农民群众解决生活中的难题。充分发挥新时代文明实践站在服务和引导农民群众工作中的主导作用，采取报告会、宣讲会等活动形式，在农村地区不断普及中国特色社会主义理论教育，推动全村人员学习习近平新时代中国特色社会主义思想，坚定政治理想信念，促进中国特色社会主义理论的大众化。有效发挥基层政府干部和党组织的典型带动作用，团结全村村民参与乡风文明建设，使文明乡风深入民心，进一步丰富精神文化生活。

4.3.3 案例三：云南淑基——坚持传承创新，走出文明乡风新路

淑基村位于云南省曲靖市师宗县，已有360多年的历史，是《岳阳楼长联》作者窦垿旧时的门巷故居。村子风景秀丽，钟灵毓秀，历史文化悠久。近年来，淑基村将窦式家风"孝、悌、忠、信"和当地的文明乡风建设相结合，修复窦垿故居、窦氏宗祠等历史古迹。建造老年活动中心、二十四孝文化长廊、道德园，创建具有地方特色的文化村，创制地域特色鲜明的文化艺术节目，积极开展志愿服务活动，建立结对帮扶机制，走出了一条"诗礼传家、与人为善、敬业守纪"的文明乡风新路子。

主要做法及成效：

(1)坚持传承弘扬，让好家风传下来。一是建设文化设施。淑基村近年来完成了以道德园、阅览室、红白理事会、老年活动中心、槌球场、群众健身器材、篮球场、二十四孝石雕、文化长廊等为主体的淑基文化大广场建设，提供了良好的文艺运动环境，极大地丰富了农民的精神文化世界。二是注重"书香传家"。村民非常重视教育，"读书才是出路"的思想一直传承，对在校学生会安排到窦氏祠堂进行家风家训教育活动。多年来，该村不分男女，均支持鼓励读书，全村户均近两人靠读书走出山村。三是发展农村文化。借助于深厚历史文化底蕴，推动农村文化发展，丰富了农村群众的精神文化方式。四是打造楹联文化。为进一步弘扬楹联传统文化，弘扬国粹，收集、整理、编辑出版了《竹基诗词选》《竹基对联选》等刊物。

(2)坚持创新发展，让好家风活起来。一是搭建“一约两会三堂”。“一约”即制定一个务实管用的村规民约，由村民参与制定、参与监督；“两会”即党员评议会和红白理事会；“三堂”即为民服务堂、法律讲授堂、乡贤评理堂，充分发挥法治、自治、德治的作用。二是以“群众会”为着力点，让群众参与进来。建立“群众会+五步工作法”互动机制，即群众会村民说事、现场答事、干部领事、问效结事、群众评事，通过五步闭环的方法切实解决民众提出的问题。村民说事就是给农民群众提供表达诉求的平台和途径，让农民将自己内心真实的想法叙说出来，确保村民能够充分表达自己的观点。现场答事就是诚实公开进行现场回答问题，村干部对村民提出的问题或者请求办理事项，要与村民进行直面沟通交流，确保群众反馈的每个事件都得到良好的回应。干部领事就是为人民服务，解决反馈的问题，将现场难以解决的难题进行汇总，编制成问题清单，将不同类型的问题分给村里不同职能的负责部门，由他们进行问题的后续解决工作，明确完成事情的时限，确保群众反馈的每件事情都能落实到位。问效结事就是跟踪监督真实情况。村干部在认领事件并且办理完成后，要及时答复相关的农民群众，同时公示办理结果。群众评事就是办理事件从头到尾都要认真贯彻执行，坚持办完一件事就要公示一件事，同时要进行群众回访和评议，落实好农民群众的参与权和监督权，确保每个事件都有民主评议。

(3)弘扬传统文化，让民风乡风好起来。淑基村的村民以窦姓为主，在文明乡风建设中，该村注重发挥窦氏优秀传统文化资源的浸润、涵养和引领作用，挖掘德治资源。对窦氏家风的“根”与“魂”进行追根溯源，大力宣扬“孝、悌、忠、信”等民族传统美德，为农村文明乡风建设提供绵绵不断的精神动力和道德补给。传承传统文化，多形式营造崇德向善、邻里相望、礼尚往来、和谐互助的社会德育氛围。培养农民群众的文化意识，逐渐形成文明自觉。同时创新宣传方式，充分发挥窦氏家风家训的带头作用，利用传统节日活动宣传党的路线方针政策，让党的精神渗透到农民群众的日常生活中，引导村民自我教育、自我管理，培育文明新风。树立典型模范。广泛开展道德教育、家规创立、文化沙龙等活动，开展“道德模范”“好儿媳”“好公婆”等先进人员的评选活动，发挥先进典型示范引领作用，引导群众养成良好的文明礼仪习惯，共筑文明和谐友善的社会环境。

4.4 农村乡风文明实现途径

4.4.1 加强基层党组织建设，打牢组织基础

农村乡风文明建设离不开基层组织的支持。作为农村乡风文明建设者，基层政府部门以及党组织发挥的作用至关重要，基层党组织建设是农村乡风文明建设的组织基础，做好基层党建是乡风文明最重要的着力点。

首先，加强农村的基层党组织建设，充分发挥基层党组织在乡风文明建设中的中枢作用。加强组织建设的关键在于增强党支部自身的凝聚，要根据农村实际情况设置党支部结构，将党组织与当地发展实际状况相结合，做好组织形式创新。对于基层党组织的人员选举，要公开公正，要选取讲政治、勇于担当、能力强、群众基础好、熟悉农村工作、力求实务的优秀党员。初步建立起良好的党组织后，要加强基层党组织人员的思想建设，通过开展马克思主义思想教育等活动，加强农村党员和干部对马克思主义唯物史观的认识，加强农村基层党组织的政治思想建设。基层党组织做任何事情都应该要遵循党章、党规、党纪，在党组织的政治生活中树立好基础原则，建设良好的组织纪律。乡镇基层党组织作为农村的政治领导核心，要把政治建设摆在农村党组织建设的最重要位置上，不断增强党中央在农村群众中的政治权威，在为农村服务的实践中，要讲政治，培养他们对农村党组织的政治信任。

其次，要发挥农村党组织的模范带头作用。农村基层党组织与农民群众在日常生活中接触密切，党组织成员的一言一行对农民都有着潜移默化的示范作用，因此乡村文明建设需要党组织人员首先以身作则，规范自己的实际行动，发挥好示范引导作用。最主要的就是提高农村党组织的队伍质量，保持组织的先进性，严于律己，给农民群众做好带头作用。要严格把控党员晋级通道，改进农村党组织的内部结构，加强对党员的考核监督，不断激励党员提高自身的综合素质。对于党组织权力行使的规范，要加强农村党组织的纪律制度建设。制度是农村党组织建设的基础，应当强化农村党组织成员对党内制度的崇敬意识，树立党内制度权威，不断提高党内制度设计的科学性以确保可实施性，使农村党员的所有行为都在制度规范下进行。

最后，要密切农村党组织与农民之间的联系，逐步建立起农民对基层党组织的信任和价值认同。要扩大农村基层党组织的工作范围，以便更加便捷地联系广大农民群众。要根据新时代农村社会发展的实际情况优化党组织的设置方式，如在农村不同区域成立党小组，使得党组织成员能够更加便捷地为农民群众提供服务。同时可以建立起农民群众与基层党组织之间的利益关

系，加深两者之间的协作互动。农村基层党组织要加强党的政策宣传，利用各种宣传形式增加农民对农村基层党组织的情感认同，同时以崇高的价值观和坚定的思想政治信仰影响农民，要切实为农民办实事、解决困难、谋福利，以此回应农民的价值期望。

4.4.2 大力发展农村经济，提升物质基础

农村乡风文明的传承与发展需要稳定的财政资金保障，大力发展农村经济和建设文明乡风是相辅相成的。面对目前农村集体经济发展不佳的状况，需要采取相应措施来提升农村乡风文明建设的经济基础。

首先，要重视集体经济组织在农村的作用，规范村级集体组织。农村集体经济组织是除了国家以外唯一拥有土地所有权的组织，在自然村范围内由农民自由联合，进行集体组织农业生产活动，有其独特的政治性质和法律性质。当前，我国农村已经存在着农村股份经济合作社、农民专业合作社、农民技术协会等一系列的农村集体经济组织形式，在实现村民组织化、促进农业规模经营等方面起着至关重要的作用。在集体组织的规范问题上，特别是在集体经济的产业、产权、产品等分配问题上，一定要做到公开公正，要保证集体利益由所有农民共享。不断加强农村基层党组织对集体经济组织的领导核心作用，做好服务与监督职能，明确农村集体经济组织成员的构成与权利，在了解相关资产存量的基础上，制定合理的农村集体组织收入的分配制度和方法，适度创新对组织的管理和运作，确保农村集体组织能够有效创收，逐步实现农村集体产权的市场化、实体化，实现农户与现代农业发展的有效衔接，促进农村集体资产增值保值。

其次，积极创新农村产业新形态，以农村产业有机融合的方式促进集体经济。经济发展新时期，农村基层政府要在把握市场需求的基础上发展订单农业，推动农业市场化发展。鼓励农村集体经济组织及其成员充分利用闲置的宅基地和房屋，以较小的风险发展物业经济或物流经济。可以结合农村当地特色，将农村生态资源与文化历史资源相结合，发展特色生态园、乡村旅游、森林康养等休闲产业，在适合耕作的地区推广现代化农业项目，适时发展绿色有机农业，增加农产品加工企业的额外值，逐渐推动农业规模化经营进程，不断拓展农民增收途径。

最后，消除集体主义价值观与个人主义思想相冲突的误区。有些人认为在农村集体经济组织中，集体利益与个人主义思想相互冲突、不可共存，应将集体主义作为唯一思想。集体主义价值观与个人主义思想存在着一定的矛盾区域，但两者又有着相互统一的地方。集体组织的核心必然是推动经济的

集体化发展，集体化发展使得集体内部成员的个人利益得到了实现，而个人主义思想并不等同于极端的利己主义，个人主义思想在实现自身价值同时又可以推动整体经济的发展。个人利益与集体利益在本质上并不冲突，虽然可能两种不同的主义观念会有不同的侧重点，但是加以有效引导，实现个人利益就能给实现集体利益提供推力，集体利益的实现又可以给个人利益提供保障，二者是相辅相成的关系。

4.4.3 挖掘优秀农耕文化，强化农村基层文化建设

农村乡风文明是中华优秀传统文化的重要组成部分，是弘扬中华优秀传统文化的重要介质，农村文化是农村乡风文明的重要构成要素。面对农村优秀传统文化遗失、城乡文化发展不平衡等问题，我们需要不断强化农村基层文化建设，对优秀的传统文化进行传承与发展，以此筑牢农村乡风文明建设的文化基础。

首先，要积极改变农村乡风建设中重视现代文化、轻视传统文化的错误思想。农村传统文化是乡风文明的精神源泉，需要取其精华、去其糟粕，优秀的农村传统道德文化需要传承和发展[12]。要深入挖掘和梳理优秀传统文化，并对其内涵进行解释说明。在此基础之上，需要使文化与当前的社会变化和农村发展状况相适应，在新形势下做好传统文化的转型升级，不断推陈出新，给予传统文化以新发展时代的涵养。在此过程中，促进传统文化和现代文化的协调统一，将村规民约、农村思想道德规范等规定与现代个人美德、职业道德、社会公德等相结合；重视法制教育，培养农民群众的法律素养，提高认真学习法律和运用法律的积极性，把农村传统道德教育和现代法制宣导进行有机融合；重视农村地区独具特色的思想道德观念，将其与社会主义核心价值观有机融合，这有利于促进地方传统规范与现代文化的融合，激发农村新活力，促进农村文明的蓬勃发展。

其次，加强对农村公共文化的管理，提升公共文化服务效能。面对现行状况下不同农村之间公共文化相互攀比的现象，要不断加强公共文化对农村乡风文明建设的文化引领力。要有城乡一体化的整体战略思想，在城乡文化融合发展的情况下，对于落后的农村要加大财政投入力度，以多元化投资、文化项目补贴、转移资助等方式来扩大资金投入。对农村公共文化实行供给侧改革，让农民有良好的文化需求表达机制。加强公共文化阵地管理，如在农家书屋及时增加农民需要阅读的书籍，设置专业人员指导阅读；逐步完善农村文化基础设施建设，对距离较远的设施进行整改，使得农民整体文化生活圈在较近距离上；可以将现有公共文化设施整合成农民的综合文化服务中

心，扩大文化活动范围；充分发挥农村本地博物馆、艺术团在传承和发展农村优秀传统文化中的重要作用。以文化需求侧改革对农民需求偏好加以引导，远离不良文化习惯，培养农民高质量的文化需求偏好。

最后，挖掘优秀的传统农耕文化，为乡风文明建设增强文化底蕴。我国作为一个农业大国，农业起源较早，在历史发展长河中逐渐形成了具有中国特色的农耕文化。优秀的农耕文化是我国农业文化遗产和精神财富，蕴含深厚中华文化[13]。农耕文化内在表现为人与自然生态的和谐发展，这些内涵可以帮助我们更好地理解人与自然的关系，更好地在尊重自然规律基础上利用自然。同时农耕文化也能够规范人们的行为，建立起良好道德约束，互帮互助、遵守公德公约、尊老爱幼等行为。在挖掘优秀农耕文化之后，要顺势进行传承与发展。面对优秀农耕文化发展遗失情况，对农耕文化的传承是对其的再次赋能，使得这些面临遗失风险的文化再次出现生机。因此，我们应该培养高素质的文化传承主体，重视经验丰富的老一辈农民在农耕文化传承与发展中的作用，充分发挥其本领，加大对后续专业人才的培养。完善相关法律制度，健全文化管理体系，以更好地对优秀农耕文化起到保护作用。此外，可以将农耕文化与时代特色相结合，建设形式多样的文化传承方式。例如，塑造农耕文化品牌，立足于当地实际情况，打造属于当地的本土文化品牌，也可以通过发展文化乡村旅游产业、建立农耕文化博物馆等多种方式来创新农耕文化表现形式。

4.4.4 深入开展移风易俗工作，优化农村风气

农村乡风文明的发展与所处的社会环境息息相关，不良社会风气的滋长将阻碍农村人文环境的健康发展。因此要开展移风易俗工作，即对农村的不良风气和习俗进行针砭时弊的改革，以此来改善社会文明环境。只有农村基层党组织开展以移风易俗为主要手段来治理农村存在的不良陋习，才能为农村建设创建文明、和谐的社会环境夯实基础。

首先，进行移风易俗宣传活动，加强农民思想道德观念。利用基层政府的宣传活动对农民进行思想政治教育，引导农民群众逐渐树立正确的价值观念，在思想源头上强化农民对社会新风尚的价值认同。积极开展农村乡风文明建设活动，例如文明荣誉的评选、孝亲有爱活动的开展、志愿服务和公益活动等，营造移风易俗的良好实践氛围，通过定期制定并发放相关宣传册，不断提高农民思想觉悟。同时，积极推广优良家风家训，从家风家训等小事开始转变，弘扬新时代农村家庭美德；充分利用好村内广播、宣传栏等载体，宣传科学文明的农村乡风；在婚丧日、传统节日等特殊意义的时刻，宣传新

型合理礼仪，引导农民转变陈旧观念；利用好本地名人名言、名胜古迹等特色要素，建立与之相关的活动宣传和景观，让农民在潜移默化中受到文化教育的熏陶，建立现代新型文化观念[14]。

其次，充分利用农村内部自治组织的规劝和引导作用，不断扩大移风易俗实践活动的群众参与性。多数农村会有其不成文的村规民约和德高望重、大家容易信服的长辈及自发形成的管事组织。村规民约是根据本村实际情况，村民为了更好地维护村里的社会秩序、道德规范、民俗等规章制度，在一定程度上规范村民行为习惯。为了充分发挥村规在乡风建设中的作用，可以将禁止黄赌毒、反对奢靡浪费、制止不良习俗等纳入村规里面，并建立相应的纠错制度，抵制不良风气。同时，可以把勤俭节约、遵纪守法、尊老爱幼等优良传统道德也写进村规，从正向不断激励农民自觉遵守规定。对有利于管理农民的有效资源，基层政府组织可以将老人协会、红白喜事从业人员、农村乡贤等通过合法途径纳入农村治理部门，并对其进行专业培训，提高其能力，同时鼓励大家通过正式选举途径担任部分事务的管理负责人，旨在通过村民相互管理的方式治理农村歪风邪气，创新农村自治方式，不断激发农民参与移风易俗活动的积极性。

最后，建立起不良风气的惩戒措施，逐步完善移风易俗管理制度，形成长效机制。农村基层组织人员可以在原有村规民约基础上，与村民进行友好交流，协商制定禁令，对农村中存在的铺张浪费、互相攀比等不良作风进行严格约束，采用强制性手段对违反社会秩序的行为予以惩戒。可以利用农村宣传栏进行公示，表彰先进人物事迹，树立先进模范榜样，重视典型的导向作用，以此来教育和引导农民群众。对不良行为进行曝光，整治薄养厚葬、人情攀比、封建迷信等不良风气，对进行黄赌毒、参与黑暗势力活动等违法犯罪行为交由公安机关依法进行处理，严厉打击一切影响社会风气的不良行为，破除陈规陋习，倡导新社会风尚，注重移风易俗的实效性、长期性、系统性和协同性。

4.4.5 尊重农民主体地位，增强乡风文明建设的内生力量

广大农民群众是农村乡风文明传承和发展的主体力量，只有不断增强农民的主体意识，充分激发农民参与农村乡风建设的主动性和积极性，才能够真正发挥农民的主体作用，从而加强农村乡风文明建设的内生力量。

一方面，农村基层组织领导干部和乡贤队伍要起好的带头作用，用典范做派不断影响和带动农民。农村基层领导干部应当树立正确的思想观念，以身作则，在任何时候都要遵守纪律和法规，规范自己的言行举止，同时要提

高自身的政治素养，一旦农村里发生不文明的现象，就要及时制止。同时，不管是在工作时间还是业余时间，都要将农民放在首要位置上，积极走访，认真听取他们的实际想法，做好走访记录。对于他们提出的有效建议，经过合理规划后要积极应用到农村乡风文明建设和发展中，将农民的利益考虑进去，尊重他们的主体地位，让他们感受到自己是受到尊重的，能够意识到自己在美好乡村发展建设的重要作用，激发他们的主人翁精神。

另一方面，农村里不乏才智、品德和奉献精神兼具的德高望重的前辈，农民群众除了对政府部门信任有加外，就是对这些老前辈十分尊重。可以将他们挑选出来，树立先锋模范，为他们提供一个分享知识和经验的平台，用老前辈的威信来使农民群众信服，更加主动加入农村建设中去[15]。同时，可以建立激励措施以提高农民参与建设的积极性，建立合理的奖励标准，对于农村管辖区内出现的好人好事行为，通过宣传栏表彰、奖金鼓励等方式将精神激励和物质激励结合起来鼓励。无论是普通岗位上兢兢业业地工作，还是在日常生活中乐于助人、尊老爱幼的友善行为，都是符合优秀传统文化的发展方向，应当在农民群众中树立榜样，激发农民的情感共鸣，使其提高自己的道德觉悟，主动自愿加入乡风文明建设。可以尝试从小处开始实施，一个个好家庭逐渐构成一个优秀的农村集体，培育良好的家风就是建设文明乡风的开始。为了有效促进农村乡风文明建设，农村基层政府应当支持和鼓励积极向上的家庭作风，消除重男轻女等陈旧观念，倡导男女平等，对关系融洽、和睦相处的家庭进行表彰，鼓励其他农户以此为榜样来自觉改善家庭关系，逐渐形成文明家风，进而渐形成文明乡风。

4.4.6 发展农村文化教育事业，提升农民群众综合素养

农村乡风传承与建设离不开有学识、有素质人群，要想提高农民素质，必须依靠教育来拉动，教育能够提升农民综合素质并开发其自主发展意识。

首先，提升农村学校的基础设施和教学质量。农村青少年将在未来成为推动农村事业发展的中坚力量，必须重视农村义务教育基础。要高度重视并不断改进农村学校的办学条件，对农村中小学的不合理布局进行重新规划，做好学校的基础建设和日常管理工作，增加对信息基础设施投入和优质资源配置，将农村学校和城市学校统一建设、统一规划，完善教育资源在农村的覆盖面问题。要不断提升农村教师队伍的建设水平，逐步完善农村中小学教师的待遇保障机制，实施农村中小学校的教师支持计划，对农村全体中小学教师进行系统化培养。推动解决学生辍学、退学等问题，不断弥补农村义务教育发展过程中的不足。同时，要推动成人教育进程，要重视农民再教育问

题。制定农民再教育计划之前，要准确把握他们自身的文化水平和学历能力，将农民日常作息、农闲时间等要素纳入其中，制定科学的教学规划时间。同时，对接好农业技术科研所、农业院校等单位，发挥自身优势对农民进行因材施教的培训，促进农民不断学习先进农业技术。

其次，开展乡土文化教学模式创新，强化地方文化的课程开发。农村学校对乡风文明具有指引作用，将乡土文化与教学相结合，可大力推动乡风文明的建设进程，灵活转变现行文化教育内容和方式，在中小学的教育课程中融入乡土文化内容，利用地方本土资源开展实践活动，改掉古板教学式方法，运用体验式、探究式等新颖的方法让学生切身体验乡土文化[16]。例如，组织外出游学活动，让他们通过面对面方式了解本地历史故事，切身感受当地乡土文化，锻炼学生思辨能力，让他们对乡土文化进行辩证性地探讨，也可以将互联网与乡土文化相结合，利用线上教学的快捷、高效优势来扩展学生的学习时间和空间。对于乡土文化课程的教师安排，一定要注重文化实际内涵，可以将本地文化能人和专业的乡土文化学者纳入特色课程开发或者组织本校老师向他们学习，对农村本地文化进行系统化梳理，并以此为基础与外来文化有机结合，推动文化的创新性发展，也能使学生在相互比较中理解乡土文化的意义所在。

最后，优化和改进农村职业技能培训，扩展农民多项技能。农民除了要提升基础知识教育，也要与现代化社会接轨，学习先进专业技能。因此，政府要增加对农村非农技能培训的补贴，申请专项经费用于农民的技能培训，准确匹配市场需求，培训要有针对性和科学性。对于农村缺口较大的加工制造业、快递业、工业等，要加大培训规模和力度。对应农民的年龄、文化以及学习能力等各方面差异，开展不同类型和强度的培训，创新职业技能的培训方式以保证培训实效。为了能够开展更为便捷的线上教学，可以先教会农民掌握基础的计算机技术，便于开展远程教育，节约培训成本，也使得农民学习的时间更加灵活。

4.5 农村乡风文明实现的保障

4.5.1 党中央对乡风文明建设的长期实践基础

中国共产党自成立以来就十分重视农村乡风文明的建设工作，对农村乡风文明建设进行不断探索并且持续推进，实施了多项政策与措施，取得了许多实际成效[17]。

在新民主主义革命初期，农民群众封建迷信思想泛滥，社会风气混乱。

在把革命重心从城市转到乡村，创建井冈山革命根据地以后，中国共产党集中开始了对农村乡风文明建设的实践探索。首先，开始进行妇女解放运动，提倡男女平等的价值观念，反对封建婚姻制度，发布了相关法律文件废除了童养媳与蓄婢纳妾等封建制度，这对当时的封建宗法制度产生了强烈的冲击，抨击了当时的封建伦理道德。其次，制定了众多法令条规以开展禁烟禁赌活动，采用了对赌公约、禁烟小组、罚款等形式，有效制止了旧时农村社会的部分不良现象，开创了农民现代文明生活方式。而后，进行了批判封建迷信、废除农村巫社的反宗教迷信宣传活动，同时开展了不缠足、改传统婚丧习俗运动，破除了带有迷信色彩的陋习。这个阶段的一系列活动经常有鲜明的革命斗争性，是当时的农民逐步转变了旧社会时期的落后思想，开始了新民主主义社会新风尚，为新中国成立以后进行乡风文明建设积累了经验。

在新中国成立初期，新的社会秩序还没有完全建立，百废待兴。在这样的背景下，中国共产党在农村进行了土地改革、镇压反革命分子以及思想教育工作，为后续乡风文明建设奠定了一定的社会、经济以及思想基础。在这一时期，进一步对农村的封建迷信活动进行冲击，通过征收寺庙、祠堂等拥有的农村土地，强力使当地的农村宗教迷信逐渐破裂，并通过废弃有害书刊、宣传科学文化等方式在农村开展广泛的破除封建迷信的活动。贯彻《中华人民共和国婚姻法》，从实质上逐渐瓦解了封建婚姻体制，让农民逐渐树立起婚姻自由观念。开展“五好家庭”的评比和选举，提高了农村妇女在社会上的身份地位和价值，逐步建立起劳动光荣的良好社会风气。在全国范围内进行封建丧葬制度的革故鼎新，开展殡葬习俗的转变工作，提倡火葬，倡导丧事简化流程，形成了从俭办理殡葬仪式的风尚。在农村进行社会主义教育活动和“破四旧”(彻底破除毒害人民的旧思想、旧文化、旧风俗、旧习惯)运动，严查基层农村干部，整顿其不做实事、谋取私利等不良行为，带动淳朴民风，整治了当时旧社会的不良风气。这一时期的改革使得农民能够以主人翁的身份自觉地参与社会主义改革和建设，激发了自主意识，基本上摆脱了封建思想和陈规陋习。

我国进行改革开放以后，相当大程度上解决了农村地区的经济贫困问题，改善了农村当地的社会环境，农村乡风建设顺利进行。在这个时期，开展了“五讲四美三热爱”、五好文明家庭、文明村镇创建等正面积极的工作，通过宣传、优秀评选等活动加强社会主义思想教育，大力宣扬文明作风，端正了社会风气。同时开展了讲文明树新风活动，向农民普及科学教育知识，逐步改变农村陈旧观念；开展婚育新风的宣传活动，向农民传播现代合理的婚育观念和生育文化；开展创建文明集市活动，引导农民除旧布新，转变集市的文化氛围，营造农村健康和谐的良好风气。这一时期通过开展一系列文明创建活动，在农村逐步建立起了现代化的思想氛围，农村形成了开放竞争、自由、民主、科学的社会新潮流。

进入新时代以来，我国巩固了之前的乡风文明建设工作，深化了文明村镇创建活动；持续推进婚育新风，培育新发展阶段的婚育文化，向农民科普生育的政策规定，逐步提高婚育文明程度；进一步落实移风易俗实践活动。首次开展了农村优秀文化传承工作，许多部门开启了保护农村传统村落的工作，建立优秀文化传承基地，创新了农村优秀传统文化传承与发展的形式。同时，建设新时代文明建设中心，通过精神文化宣传活动引导人们化风为俗。这个时期，乡风文明建设的优秀传统文化内核被进一步提升，文化传承得到改善，农村乡风文明建设逐步融入新时代社会，具有较强的价值导向性。

由此可见，乡风文明建设自中国共产党建立以来一直与党的发展历程相伴而行，在我国精神文明建设中占据重要位置，中国共产党的百年历程为推进乡风文明建设提供了坚实的实践基础。

4.5.2 国家各大政策规划的强力支撑

中国共产党在自身的建设过程中一直重视农村乡风文明的发展，同时乡风文明也贯穿在我国各大规划和政策中。我国首次将“乡风”和“文明”定义为一个整体是党的十六届五中全会，此次会议提出了社会主义新农村建设的重大历史任务，二十字方针“生产发展、生活富裕、乡风文明、村容整洁、管理民主”是具体要求。文明乡风在其中起着承上启下的作用，首先是生产发展、生活富裕的预期结果，而后是村容整洁、管理民主的前提条件，发挥着不可替代的作用。国家“十一五”规划纲要首次将乡风文明建设提高到了国家战略层面的高度，“十二五”规划纲要则明确提出要“推进农村乡风文明建设”，并在“十三五”规划纲要中提出要“培育良好家风、乡风、校风、行风”，由此来建设新发展时代的社会风尚。国家的五年规划纲要是我国国民经济和政治社会发展的重要引领文件，该文件表明了我国发展的未来方向，确定各级政府之后的工作着力点，将乡风文明建设加入其中，说明了其在我国经济社会发展中的关键地位。

党的十九大做出实施乡村振兴战略的重大决策部署，提出加快农业农村现代化发展的总要求，即“产业兴旺、生态宜居、乡风文明、治理有效、生活富裕”，乡风文明成为乡村振兴战略的重要内容。《中共中央 国务院关于实施乡村振兴战略的意见》中5次提到了“乡风文明”并对其进行了系统论述，中共中央、国务院印发的《乡村振兴战略规划》中也是5次提到了“乡风文明”。

在2018年9月21日中共中央政治局第八次集体学习时再次强调了“产业兴旺、生态宜居、乡风文明、治理有效、生活富裕”是实施乡村振兴战略的总要求，并指出要加强对农村优秀传统文化的传承和发展，不断推动农村社会的文明发展进程，逐步实现乡村的现代化发展，建立和谐有序的农村社会，来满足农民日益增长的对美好生活的需要。由中共中央办公厅、国务院办公厅印发的《关于加强和改进乡村治理的指导意见》指出要“实施乡风文明培育行动”。《中国共产党农村工作条例》也提出要“深入开展农村群众性精神文明创建活动，丰富农民精神文化生活，提高农民科学文化素质和乡村社会文明程度。”习近平总书记在参加十三届全国人大一次会议山东代表团的审议时指出的，要“培育文明乡风、良好家风、淳朴民风”，目的是“改善农民精神风貌，提高乡村社会文明程度，焕发乡村文明新气象”。同时在全国宣传思想工作会议上也强调“要弘扬新风正气，推进移风易俗，培育文明乡风、良好家风、淳朴民风，焕发乡村文明新气象”。

无论是党的各大报告、规划纲领、中央一号文件，还是相关国家层面会议，都将乡风文明放在重要位置，国家的各大规划与政策为乡风文明的传承与发展提供了重要的战略支撑。

4.5.3 乡风文明建设的理论与研究日益丰富

随着我国对乡风文明建设重视和相关政策的出台，学术界关于文明乡风的研究也不断增加。在学术网站知网上以“乡风文明”以主题进行搜索，可以发现自从乡风文明成为乡村振兴战略的重要内容以来，关于乡风文明的学术期刊从2016年、2017年的71篇、127篇增加到了2021年的521篇，文章数量发生了巨大飞跃，关于乡风文明的探究有很大的进展。较早期的相关文章只是将乡风文明建设作为文章中一部分进行叙述，或者只是对其比较浅化的叙述。近期的相关文献将乡风文明建设作为研究主题，对其现实意义和实现途径进行了系统性的描述，梳理了中国共产党推进乡风文明建设的思想发展进程，归纳出党推进乡风文明工作的发展逻辑及其重要特征，对农村乡风文明建设和乡村振兴战略加以整合研究。进一步发现了新发展时代乡风文明所拥有的新内涵、新特点及其现实功能，通过理论的不断探索和完善实现理论创新。在新发展时代，立足于乡风文明建设的实践运行机制理论，将该理论与农村发展实际状况相结合，从而达到从理论创新到实践创新的突破性飞跃，这为乡风文明建设树立起了可靠的理论基础。

参考文献

[1]徐越．乡村振兴战略背景下的乡风文明建设[J]．红旗文稿，2019(21)：32-34.

[2]叶兴庆．新时代中国乡村振兴战略论纲[J]．改革，2018(1)：65-73.

[3]刘盛．乡风文明与乡村振兴：重要意义、现实难点与关键举措[J]．农林经济管理学报，2018，17(5)：629-634.

[4]韩广富，刘欢．新时代农村基层党组织推进乡风文明建设的逻辑理路[J]．理论探讨，2020(2)：137-143.

[5]农业农村部政策与改革司．中国农村政策与改革统计年报(2020年)[M]．北京：中国农业出版社，2021.

[6]农业农村部政策与改革司．中国农村政策与改革统计年报(2020年)[M]．北京：中国农业出版社，2021.

[7]农业农村部政策与改革司．中国农村政策与改革统计年报(2020年)[M]．北京：中国农业出版社，2021.

[8]肖莉．青海乡风文明建设实践与强化路径[J]．青海社会科学，2019(6)：151-155.

[9]徐学庆．乡村振兴战略背景下乡风文明建设的意义及其路径[J]．中州学，2018(9)：71-76.

[10]刘欢，韩广富．后脱贫时代乡风文明建设的现实价值、发展境遇及路径选择[J]．西北民族大学学报(哲学社会科学版)，2021(2)：149-158.

[11]国家统计局农村社会经济调查司．中国农村统计年鉴(2021年)[M]．北京：中国统计出版社，2021：33.

[12]唐兴军，李定国．文化嵌入：新时代乡风文明建设的价值取向与现实路径[J]．求实，2019(2)：86-96+112.

[13]刘启英．乡村振兴要焕发乡风文明新气象[J]．人民论坛，2019(27)：140-141.

[14]赵廷阳，张颖，李怡欣．乡村振兴背景下的乡风文明建设——基于全国村级“乡风文明建设”典型案例分析[J]．西北农林科技大学学报(社会科学版)，2021，21(3)：46-53.

[15]赵璐．乡村振兴背景下乡风文明建设的价值、障碍与破解[J]．农业经济，2021(12)：29-31.

[16]高维．乡土文化教育：乡风文明发展根基[J]．教育研究，2018，39(7)：87-89.

[17]刘欢，韩广富．中国共产党推进农村精神文明建设的百年历程、经验与展望[J]．兰州学刊，2022(1)：15-26.

5 农村有效治理

乡村治，天下安。乡村治理是社会治理的重要组成部分，在中国的社会化发展过程中起着重要作用，因此大到国家，小到普通百姓都对农村治理话题格外重视。随着新农村建设的逐渐成熟，党的十九大提出乡村振兴战略，指出乡村振兴，治理有效是基础。并将“治理有效”作为实施乡村振兴战略的总要求之一，乡村振兴要夯实乡村治理这个根基。此外乡村治理是实现国家治理体系和治理能力现代化的重要内容，也是实施乡村振兴战略的基石。要加强农村基层基础工作，构建乡村治理新体系。自乡村振兴战略实施以来，中国的新农村建设取得了极大进步，乡村治理成效为全国亿万农民带来了潜移默化的影响。

乡村治理同时是基层治理的组成部分，也是国家治理的重要基石。没有乡村的有效治理，就没有乡村的全面振兴，更无法实现推动国家治理体系和治理能力走向现代化的战略目标。农村治理主体在治理过程中发挥着主导作用，既是农村治理的领头人，又是保障农村有效治理的监督管理者。由于农村治理主体在治理过程中存在着主体责权不明，角色定位模糊，以及治理效率低等问题。如何发挥农村治理主体作用，明晰农村治理主体的角色定位，如何有效规范村民自治行为，在农村治理过程中亟待进一步明确并妥善解决。

5.1 农村治理主体

自新中国成立以来，我国农村治理主体发生了显而易见的变化，由单一治理主体逐步转变为多元的治理主体。经过历史实践证明，传统的单一管理不能适应新时代新农村的治理需求，加之民主化治理日益深入人心，人民的需求日益增长，传统的单一管理势必会向多元治理演变。此外多元化主体治理农村，为农村的有序繁荣发展带来了积极影响。一方面，多元主体治理农村不仅激励当地农村居民主动参与农村治理过程中，还能够获得参与感与提高其积极性。另一方面，多元主体治理能多方面满足村民需求，且互相监督促进农村有效公正的治理[1]。近年来，学者们针对农村治理的多元主体进行了归类，大部分学者将农村治理主体分为基层党组织、政府、村民委员会、乡村民间组织及村民自治[2]。其中农村治理的主导者为政府、决策者为村两委、协同者为民间组织、主力军则是村民。多元化的农村治理主体为农村治理注入了新鲜血液，引领着农村治理形成更加有序和平的局面。因此需合理清晰地界定各农村治理主体，以期能为农村治理过程中实现各主体权责明确提供依据，并为实施农村有效治理、促进乡村振兴奠定基础。

5.1.1 基层党组织

坚持中国共产党的领导，是我国政权社会主义性质的根本标志，是社会主义现代化建设取得成功的根本保障，关系到我们国家前途和命运的一个根本问题。在乡村振兴战略的落实中，农村治理时应始终坚持党的领导，高举党的旗帜，跟随党的前进方向，这说明基层党组织是农村治理的必要主体，且不可动摇，始终跟随。深入基层的党组织及带头人在农村治理过程中负责宏观部分，战略部署以及方向决策。具体可表现为领导村民进行自我管理、自我教育以及推进和保障村民的选举活动等，并保障村民的权利行使。作为深入农村的带头人，肩负着保障农村有序治理，始终坚持党的领导方向的任务。农村治理需要将国家惠农政策落实到农村农业活动中，因此他们既是带头人，也是国家与基层农村之间相互联系的纽带与桥梁。优秀党员模范先锋也在乡村治理过程中发挥着引领作用，党委及党支部在宏观部署中难免不能落实到各个治理细节中，此时党员先锋模范对村民的带领作用是面对面且接地气的，更能使村民卸下内心的防备，深入民众，收集民声。此外，党员先锋模范能将先进思想传播至农村，激发农户的内生活力，带领村民致富发家、走向现代化[3]。

中共中央印发《中国共产党农村基层组织工作条例》指出，党的农村基层组织是党在农村全部工作和战斗力的基础，农村改革不断深化，决战决胜脱贫攻坚、推动新时代乡村全面振兴，不断满足农民群众日益增长的美好生活需要，必须把党的农村基层组织建设摆在更加突出的位置来抓，充分发挥党组织战斗堡垒作用和党员先锋模范作用，为农村改革发展稳定提供坚强政治和组织保证。并指出乡镇应设立党的基层委员会，目前我国的村级党组织主要包括村党支部、党员大会及党小组，这些村级党组织应带领建设农村的生态文明、物质文明以及精神文明，治理好农村安全，守护好法治农村的氛围，做好农村发家致富，走向现代化，脱贫攻坚以及民族宗教等工作。此外应本着为人民服务的精神，服务村民、维护村民，保障农民的基本权利。基层党组织应贯彻落实国家政府出台的政策措施，并做好宣传工作。在纪律方面，基层党组织应注重对党员干部的思想教育，培育出一批为村民干实事的优秀党员，并对村干部及社会组织进行监督与鞭策[4]。

当前，农村治理主体走向多元化，各主体在岗位上发挥着至关重要且不可替代的作用，若不能在党的领导下统一管理，必将走向无序、无效治理。坚持党的领导是整个社会主义现代化建设的核心与基础，因此党组织应该作为各农村治理主体的核心，但其他各治理主体的作用仍然不可忽视。

5.1.2 乡镇政府

乡镇政府是基层国家行政机关，乡镇政府参与农村治理不仅体现国家权力下沉至基层，也直接推动了农村治理的改革，在农村治理各主体中起主导作用。改革开放后，农业治理改革经历了一个漫长的历程，也逐步走向政府主导进行农村治理的局面。1982 年，由于我国建立家庭联产承包责任制，乡镇企业的发展如日中天，而基层治理方面，国家废除了“政社合一”，恢复了基层政权组织的建立。乡镇政府扮演着农村治理的权威角色。1988 年，《中华人民共和国村组法》对乡镇政府的责权进行了明确的规定，形成了“乡政村治”体制，要求乡镇政府须全力帮助与支持村委会的工作任务，且不得超越自身职权进行农村治理。在 1982 年后，中共中央颁布了一系列加强基层民主建设的相关文件，各地政府也依据本地的情况制定了规定与条例。由此可见政府对于农村自治规章制度的订立起着决定作用。其次政府对农村治理的精英人才起到控制作用，村委会委员及党支部委员都需要选举产生，选举事务由政府牵头，需在政府及党委的领导与组织下进行，且一切程序符合法律及相关规定，此外在选举过程中，村委会及党支部成员由政府牵头进行组织、培训、教育等一系列活动。2009 年中共中央印发的《中央机构编制委员会办公室关于深化乡镇机构改革的指导意见》首次明确规定了乡镇政府的职能。乡镇政府应该利用好其他农村治理主体，从“集权”制度转变为“分权”职能，并做好监督管理工作，作为基层组织的掌舵者，乡镇政府应坚持党的路线始终不动摇，带领其他农村治理主体进行农村治理改革[5]。

5.1.3 村民委员会

村民委员会，是中国大陆地区乡(镇)所辖行政村村民选举产生的群众性自治组织。是属于实行村民自我管理、自我教育、自我服务的基层群众性自治组织。农村的人际关系联系较为紧密，属于小型的熟人社会，因此村委会是最接近群众的基层自治组织，作为服务者，它将听取民众意见，以及深入了解民众需求，并对上级提出代表民众的意见建议，它协作其他农村治理主体进行农村治理，并服务于群众，相较其他基层组织与群众有着深厚的感情，具有强烈的凝聚力与号召力。作为执行者，村民委员会承担着政府委派下来的大量任务，并将国家政府推行的相关政策传达给民众。此外作为最基层管理者，村委会还需管理农村大小事务，协调好村民间，村民与基层组织间的矛盾与冲突，作为协调者是治理过程中的润滑剂与纽带，能在农村治理过程中起到协调作用。

总而言之，村委会作为最接近民众的基层管理组织，他们担任着上传下达的任务，认真落实并执行上级部署的任务，且将民众意愿反馈给上级部门。对于民众来说，村委会调解民众纠纷问题，维护乡村的长治久安。如何处理好执行者与协调者的关系，是村委会工作是否合格的一把标尺，也是做好农村治理工作的关键点，这就体现出村民委员会在农村治理工作中的重要性是不言而喻的。

5.1.4 基层民间社会组织

社会组织在农村治理过程中扮演着协同者角色，公益性质较为明显。民间社会组织是乡间团体由于共同利益目标，在政府支持下，农民自主创办，并进行自我管理的非营利性组织。民间社会组织的存在历史较为悠久，古有庙会、乡贤会以及宗亲会等，改革开放前存在着民间团体、共青团及妇联等组织。1978 年后，农村经济体制进行了改革，因此出现了大量的基层民间社会组织，例如农村救助慈善组织，宣扬正能量，帮助农村的老弱病残；纠纷处理组织，负责协调村民之间的矛盾与各种权益纠纷。民间社会组织具有草根性质，作为农村村民自治产物，从群众中来又到群众中去，它产生于群众又服务于群众，常常做着其他主体不愿意做的工作，是其他农村治理主体的补充者，由于单个村民的利益诉求的提出往往得不到很好的反馈，因此民间社会组织收集群众的意见建议，并从民众需求出发进行建言献策。

民间社会组织具有公益性，民间社会组织能够将市场与农民连接，它们从农民的利益出发，在管理过程中平等、互利、互惠，如合作社与专业农场等组织，这些组织为乡村建设注入了重要的生产要素——资金、知识、人才等，培育了大批人才，促进了农产品供给侧结构性改革，带领农民发家致富。

此外，民间社会组织还是乡村振兴的推动者，一些龙头企业通过投资带领农民种植现代化的农产品，为农民提供产前、产中、产后一条龙的社会化服务，帮助小农户节本增效，激发小农户的内生活力。另有一些企业积极带动农村第三产业的发展，促进农旅融合，打造旅游基地，为当地的知名度带来了提升，不仅增强了农民的文化素养，而且将农户的经济状况提升了一个新高度。民间社会组织为农村治理的改革注入了动力，能在一定程度上解决农村发展后劲不足的问题。

民间社会组织是民众之间的协调者。一些民间社会组织在处理乡邻之间关系以及为民众服务的过程中起到了至关重要的作用。例如，民间的红白理事会、老年协会、计生协会、宗教性组织以及环境保护协会等，这些民间社会组织在卫生、信息及教育等方面服务群众，弥补了政府主体治理农村的不足。总而言之，民间社会组织在农村治理的过程中互助合作，注入生产要素，承担起政府及其他主体无法进行及不愿进行的工作任务，在农村治理过程中扮演着不可或缺的角色[6]。

5.1.5 村　民

在乡村振兴的过程中，村民是最直接的受益人，同时他们又属于农村治理的主要参与主体，属于农村治理的主力军。在二元结构的体制下，由于长期沿用计划经济时期实行的城乡分离政策，乡村的发展相对落后，具体表现为村民的文化素质不高，政治参与意识较低，农村治理的相关意识较为薄弱，农村治理过程中，实际的领导者为精英人才。因此，村民作为农村治理的主体，可将其分为精英人才与普通村民。

首先是精英人才。在农村各类能人管理过程中，精英人才治理农村成为一种独特的现象。学者们对精英人才的描述也有诸多观点，贺雪峰认为乡村精英人才是指能对农村治理产生重要影响，且能掌握稀缺的政治与经济资源的少部分群体[7]。另有大部分学者将农村精英人才划分为政治精英、社会精英与经济精英[8]。乡村政治精英是指所属基层组织的村干部，他们拥有基本的政治权利，能够影响村民的政治生活，他们是乡村治理中的带头羊，在村民中具有一定的威望。乡村经济精英是指较大部分村民富裕，拥有更多经济资源的那部分群体，如企业、个体商业户等，他们不仅能为农村的发展注入资金、人才、技术等生产要素，而且能够完善社会化服务体系，在农业项目上进行投资，在农村治理过程中出财出物，带领村民走向发家致富的道路。乡村社会精英是指在某一领域或者整体方面拥有优秀才能与学识，能拥有专长性权利，在农村治理过程中有一定的影响力和威望的那部分群体，例如乡村教师、乡村医生等，这部分群体能够较好地处理和协调村民之间的利益冲突，并且跟村民之间关系较好，因此他们属于民间的交流人。此外李增元认为农村精英由于掌握大部分人无法拥有的资源，且文化素质较高，大部分村民参与农村治理的参与度较低，因此农村精英对农村进行治理是一种常见的模式[9]。

其次是普通村民。在二元结构体制存在的时期，村民虽然是农产品资源的造福者，却是低收益的承担者，他们被捆绑于土地，成了土地奴隶，无法拥有与城市居民一样的平等权益，因此地位较低，村民自治的参与度也较低。改革开放后，城市与乡村的融合与发展以及家庭联产承包责任制的实施，村民逐渐走上了农村治理的舞台，成为农村主人，拥有一定的自主权利，他们既是农村治理的直接受益人，又是农村治理不可或缺的主体。若村民在村民自治过程中参与度较低，积极性不高，以及自治意识不够强烈，那么农村治理将会处于停滞、无序以及丧失活力。村民在自治过程中首先是将自己当作其中的一员，要形成农村治理、人人参与的意识，对农村集体要有责任感与参与感，将自身利益与农村集体的利益相融合。其次要将自己真正置身于农村治理过程中，积极配合上级部署以及下派的有助于农村发展的任务，必要时能够贡献出自己的力量，协助村干部处理村集体事务。另外，村民要增强自身的自治意识，在参与村集体管理的同时，要学会用法律手段维护自己的权益，在农村各主体进行农村治理的过程中要学会明辨是非，不能随波逐流，真正发挥自身在农村治理过程中的积极作用。

当前农村人口的整体素质不高，自治意识也不够强烈，在其他村干部进行管理时不能做出正确理解。因此政府应该加强对农村治理的宣传，以及拓宽对村民的培训渠道。当前，越来越多的农村劳动力向城镇转移，当这部分农村外出劳动力返回家乡时，能为农村带回资金、知识、技能、人才等稀缺的要素，因此要合理利用好村民的自身优势，并且充分发挥其优势。

5.2 农村治理中的政府角色定位

随着农村治理各主体的衍生与相互作用，农村治理逐渐走向有序与和谐的局面。其中政府的角色定位也不再是早期的“包揽”而转变为“引导”，政府引导其他治理主体发挥各自优势。政府相较于其他农村治理主体，更具有权威性与强制性，能够监督和规范管理农村的改革方向与工作任务[10]。

首先政府是农村治理的引领者。政府应该将自己的角色从“全能”中跳脱出来，引导其他各主体进行农村治理[11]。农村和谐繁荣的局面离不开农村经济的发展，只有农村经济全面发展，才能为农业提供资金、人才、技术、知识等生产要素，才能帮助农民摆脱贫困，缩小城乡差距，带动村民发家致富。也只有农村经济全面发展，农民利益关系才能更加公平与和谐，农民的生活也才会更加井然有序。因此政府应利用自己的权威性与科学性，在发展农村经济的过程中起着带头作用，政府必须主动引导农村居民参与创业、就业等一系列带动经济的活动，要做好指导作用，为村民发展经济提供政策指导、方法指导以及答疑解惑；在人才培训教育方面，因地制宜地根据地方特色制定出一条适合当地村民发展的道路，并为人才素质教育提供便捷的途径；政府应该利用自己的强制性与行政手段严格引领农村居民走向法治社会，并规范农村的不当行为。当前随着经济及文化的快速发展，村民的生活逐渐多样化，对精神文化的需求也逐渐上涨，导致一些不合理不合法行为频频浮现，如赌博、红白喜事的奢靡操办等不文明行为。因此政府应利用行政手段，做好抵制不文明不合法行为的带头人，努力将农村的文化生活提升到一个文明和谐的层面。在乡村文明建设方面，政府应主动做好文明基础设施建设的排头兵，利用政府资源开发文明基础设施资源，做好乡村文明建设的总体规划，带领、鼓励农村基层社会组织，如企业、公益协会等基层组织，积极为农村文化基础设施建设作出贡献。此外，政府应该引导公众形成正确的价值观，由于市场要素不健全，社会化服务体系不完善，农村的规章制度不健全且出现多样化现象，因此政府应该正确引导村民的价值观念，向党组织靠拢，能够形成积极的、正向的、符合社会主义道德观的价值观念，且帮助村民建立健全适合当地发展情况的规章制度，真正做到法治与善治；在基层自治机制运行方面，政府作为主导者，掌握着乡村社会资源的分配权，并且依法对农村的自治与选举等工作进行主导与保障，在村委会选举的过程中，政府要对选举的流程进行监督，并且要保障选举的流程能够合理、有效、有序、公平及公正地进行，一切程序都在政府的监督指导下进行。此外，政府对村委会以及村干部的工作进行监督与规范，村委会及干部必须在政府的指导与委派下进行工作。综上所述，政府在农村治理过程中充当着排头兵的角色，引领着其他各农村治理主体维护农村治理体制机制，引领村民走向更加和谐有序的生活[12]。

其次政府是农村治理的服务者。政府应该将自己从“命令”的角色转变为“服务、帮助、协作”的角色。当今人民的需求日益多样化且不断变化，各主体逐渐在农村治理过程中发挥着不可或缺的作用。随着人民当家作主模式的定性，政府的角色早已从命令式、掌舵者转变为服务于协作，为公民服务，协作其他各主体进行农村的有序治理。因此政府的本质是属于服务型政府，为人民服务、为群众排忧解难是政府的主要出发点。如若政府在参与农村治理过程中始终模糊自己的定位、定位不准或者不足，将其他基层治理主体当作自己执行权利的工具，一方面势必会使其他主体治理农村的信心受挫，抑制其他各主体参与农村治理的活力。另一方面，这种独裁式的管理，违背了村民自治的合理性，且容易忽略村民的集体利益，民心聚不起来，导致农村管理走向无序与缺乏活力的状态。当前国家和党大力推行服务型政府，因此将“服务”作为政府治理农村的核心是当今的主流，属于政府管控范畴的应该认真履行自己的责任，属于其他各治理主体进行管理范畴的应该合理、适度地放权，不要过度进行干预，激发其他各主体参与农村治理的活力与动力。政府履行“服务型”职能具体体现在，一方面，政府应努力做好基础设施建设，这是利民利村的大工程，因此政府在进行基础设施建设过程中，不仅要引导其他治理主体参与建设，最主要的是摆正自己的“服务”位置，加大基础设施投入力度，如农田水利设施、道路的建设、农村电网的巩固强化等[13]。当前村庄的基础设施后备资金不足，缺乏有效支持，导致基础设施供给量不足，破坏性较强。政府应加大财政拨款，建立基础设施服务专项基金。其次要根据各村庄的具体情况，因地制宜拨款进行基础设施建设，并在建设过程中实行动态管理，将资金用途落实到位，防止资金流失和腐败现象的产生；此外政府还应加强对农村精神文明建设，组织一些符合社会主义核心价值观的文化娱乐活动，加强文化场所建设以及完善文化建材的配备，以满足农村民众精神文明需求，引导村民树立正确价值观。第三，在实现公共服务均等化方面，政府应该成为最主要的服务者，当前部分农村享受不到同等公共服务，经常是被土地束缚，而得不到应有的权利，因此政府应该发挥好服务者角色，促进医疗服务、教育服务、卫生服务、信息服务等公共服务的均等化，尽量保障农村人口能够享受到应有的待遇。在生产方面，政府应该提供一系列惠农政策，完善农村的产前、产中、产后各生产环节，积极为农村人口提供农业保障服务，开展农村供给侧结构性改革，使农民的生产供给与需求相对应，驱动了农村人口进行农业生产的强烈意愿。政府须在农村农业生产环节提供便利惠农服务，为农村人口进行生产保驾护航。另一方面，政府在农村治理过程中应该转变工作作风，将命令式管理转变为倾听式治理。村民是农村治理的直接受益人，也是当家做主的主要对象，因此在农村治理过程中，政府应该深入民众，与民众建立融洽和谐的关系，打好群众基础，积极耐心地倾听民众的需求与建议，将民众的需求与政府制定的政策相结合，尊重人民意愿，一切以人民的需求为出发点，合理制定为民服务的项目与业务。总而言之，政府在农村治理过程中处于极为重要的位置，但在村民自治的社会，不再是农村治理过程中的掌舵者，应该俯下“身躯”，摆正自己的位置，建设好利民利国的“服务者”形象，唯有如此才能发挥好积极作用，引领其他治理主体进行农村治理[14]。

政府还是“落实者”与“监督者”。首先政府负责贯彻国家的政策法规，政府作为权力机关，在国家制定政策后，须将与村民利益有关的政策法规进行落实，当这些政策与村民切身利益有关时，国家需要听取民众的意见，并落实到每个环节。尤其是粮食补贴、农村公厕改革、良田改革等与村民利益息息相关的政策，若落实不到位，会造成村民有不公平感，严重的还易产生矛盾，这使得农村治理走向无序状态。因此政府在贯彻落实国家政策时，应该把好每一关，落实到每一个农村治理主体，在此过程中政府应该不断加强自身的服务意识，提高自己的行政水平，将国家政策平稳、安全地落实到农村；其次，政府在农村各主体治理的过程中扮演着监督者角色。如今各主体活跃在农村治理的舞台上，难免出现纰漏，更有甚者出现贪污腐败现象，由于同级之间的监督难以实行以及有效规范相互间行为，此时政府应该发挥自己的权威性与强制性，起到监督者的作用。近年来农村的财务管理由于涉及钱财利益，且处于基层位置，如若没有政府的监督管理，将容易滋生出贪污腐败现象，这对农村发展极为不利。因此，政府应在财务管理方面，审批好每一个环节，真正做到有法可依、有章可循的一条龙监督。最后政府要监督村委会的整体运行。当村民缺乏自治意识、自治能力不强，或当宗教等势力进行干预时，政府应该加大村委会选举的参与度，对选举各个环节进行有效监督，且对村委会选举进行考察，秉着挑选精英人才的原则，考察各个选举对象，挑选出能够将自己利益与村集体利益相结合的高素质人才[14]。从人才储备做起，出台一些吸引大学生人才或社会型精英人才的政策，如住房补贴、餐饮补贴、社会保障制度等政策，将人才吸引至农村开展治理工作。此外，政府应该合理制定村民参与决策的程序，保障其透明公开，能及时收集村民的意见建议，建设透明公开的投诉建议渠道，如热线电话及投诉信箱等，充分保障人民的自主决策权，为民众搭建建言献策平台，调动村民自治积极性；政府应该将政策及村务进行公开，运用互联网等平台将村务及政策公之于众，在政府进行监督的同时，也应接受民众监督，让村民能够置身于村务管理；政府相关纪检部门还应监督农村的审计程序，严查村干部贪污受贿、侵占村民资源及集体资产的现象，严格规范农村干部的行政行为[15]。

5.3 农村治理中的合作社作用

改革开放后我国建立了一种新型经济组织，即农民专业合作社。2017 年我国修订了《农民专业合作社法》，对农民专业合作社具体定义：“农民合作社是在农村家庭承包经营基础上，同类农产品的生产经营者或者同类农业生产经营服务的提供者、利用者，自愿联合、民主管理的互助性经济组织。”如今的农民合作社已不同于原来的人民公社，经过了历史与实践的变革，在国家实行家庭联产承包责任制后，农民合作社成为一种新型经济组织，它是农民自愿结合起来的互助组织，共同抵御市场及自然双重风险。

农民合作社本质上是属于经济组织，以广大农民切身利益为主要出发点，因此在利益面前，能够较好地调动农民的积极性与主动性，且能够为农村治理注入资金等生产要素。其次，农民合作社是在自愿互利、民主管理原则下运行的，能够较好地提升农民自治的管理水平，激发农民当家作主的主人翁意识，培养农民良好素质，这对农村治理起到较好的推动作用[17]。由此可见，农民专业合作社在农村治理过程中起到的作用十分突出，值得深入剖析，具体作用表现在以下几个方面。

5.3.1 合作社为农村治理带来社会资本、优化资源配置

一方面，随着经济社会发展，农村治理的各个主体竞相发挥着不可或缺的作用，但随着社会结构的转变，宗族关系逐渐被弱化，加之城镇就业环境与高收入吸引着农村人口转移至城镇，部分农村面临着“空心化”现象，大量农村精英人才流失，导致农村治理缺少最有带动作用的人才储备。合作社是农民为主体，自主经营、民主管理的经济组织，不仅入社自愿且每个成员都拥有平等权利，因此较其他红白理事会、文化团体等基层民间组织、村委会、基层政府等，参加农民合作社的成员更具有话语权，对农民的吸引力更高，更能汇聚广大精英人才参与合作社，这为农村治理带来了人才、知识等重要的资本；另外，合作社是以经济利益为目的的经济组织，以农民经济利益为出发点，由农民共同经营，共负盈亏，这不仅能给农民带来参与感，而且能够提升农民的经济收入。合作社将农民联合起来，使得农业产前、产中及产后各个环节相互衔接，完善了社会化服务体系，节约了交易成本，增加了生产效益，从而提高农民收益。此外，从事农业生产的农民还可以借助合作社这个互助平台，延长自己的农业生产产业链，将第一产业与第二、三产业相结合，发展特色农业，打造属于本村的王牌产业，这为农村脱贫致富提供了一个跳板，加之参与合作社的农民成员，由于自己当家作主，绝大部分成员都具备互助意识和奉献精神，因此农村治理在面临经济困难时，合作社成员能够联合出资，共同解决经济困难，协助政府及其他治理主体发展农村经济。不仅如此，分散经营面对市场带来的风险时，力量薄弱，合作社将农民凝聚成为一股合力，为从事生产的农户提供准确市场信息，帮助农户根据市场需求与变化不断调整自己的产业结构与产品类型，此互助模式能够帮助农民抵御不确定的市场风险[18]。这为农村治理注入了资金，带来了经济效益。由此可见，合作社激发了农民的参与感，推动了农村现代化发展，为农村注入了经济及人才等社会资本力量。

另一方面，合作社优化了农村的资源配置。首先，人们对公共物品存在

着“搭便车”心理，对公共物品产生不可逆的损害。合作社在优化农村资源配置方面起着突出作用。合作社是一个团结且具有凝聚力的群体，合作社发展越完善，代表着凝聚力也就更为强烈[19]，因此合作社在农村这个“半熟人”社会中具有一定的权威性与话语权，能够在一定程度上规范约束农户行为，减少对公共物品的损害，此外农民能够在合作社的带领下提高自身经济收入，客观上减少对公共物品的使用。合作社参与农村治理，他们具有奉献精神以及当家做主的责任，能够集资协助政府建设农村基础设施，这不仅帮助了其他各主体治理农村，而且能够优化农村的资源配置；散户经营注定了不同农户家庭拥有着不同生产要素，合作社将农民联合起来，使得各家生产要素能够得到优化组合，某些农户因为缺乏某种生产要素，阻碍了农业生产，而某些农户拥有着过剩的生产要素，存在浪费现象，合作社可以将要素多余者的要素流通至要素稀缺者的手中，农业生产要素就能够得到合理有效的运用。通过合作社，各农户进行互助合作，不仅能够使得农业生产技术得到推广，农民亦可掌握先进的生产技术与管理办法，推动农业现代化进程，提高农户经济效益，为农村发展带来新面貌；最后，合作社基于民主管理原则，农户能够参与群体决策，相较于集权式管理，更能够集思广益，将群体决策汇聚到一起，整合群众意见建议，优化管理水平。总的来说，合作社优化了农村经济资源、人力资源以及权力资源的配置，首先是农村经济资源，村两委以及党委在农村资金的把控上不够全面，仅在农村公共土地上能够有所把控，而合作社能够将村民的资金统筹起来，完善各环节的生产活动，并且带领农村人口进行经济生产，提高农村人口的经济效益。人力资源方面，合作社促进了规模化生产，他将第一产业的产业链延长至二、三产业，拓宽了就业渠道，增加了就业岗位，使劳动力能够更加充分就业。其次，农业合作社能够吸引更多精英人才加入。权力资源方面，合作社通过民主选举以及“精英入社”等方式协助政府和村两委进行农村自治[20]。

5.3.2 合作社能够推动乡风文明的建设

由于从事第一产业所获得的收入较为单一，且农村地区受改革开放前的二元结构体制影响，与城市地区差距较大，农民的文化素质较为低下，导致农村经济落后、精神文明落后、环境落后等“三农”问题突出，村民的思想观念还停留在老旧传统时期，大部分地区的村民不能与开放文明的社会风气相融合，这就造成了部分地区有不良社会风气，如红白喜事大操大办、奢靡浪费、文化习俗较为粗俗等破坏淳朴民风的问题突出。

农民合作社的成立在一定程度上改变了落后的乡村面貌，推动着乡风文明建设。具体表现：一方面合作社为农村注入了资金，改善了村民的物质基础。根据马斯洛需求理论定理，人只有满足了生理和安全需要，才能进一步追求心理层次的满足，因此合作社满足了村民物质需求，使得村民能够追求心理精神上的享受，进一步促进了民众改善自身文化素质，受到更优良的文明熏陶。合作社还能协作政府及其他农村治理主体建设文化相关的公共服务设施，进一步为民众提供文化熏陶的平台与场所。另一方面，合作社不断地为村民输入文化知识。合作社的日益壮大将吸引越来越多的人才精英以及高素质群体，精英人才能够起到先进模范带动作用，为村民做好讲文明、树新风的好榜样。其次，合作社基于“教育、培训与信息”原则，为农民们开设讲座、做宣传，提供培训与教育机会，不仅包含掌握先进技术的培训，还有国家发布的一些有关乡风文明建设的政策规章等，培训既能够提高农民对先进农业技术的掌握，又可与新时代接轨，潜移默化地纠正农民的不良作风，改善农民老旧传统的思想观念。此外，合作社是广大农民自愿形成的互助组织，农民既是参与者又是当家做主的人，在农村这个“半熟人”社会，相较于其他农村治理主体，合作社在一定程度上可以维持农村秩序，这对文明乡村建设无疑起着直接作用[21]；最后，合作社将农村的散户资源整合在一起，节约了各生产要素的浪费，将产前、产中、产后各生产环节联结在一起，这使得产前的生态环境污染、产中的工业化污染以及产后的商业化污染能够有效减少。加之，合作社成员在自己家园生存与生活，他们能够带领村民定期清理垃圾与废弃污染物，甚至出资建设垃圾填埋场等基础设施，这在一定程度上改变了乡村环境落后的现象。总之，合作社在乡风文明建设方面能够产生直接的影响，这与它的性质与组成有很大的关联。

5.3.3 推进村民自治的进程

合作社在村民自治过程中体现的价值是极其重要的，它存在着其他农村治理主体不具备的优势，能够推进村民自治进程。一方面，由于合作社性质及所遵循的民主管理、民主决策等基本原则，这本身就代表着合作社当家作主的主人翁意识强烈且具备自治潜力。加之合作社是由广大农民组成，在“半熟人”社会的农村地区相较于其他治理主体更具有信任感，在文化素质欠缺的农村地区，农民不能用合理准确的话语表达自身需求与意见，此时合作社作为村民代表，能将各个村民之间零散、不一致的意见统一汇总，向上级部门及领导传达。此外，当村两委以及政府下发有关国家政策和规章制度时，合作社能够将其整合成为通俗易懂的信息，把信息传递给村民。合作社在政府、村委会以及村民之间搭建了一条“接地气”“能信任”的桥梁，使得农村治理过程中的消息传递更为有序和便捷，各治理主体与村民之间关系更密切，而且能够确保村民建言献策的民主性；另一方面，合作社更加了解民众需求。国家政府当前加大了对基层村委的控制，基层村委逐渐“从政化”，所做的工作也逐渐变成为国家政府服务，对民众的需求难免顾及不全，且基层农村事务繁杂，村委会既要兼顾国家政府下达的命令，又要游走于解决村民的矛盾冲突之间，难免自顾不暇，村民的需求不能够及时全面地被了解，须知千里之堤毁于蚁穴，民众的需求与杂事对于农村治理来说也是至关重要的。合作社是由广大民众建立而成，他们拥有血缘亲属关系，也有一定的地缘关系，民众能放心将自己的需求向合作社诉说，合作社也能够及时全面地了解民众需求，听取民众建议意见。不仅于此，合作社在处理村民所面临的市场与自然风险上也有一定的积极作用。散户在面临农业生产时难以抵抗严重的自然灾害，面对信息不对称的市场时，易致农产品囤积影响收益。合作社将广大农民结合在一起，既能团结抵御自然灾害，也能互相传递市场的供求信息，了解市场动向，减少市场风险。另外根据学者调查，合作社能够与村委会进行协同共治，当农村地区基础设施被损坏严重时，合作社出于自身利益考虑与帮扶其他村民的意愿，出资建设农村基础设施。在为农户提供经济效益方面，合作社雇佣村民可帮助村委会进行治理，且积极鼓励村民进行自主创业。这些举动为基层政府及村委会等治理主体进行农村自治减轻了负担，合作社从内部进行自主治理自主解决问题，进一步推动了村民自治的进程；另一方面，合作社能够承担起监督者的角色。农民既是农村治理成效的直接受益者与承担者，又是农村治理过程中的参与者与监督者。从古至今，农民的地位都一直不能得到合法的保障，首先，农村资源包括资金、土地、知识、技术及人才等重要生产要素资源，历来都掌握在少数群体手中，他们是一些精英人才或者从政者以及一些资本家，这就容易导致在农村发生权力滥用以及资源被侵占，农民的合法权益得不到有效保障等不公平的事情发生。加之农民的文化素质较为低下，法律意识更是淡薄，拥有畏惧资源掌握者的心理等原因，无法反抗甚至无法实施有效监督。此外，中国农村人口参与自治的意识淡薄，文化素质更加不高，他们的物质生活不够富足，因此在合作方面始终不能达成一致状态，这势必代表着单个农户的力量较为薄弱，在农村进行自治的话语权较少，不能为自己的利益博得一席之地，也不能合理表达自己的诉求与意见。合作社是由广大农民加入的互助性组织，他们能团结起来，为了自身的利益对村委会等治理主体进行有效监督，也能代表更广大人民的利益与诉求，俗话说“鸟多不怕鹰，人多把山平”，合作社团结了广大民众，也更具备了话语权与监督权，对实现更加文明有序的自治局面产生积极影响。另一方面，合作社在带领村民脱贫致富过程中，使得农户有了自主参与权，传统的扶贫一般是政府向贫困户输送资源，合作社的成立使其与政府、村委达成协议，农户也能参与到致富平台，一是农户能够有更多机会进入市场参与交易，他们能够为自己创造经济效益而不是被动地接受他人赠予，社会地位提高的同时，经济收益也能够得到提高。二是合作社由广大农民自愿组成，他们的自主意愿变得强烈，在扶贫致富过程中能有更多建言献策的机会，能够积极地表达自己的诉求，真正体会到当家作主的滋味。三是在参与政府与村委等其他治理主体脱贫致富的过程中，能够提高自己对生活的主动性，改善依靠政府补给的心理，合作社还鼓励农户们自主创业，为农户提供创业就业的平台机会，真正做到靠自己获得平等的地位，靠自己获得自主管理的权利[22]。最后一方面，合作社随着乡村治理的完善程度而不断壮大与改进，能够带领广大成员及民众培养起自治意识、管理能力以及民主思想。此外，部分合作社成员参与村委会选举活动，树立了民众进行自治的信心，以选举人为榜样将自身融入于农村治理，合作社成员参与村委会选举，能够将合作社的民主管理方式带到其他各主体的行事作风当中，更能营造农村治理和谐有序的自治局面[19]。

5.3.4 合作社使农村治理更加规范化、有序化

我国是一个农业大国，农民数量极为庞大，他们分布在各个农村领域，每个人的主观想法以及切身需求都有不同。俗话说“没有规矩不成方圆”，将农村治理得规范有序，国家才能建设成为稳定和谐的社会。合作社在面对单个群体需求和意见碎片化、感性化、多元化的同时，能够维持农村独立个体逐渐走向规范化和有序化。首先，合作社能够推进农户维护自身权益的组织化程度。当农户需要表达自身利益需求或者维护自身权益时，合作社通过与政府协商、与村委会共同合作等途径帮助农户维护自身权益，合作社可以是各个农村治理组织之间的桥梁，能够使得整个诉求过程更加组织化。其次，合作社能够使得农户表达自身需求以及维护自身权益时更加理性化。人作为感性动物在面临重大抉择或者损害自身利益的事件时，难免无法合理地控制自身情绪，若仅凭个人冲动的情绪向相关部门表达自己的诉求，易造成失控局面，导致治理秩序混乱。合作社对于村民来说，是极具信任的治理主体，合作社能够有序地引导村民说出自己的诉求，并将感性化、碎片化的需求整理，再传递给上级有关部门，这样可以防止场面的失控，使村民表达自身诉求以及维权时候能够更加理性化。再次，合作社可以引导村民走向有序的自我管理。当农户诉求无门或者维权无道时，合作社可以充当“中间人”，根据

村民的不同需求以及需要维护权利，引导村民因地制宜地找到对应的解决部门，如村委会、基层政府、党支部、红白理事会等民间组织，从源头出发，针对不同事件与需求寻求相对应的处理部门，能够促进农村治理的有序化[23]。最后，参加合作社可以增强村民的政治责任感，提升村民的规范化意识。一方面，加入合作社的成员需要遵守合作社规定，对政治以及法律能够有深刻地认识与了解，在生活工作中能够遵守组织安排，在自治过程中能够通过合法渠道维护自己的权利与表达自己的诉求。另一方面，合作社能够对其他村民进行培训与教育，在普及治理有序、治理规范化的相关程序与注意事项，进一步推动了农村人口在维权与表达诉求时候能够遵守规章制度，以合理规范走程序。

5.3.5 合作社使农村治理的主体更加多元化

乡村治理主体数量增加，使得农村治理主体更加多元化。在计划经济时期，农村治理主体是较为单一的，改革开放后，国家的经济飞速发展，农村与城市之间的壁垒逐渐被打破，一些精英人才返回农村进行农业生产，加之国民的民主意识逐渐强烈，形成了农村治理主体多元化的局面。当前农村治理的主体较多，政府层面有乡镇政府、村委会等；个人层面有村干部、精英人才等；社会层面有民间组织、科研机构及农村经济组织等。一方面，国家大力鼓励和宣扬经济能人、企业家等精英人才回乡创办合作社，农村逐渐形成基层政府、村委会以及农民合作经济组织、精英人才和农民共同治理农村的新格局。由此可见，农村合作社的出现，增加了农村治理主体数量，推动了农村治理新格局。另一方面，农村治理主体位移发生差序化。农村治理主体位移简单来说是农村各治理主体在治理结构中的位置产生了改变。具体来说，农民专业合作社出现以前，农村治理格局以政府为主导，精英人才带领农民参与，合作社成立以后，农村治理主体的位置产生了变化，广大农民群体组织，遵循自主管理、自负盈亏治理原则，村民队伍中极具话语权，加之新乡贤、精英人才的加入，合作社的发展日益壮大，形成农民合作社的位置最高，村两委以及政府的影响力逐渐减弱，排在其次，其他乡村精英排在后面的新格局[24]。由此可见，合作社不仅使农村治理主体出现多元化局面，而且使农村治理主体格局逐渐差序化。当然，各个农村治理主体在农村治理过程中产生的作用都是不同的，它们的重要性都是突出的，但是各主体地位以及作用也不是一成不变的，会随着社会、经济、文化、思想的变化而不断变化。

5.4 农村治理中的村规民约

5.4.1 村规民约的内涵

《中华人民共和国村民委员会组织法》指出，村规民约由村民会议讨论制定，报乡、民族乡、镇的人民政府备案，由村民委员会监督执行。村规民约的制定并不能随意为之，需要根据程序，依据宪法和法律进行制定与约束。学术界对村规民约的界定有所不同。有学者认为，村规民约是指在乡土区域上除了国家法之外的公共性行为准则[25]；另有学者认为村规民约是在依照宪法及法律的基础上，根据本村实际情况，针对日常生活作出的规定[26]；还有学者认为村规民约的制定是基于血缘和地缘关系的，为了界定清楚权益关系，而共同制定的社会生活准则[27]。综合大部分学者对于村规民约概念界定的主流观点并进行分析，本书将村规民约界定为在特定的农村区域，根据各地的地域情况，在遵守宪法及法律的情况下，村民经过协商制定出维持农村社会生活正常运行的，且需要村民共同接受并遵守的、具有一定权威性与强制性的行为规范与准则[28]。传统的村规民约是建立在地缘及血缘关系上的，带有宗教主义色彩以及个人情感色彩，是属于非正式制度。现代村规民约具有自治性、民主性、法治性等特点，对农村治理的推进以及乡村文明建设具有一定积极作用。

乡村治理是乡村振兴的重要基础环节，要推动农村治理就必须完善农村治理机制，将农村治理规范化、清晰化、合法化、程序化。国家宪法与法律对民众的约束较为大众化，而各个农村区域具有不同特性，需要因地制宜地建立规章制度并对群体权利进行划分，对群众行为进行约束，且这样的规章制度须被该群体共同接受并认可。随着经济与社会的飞速发展，群众的物质需求与精神需求越来越多样化，村民与村民之间的互动越来越频繁，这就导致权益分配不清晰、矛盾纠纷问题频发，若不进行处理任其发展，势必会导致农村管理秩序混乱。因此村规民约的产生解决了这一难题，它是进行农村治理时必不可少的手段，它依照群体意愿，针对农村情况，将法治、善治、德治结合起来，实行自我教育、自我管理、自我约束、自我服务，如一些农村制定“不赌博、不奢靡、不酗酒”等村规，督促了群众追求更加文明的新风尚。总之，村规民约对农村治理的完善与乡风文明建设起着突出的作用。

5.4.2 村规民约在农村治理过程中的作用

秩序是保证农村和谐稳定的关键因素，在农村治理过程中乡村治理体系与机制的建立与完善尤为重要，要将宪法和法律当作治理过程中需要严格遵循的标杆，目前形成了“一村一规”，村规民约在自治、法治以及德治方面起到了不可忽视的作用。

5.4.2.1 村规民约对民主自治的作用

村规民约的制定符合村民意愿，是由村民共同接受且认可的，除了法律及宪法以外，村规民约对民主自治产生直接影响。具体体现在：第一，提高村民的参与感，增加自治积极性。首先，村规民约是由村民集体协商制定的，在村民积极参与制定，发表自己的意见与需求，当自己的意见和需求被采纳时，村规民约更能为村民所接受，既激发了村民的主人翁意识，又能够提高村民参与自治的积极性。此外，村规民约的制定需要一定过程与时间，其间耗费的精力与成本使村民能够更加珍惜、爱护并遵守共同制定的约定，村规民约的规范效果更加明显。其次，村规民约的制定还是基层进行选举、决策以及民主监督的依据，村规民约围绕着村民的工作与生活，与村民们息息相关，村规民约的最终制定既代表着群众的共同需求与意见，村民们在日常生活和工作中对村规民约的理解更加透彻，方便互相监督，更能推进基层自治。第二，村规民约能够提高村民自治效果。村民通过共同制定村规民约，达到互相监督效果。例如，近年来国家提倡的垃圾分类管理，村民作为独立个体，在行为上很难保证一致，即很难保障每个人都能对垃圾进行合理分类，当制定了村规民约，村民能够对垃圾分类方法以及内容进行深入了解，且能做到互相自觉地进行监督，这样有利于村民在自我监督、自我表现中实现民主自治，同时也补全了政府及村委会治理程序繁琐、效率低等短板。第三，能够帮助解决民间纠纷、维持和谐秩序。农村民间纠纷较为常见且繁琐，是阻碍农村治理的关键环节。村规民约在解决民间纠纷时是一个较为温和且更易让人接受的途径。当农村发生婆媳矛盾、资源界限不清晰、权益纠纷等问题时，相较于寻求法律援助，村规民约的化解效果更为有效。一方面这些婆媳矛盾虽然影响农村治理秩序，但是不构成违法犯罪，因此运用法律等手段无法有效地进行治理，村规民约是由广大村民所认可，且通过舆论效果、互相监督来维持，更能寻找到一个公平的解决平衡点，相较于法律的权威性与强制性，村规民约在处理民间纠纷时更容易让人接受，且村委会能够基于对村民的互相了解，准确并迅速地找到解决纠纷的突破口，在处理纠纷时依据村规民约更能让人信服。另一方面，依据村规民约处理纠纷能够避免纠纷双方在法庭上处于对峙局面，这对于维护农村和谐友好局面起到积极作用。第四，村规民约有利于优化农村资源配置。农村自然资源以及集体资产是农村人口赖以生存的资源，但对于一些公共资源和自然资源，如农田、宅基地、森林、河流等难以携带的资源属于国家所有，其使用权限并不能准确清晰的作出界定属于谁，甚至会导致在划分使用权的过程中出现纷争，依据村规民约对自然资源使用权限进行合理分配，不仅村委会及政府可以对集体资产使用分配权进行管理，村委会和村民们还能依据村规民约互相监督是否侵权、是否存在破坏与浪费，此做法不仅能够合理分配农村集体资产，减少产生纷争的机会，还有利于发展可持续农业，优化资源配置，建设青山绿水[29]。第五，村规民约能够促进农村的民主管理。首先，传统的村民自治是以血缘关系、宗族关系、地缘关系等为链接进行管理，当前民主化管理逐渐体现到农村治理过程中，现代化的自治以村为单位，融入了各个群众的利益诉求，秉持自愿自觉的精神进行民主管理。自新中国成立以来，农村的管理大权大多集中在政府手中，逐渐发展到村委会及其他民间精英参与自治，村民自治在农村治理结构中始终处于末端，村规民约的形成极好地将村民拉入自治群体中，一方面村规民约是代表着广大村民的集体利益诉求，与村民的日常生产活动及生活息息相关，民众的关注度较高，更能吸引村民参与自治[30]。另一方面村规民约的制定程序是一个完整的体系，需要宣传、组建团体、讨论修改、审核、集体表决、备案、实施。虽然村规民约是在农村精英人才的带领下发起的，但是在制定的条款中需符合村民的集体利益，征求广大群众的意见建议，需要经过村民大会的一致认可才能形成，村民能够真切地参与到整个制定过程中，将自己的意见建议进行表述，不仅能够潜移默化地接受自治教育，明白农村治理的各个程序环节，深入了解自身的权利义务，对村民起着自治教育的作用，而且在实施后需要村民进行自我管理、自我监督，这对农村的自治进程有很大的推动作用，深刻地让村民们感受到当家做主的主人翁意识，扛起自治的责任。

5.4.2.2 村规民约能推进农村的法治建设

“治国无法则乱”，在任何一个区域都需要规章制度对人的行为进行约束，有了基本底线，人的行为才会有基本原则。传统至现代，我国均有律法条例，农村地区还有村规民约。村规民约的建设无疑给杂乱的农村地区套上了一个适合本地情况，为本地居民认可接纳的框架，这对农村地区法治建设有极大推动作用。具体体现：第一，村规民约能够约束村民行为，维持农村的基本秩序。首先，制度是一个组织或者一个团体成员共同遵守并按照一定程序办事的规程。村规民约本质上也拥有“契约关系”，是属于村民共同制定、共同遵守、共同按照一定章程办事的规则，大多学者以道德层面来界定村规民约，但本质上它也属于一种制度，因为“契约关系”就是法律关系，带有一定的严格性、权威性。无论是探究村规民约的道德关系还是法律关系，都体现出它对群众的约束与规制效果。虽然在国家法律面前村规民约的惩罚性与强制性较弱，但是当村民做出违反村规民约的行为时，仍然会得到相应惩罚。其次，村规民约对群众的约束和规制作用是基于契约关系与道德关系。一方面，村规民约能够约束管制村民们的恶习与陋习，如酗酒、奢靡浪费、污染环境、侵占他人资源等不合理行为，对这些不合理、有危害的行为进行惩罚。群众还可以根据村规民约的条例进行互相监督，以村规民约为衡量标准，监督各村民是否具有违规行为，这对维持农村的和谐稳定的秩序具有积极作用[31]。另一方面，村规民约具有道德效益，它能够通过良心的不安、舆论的谴责以及自尊的不允许来进一步约束村民行为，村民在道德约束下能够自我管理，培养出良好的行为习惯。村规民约还能够对村民自治效果进行保障。例如，当村民大会进行投票决策或村委会进行选举时，必须依照村规民约规定的程序进行，以保证村务公开透明，达到民主决策、民主管理效果。再者，当农户想要维护自身权益的时候，可用村规民约保障自己的权益。由此可见，村规民约能够在农村对农户村民的行为进行一定的约束，村民可以根据村规民约实现法治管理、法治教育、法治监督，这对推动村民进行法治建设具有良好的效果。第二，村规民约能够进一步保护农村集体资产与自然资源。青山绿水就是金山银山，自然资源不仅是人类赖以生存生活的场所，而且还是人类进行农业生产必不可少的生产要素，如水资源、土地资源与森林资源；而集体资产属于农村村民共有，能让村民享受生活、生存更为方便，如农村的公共场所、基础设施等。从古至今，都有针对环境卫生保护的规章制度，传统村规民约着重于自然资源，如防止水土流失、荒漠化等规章制度。而随着经济社会的发展以及人口大规模的增长，对资源以及集体资产的浪费与破坏日益严重，因此现代的村规民约除了对自然资源的保护，覆盖范围还扩张到对村落的集体资产、公共资源以及环境卫生的保护。运用村规民约的约束力与规制能力，约束着村民们搭便车、破坏环境卫生等对村庄不利的行为，当出现这些行为时，以村规民约为衡量是否作出惩罚，这对环境的可持续发展有着明显的作用[31]。当前农村环境问题是“三农”的突出问题，当危害环境的行为发生时，往往不至于构成犯罪，但是这样的行为又不得不做出管理，因此村规民约在保护环境方面起到了积极的作用。当前，大多数村庄都将环境保护要求加入了村规民约，不仅能够约束人们的行为，还能够互相监督，维持农村和谐干净、卫生、美好的现象。第三，村规民约又可称作“民间法”。在农村，村民由于文化素质较低、信息较为闭塞，导致村民的法律意识较为淡薄，无法使用法律手段来进行维权，遇到不公的事情也只能感到无能为力。村规民约是由广大农村群体进行协商制定的，较为通俗且符合村民们的集体价值观念。村委会在面临村民之间的矛盾与纠纷时，可依据村规民约进行处理，这更能让村民们易于接受，还能维护乡村的和谐局面。加之民间的日常纠纷、权益纠纷、乡邻矛盾众多，在利用村规民约处理纠纷与矛盾的同时，村民们能够逐渐熟悉村规民约实施的过程与程序，不仅培养了村民的法律意识，还用实践教会村民们用法律法规维护自己的权益[32]。第四，村规民约可作为国家法律的合理补充。国家法律实施宏观地约束了人们行为，但是国家法律是针对宏观层面而制定的，一方面，每个区域有每个区域的独特性，区域环境不同导致需要约束的行为也不同，另一方面，国家的财政预算有限，不能将法治的手延伸到各个角落，难免会因为地区太远、事情过于琐碎而顾及不到，村规民约的出现能够合理地补充国家法的短板，它能够因地制宜地制定适合本地居民、本村情况的规章制度，而且运行成本较低，制定较为民主与简单，村民们还可以做到互相监督，更具体全面地约束了村民们的行为[33]。长此以往，村规民约的制定到实施的过程对于村民也是一个普法的过程，不仅为村民们普及了法律法规的知识，培养他们遵守法律法规的良好习惯，而且能够补充国家法律法规的短板，维护农村居民的生命财产安全。

5.4.2.3 村规民约有助于提高农村的德治建设

改革开放以来，国民经济大幅度发展，社会进步以及精神文明建设，人们对精神文化的需求越来越多。而社会与经济的发展成了一把双刃剑，在为人们提供更丰富的物质及精神享受的同时，也出现了一些不文明现象，特别在农村这样偏远及难以治理的地区，不少人的法律意识较为淡薄，不遵法守法，享乐主义、拜金主义、奢靡浪费、污染环境、不仁不义等违背文明建设的行为频发，因此提高精神文明层次、推进农村德治建设成为亟待处理的问题。村规民约的形成与发展在一定程度上能抑制这些道德滑坡的现象，对推进农村德治建设产生积极影响。具体体现在：村规民约能够抑恶扬善，传承良善文化。首先，由于农村地区较为偏远，对外界信息的感知较为闭塞，农民文化素质较低，因此农村还存在着一些违背精神文明建设的陋习，这些习俗不仅伤害人的心理健康，而且极易产生矛盾。村委会可利用村规民约作为反抗旧习俗的有效工具，将村规民约作为村民们共同的行为准则，改变村里存在的旧有陋习，当有违背文明的陋习出现时，可根据村规民约进行互相监督并作出处罚，以罚止恶[31]。这样不仅有利于树立良好的文明风尚，抑制旧有恶习，而且能够在互相监督中学习到良善文化。此外将村规民约作为共同的行为准则，能够将村民们团结起来，有助于形成和谐友好的良善村风。其次村规民约能够做到传承传统文化。我国沿袭了发挥村规民约作用的传统宝贵经验，历代王朝都有在乡村设立村规，关于村规民约的文化由古至今都存在，虽然现代村规民约融入了国家法律法规，更具有权威性与强制性，但是仍然可以从古代文化中取其精华去其糟粕，因地制宜地发挥本地方特色，制定适合该村落的村规民约[34]。未来社会和文化还会再改变，我们要在改变中改变，也要在改变中不变，在经济社会变化中与时俱进地完善村规民约，在社会历史的变迁中始终要坚守道德底线，将文明与道德融入村规民约中。总而言之，村规民约在农村治理过程中能起到抑恶扬善的作用，还能弘扬传承文明。它用准则规范约束抑制着违背道德的习俗与行为，又在农村传承中延续属于自己的文明与传统。

5.4.3 村规民约在农村治理中的困难点

(1)村规民约在制定过程中程序不合法。村规民约的制定需要一个完善的过程，首先是宣传动员，将村规民约的制定信息发布给村民，让村民悉知基本信息及流程，接着是组建起草班子，这个班子的成员需要进行公开透明的选举，后续需要对村规民约进行修改、审核、表决通过并实施。整个村规民约的制定过程均需要村民参与，村民需发表各自的建议，通过村民大会表决，集体通过才能进行备案并实施。在此过程中很容易出现不民主、不公开的情况。例如，有些农村在制定村规民约时，一切决策由村委会等领导班子决定，并没有经过村民大会集体决策形成，加之村民意见建议没有被充分收集，村规民约制定在一定程度上是无效的，由于程序未公开透明，不能发挥民主作用，在实施过程中自然会遇到阻碍。

(2)村规民约对村民的约束性不强。首先，村规民约区别于国家法律，在执行的过程中缺乏强制性与权威性，加之农村是一个“半熟人”社会，在这个狭小的熟人社会里，村民关系一般是比较和睦的，当有人违背村规民约时，执行者可能会碍于情面进行从宽处理，这对他人的警戒以及处罚力度明显是不够的，容易造成包庇，使得村规民约对村民的约束性下降。其次，有的地方村民法律意识不强，道德发展不够完善，因此在集体制定村规民约过程中会出现有辱人权的规章制度，如下跪道歉、打骂等行为。人是有自尊的高级动物，当遭受侮辱性的惩罚时难免心生不甘与不公平感，民众自然觉得村规民约不值得守护，导致村规民约的约束力下降。再次，村委会等领导班子的带头作用不强。村规民约的制定虽然是由广大村民共同参与，但还是需要基层政府及村委会等领导班子主导，否则就缺少权威性与主导性。当前基层治理是“三农”问题的重中之重，国家下发的基层治理任务繁杂，有时村委会等领导班子在处理基层事务时自顾不暇，只能宏观地维持基本的农村秩序，在面对农村频发的纠纷与矛盾时，难免无法妥善处理。因此村规民约的执行缺乏主心骨，对村民们的约束性不强。最后，村规民约的监督效果不够好。村规民约实施过程中，村民参与监督他人与自我监督，当遇到不符合村规民约的行为时容易作出主观上的批判。在村集体中，一些"志同道合"的村民容易聚众讨论，这会引起人们主观性偏袒或者批判，这对村规民约执行的公正性产生消极影响。假设某个村民做了违反村规民约的事情，由于他在农村威望较高、人缘较好，因此村民监督时选择睁一只眼闭一只眼，或者在执行过程中产生包庇行为，该村民做了违反村规的事情却不了了之，这使得村民对村规民约的约束性产生了质疑[35]。

(3)村规民约的制定与实施缺乏民主性。首先，村规民约在制定过程中会受到村委会及其他基层政权组织的干预，这是必需的也是必不可少的，古往今来，在农村制定和实施村规民约基本不能脱离政府干预，完全由村民全程民主制定并实施的很少。因此在政府的干预过程中，村民民主参与就减少了。村规民约制定与实施本质上是需要村民们集体建言献策、协商共同参与制定而成，实施中也需要村民们互相监督，政府的过多干预会导致民主性降低。其次，村民的自治意识较为淡薄。一方面，部分村民给村规民约制定建言献策时，只关注是否符合自己的利益，将个人利益凌驾于集体利益之上，对村集体的公共事务不感兴趣不参与，这样的行为不利于维持和谐稳定的局面。另一方面，一些村民对自己能够行使的自治权利不够了解，当被知晓可以参与制定村规民约时，一些村民们不敢参与，也不愿参与，没有实践自然难以形成自治。另有部分村民开始时对村集体制定村规民约保持着初始的热情，但是村规民约的制定不是一朝一夕便能完成的，时间长了，人们的热情逐渐消退，村规民约的民主参与效果大幅度降低[36]。

(4)利用村规民约进行农村治理时缺乏有效监督。首先，有些村集体为了应付上级下达的指令而匆匆地进行村规民约的制定，并没有征求广大村民的意见建议，甚至为了应付上级，制定的内容较为枯燥空泛，不符合村民的集体需求，导致村民不满所制定的村规民约，在执行的过程中敷衍了事，甚至进行反抗，结果导致村规民约形同摆设，农村稳定和谐的秩序也难以维持。其次，在进行农村治理的过程中，虽然制定了明确的村规民约，但在执行过程中村民们碍于人情难以做到秉公处理，发现有村民违反了村规民约，存在着包庇、纵容等行为，由此一来，村规民约的监督效果大打折扣。有的地方乡镇政府觉得村规民约的权威性不够高，在执行处罚和制定程序的过程中不做严格的审核与考察，滋生出许多不规范行为，导致政府的主导力量和监管力度不够。此外，村民自治意识不够强烈，由于文化素质不高，对法治建设的了解不够全面，在执行村规民约时漫不经心，不将其置于严肃地位。以上现象容易造成村规民约形同虚设，监管力度不够，导致农村治理混乱，不能改善农村陋习以及不好风气，容易滋生矛盾与纠纷[33]。

5.4.4 在农村治理过程中发挥村规民约作用的路径选择

(1)规范村规民约的制定与执行程序。首先，要完善村规民约的制定流程以及执行流程。村规民约虽然在权威性与强制性方面不如国家法律，但也是针对当地情况所制定出来的条例，同样具有契约精神，需要每个人守护它、遵守它，将它置于合法、合理、重要、严肃的地位。在制定村规民约时不可敷衍了事，不应由政府一手主导而忽略民众的力量，应该全程让村民们参与进来，并且严格地按照制定程序进行宣传、组建班子、起草、投票、备案以及实施。在执行过程中，应该赋予村规民约一定的权力与手段，对于良善行为给予奖励，针对低俗违法，不合理的、违背村规民约的行为给予严肃惩罚，以在群众中树立村规民约的权威性，督促群众认真执行村规民约。其次，要加强村干部的带头主导作用。村干部及基层政府在农村治理过程中具有话语权与说服能力，一方面应该培养村干部等带头人的法律意识、自治意识，这样在农村治理过程中才能将村规民约合法化、程序化。另一方面，应该加强村干部等带头人的参与度，在执行村规民约时，村干部等带头人不能只作为主导力量，引导村民们进行村规民约的制定，还要将自己当作村集体一分子，面对制定与执行过程的琐碎、繁杂要有耐心，将自己的责任感与义务感贡献进农村治理，可采取奖罚分明策略，对于积极参与村务及村规民约制定等相关活动的村干部以及村民进行优秀个人评选，并给予一定的奖励。对于那些不重视集体利益，不参与不负责的村干部以及村民实行惩罚，在奖罚分明的制度下重整农村治理的规范性。

(2)增强村规民约在农村治理中的权威性与话语权。首先，要加强村规民约的科学性与合法性。村民对村规民约的不在乎体现出其在制定中的不严肃，未被置于合法、科学的地位。有些村规民约内容较为空泛，不具有科学性，难以让老百姓信服并遵守，因此，首先应该将国家法律条款作为制定村规民约的主要依据，做到有法可依、有据可查，并且将村规民约的制定与执行纳入国家法中，增强其权威性与严格性。其次，应该根据本地特色、村风民俗进行合理制定，广泛并认真地征求村民意见建议，认真归纳分析后，尽可能地照顾到广大村民利益，做到公正、公开与透明，加强村民的集体参与度，让村民作出监督。再次应该加大基层政府与村干部的参与度。乡镇政府应该对村委会工作给予指导与帮助，一方面涉及村民集体利益，以及国有资产等权益纠纷等行为，应该进行合理引导并作出清晰的奖罚措施。村规民约的变化应该随着政治、法律、社会与经济的变化而变化，政府应根据村落特色与村民需求进行及时修改。另一方面应该对村规民约的制定进行监督，不允许他人谋私利，将个人利益凌驾于集体利益之上，要挖掘农村精英人才协助政府进行治理。最后，政府及相关基层组织应该采取奖罚措施规范村干部及村民的行为。众所周知，法律具有极大的约束力是由于违反者需要付出代价，村规民约要想树立权威性就必须严于律己。因此面对违背村规民约条例的行为时，村干部以及村民不可因为私人交情而包庇纵容，应依据村规民约制定的相应条款作出合理处罚，既要合理让民众信服，又要让违背者付出相应代价，以树立村规民约的权威性，进而更严格地约束民众行为。

(3)增强村民自治能力，发挥其对村规民约的积极作用。村民既是农村治理的主要对象，又是农村治理的主要受益人，发挥着不可或缺的作用。第一，在制定村规民约的过程中应该保障村民的全程参与。在宣传阶段，由于农村互联网信息较为落后，加之大多数老年村民无法接触高科技设备，无法及时捕捉到村规民约的相关信息，领导班子应该利用广播、宣传栏以及召开会议等形式对村务信息进行传递，以便村民可以及时了解农村治理的相关动向，调动村民共同开展农村治理的积极性，培养他们当家作主的主人翁意识。其次在组建班子制定村规民约时，应让村民选举在农村有一定影响力和号召力的资深老人，因其在本村生活较久，对农村的传统文化以及日常生活较为了解，且对周围村民的影响力较大，在收集村民意见建议时能有号召力和代表性。第二，在征集村民意见时，应该鼓励村民积极参与，对参与人员的意见建议以书面形式记录下来，让村民能够有头脑风暴的机会，不仅需鼓励村民勇敢说出自己的需求，而且能够在热情有活力的氛围中培育他们当家作主的责任心。另外可以针对外出务工的村民进行线上会议，或让他们在微信群里发表自己的想法与建议，外出务工的村民在外积累与培养了许多现代化资源与知识，可以为家乡建言献策，推进农村治理进程。在村规民约集体表决阶段，应该举行具备仪式感的会议，让村民集体参加、集体见证，完善决议的过程，让庄严感染村民，间接地增加村规民约的权威性[37]。第三，要培养村民自治观念，增强村民自治能力。自治观念的缺乏会导致行为上的不积极，村干部等领导班子首先应该组织村民学习《村民委员会组织法》，了解自己的主人翁地位以及实行自治的一些法定程序，对自己的权责做出清晰了解，明确的目标定位是村民实行自治的第一步。其次应该组织法律讲座以及相关教育培训、宣传栏公示或者集体开会等为村民普及自治的概念、问题、途径，特别是让村民明确自己的责任与权利，增强他们的主人翁意识，增强参与村规民约制定的意识。农村地区比较闭塞，信息传播不通畅，究其主要原因为村民素质不高，尤其是老年村民，在信息化社会的发展进程中，逐渐与高科技等设备的使用脱节，因此为了提高村民积极参与村规民约的制定以及农村治理，村干部等领导班子应该带领村民接触新科技，鼓励其加入农村治理，可建立精英人才领导班子深入民众生活，通过教学让村民利用互联网等平台接触到农村自治工作任务。另外村规民约制定时应该照顾到老年群体、低文化群体，尽量将内容通俗化、易懂化。主要通过政府投资扩大农村互联网宽带的覆盖范围，提升农村现代化水平，增强村民文化修养，从根本上增强村民自治意识。第四，培育一批农村自治组织。当前制定村规民约的大多是村民大会及村委会，自治组织较少，在农村起到的带头作用极小。农村人口的自治意识以及文化素质较低，需要有带头示范的组织进行引导和支持，政府及相关部门应该积极鼓励农村人口建立自治组织，培育一批精英人才参与农村治理，有利于提高村民的自治能力，充分发挥先锋模范作用。当然，在提升村民的自治意识时，更应该给村民普及法治意识，若自治意识普及不当容易造成村民过度自治，在制定村规民约或者自治过程中易出现违法等不合理行为。因此，政府以及村干部应该在增强村民自治意识时，将法治意识的培育也提上日程，将村民的自治行为引导至一条合理、有序、合法、有效的路径当中，可通过宣传栏宣传、微信群转发法治理念、开村民大会进行普及，积极引导村民按照合法程序参与村规民约的制定。第五，通过完善法律法规，提升村民的法律地位。当前村民在农村治理过程中始终被排在末尾，必不可少的主体未能够引起重视，并将其置于农村治理主体的关键位置。政府应该制定法律法规提高村民在村规民约制定时的法律地位，增强他们的自信心与主人翁意识，保障他们应有的权利，提高村民的法律地位，真正做到从形式上、内容上提升村民自治的地位[38]。

(4)建立健全监督机制，加大村规民约的监督力度。村规民约属于一种“契约关系”，是一种“制度”，它的存在对村民行为具有监督与约束作用，由于村规民约的主要参与者是广大村民，在这个“半熟人”社会里，难免村民碍于关系与情面导致监督力度不够，这使得村规民约的作用不能发挥最大，农村治理也走向松懈的地步。为了发挥村规民约的最大效用，将农村治理得有效、规范，必须建立健全村规民约的监督机制，加大监督力度。第一，应当设立专门的监督机构。让村民自行互相监督在一定程度上是不规范化的，村民与村民之间因为交情难以达成严格的监督效果，且村规民约在一定程度上没有达到国家法的权威程度，让村民自行进行监督会让村规民约的规范效果大打折扣。因此政府应该成立专门的监督机构，机构的成员应由广大村民进行公开投票选举，一方面，这些成员熟悉村内的传统文化与日常生活，在发生纠纷与矛盾时可以提高处理效率。另一方面，也能让村民们普遍接受并服从这些成员的监督。此外监督小组成员在进行监督时不能独自进行，需所有成员共同讨论参与做出决策，以保证监督的公开性与公平性。第二，应该增强村民的监督意识。村民在遇到村规民约的无效监督导致利益受损时，部分村民会选择直接产生冲突，或者遇到有人违反村规民约时，因监督无门而不了了之，这些缺陷难以形成一套完整的监督体系。因此应该通过宣传以及培训教育增强村民的监督意识[29]。第三，完善监督举报投诉平台。当村民监督到有违反村规民约的行为却投诉无门的时候，一般向村干部等领导人上报，但容易引来他人的仇恨以及报复，因此政府等有关部门应该完善监督举报投诉平台服务，可通过匿名信箱、匿名官网留言等形式，既可保护监督者隐私，又使得监督平台多样化，有助于村规民约的规范化。第四，发挥政府的监督作用。村民及其他精英人才的监督始终是无法具有很高的权威性，且他们的监督有时候夹带着私人情感而无法作出公正判断，因此应该发挥政府的权威性并进行监管干预。当出现村民无法监督到的行为以及村规民约制定不合法处，应该及时制止并且责令改正。另外在村规民约的制定过程中，政府应该加大监督力度，严格把控制定程序。综上所述，监督需贯穿村规民约制定与农村治理全过程，以保障村规民约行使的公平性与规范性，推动农村的有序治理[39]。

5.5 村民自治之典型案例

5.5.1 村民自治之成功案例——湖北秭归村落自治

湖北省宜昌市秭归县的自治案例入选为全国首批乡村治理的典型案例之一。这里是历史名人屈原的故乡，也是国家级贫困县之一。全县面积 2427km^2，辖 12 个乡镇 186 个行政村，总人口 38.3 万人，其中农业人口 31.6 万人。秭归县在国家领导以及村民的积极配合下，2012 年提出并选择 13 个村开展“幸福村落”创建试点工作。秭归县实行自治的途径：第一，秭归县组建了工作指导委员会、农村社区理事会、村落理事会三级组织架构的领导班子进行村落治理，他们遵循着群众资源、尊重习俗、利益共享等原则划分村落，将全县 186 个村的 1361 个农村社区划分为 2065 个自然村落，每个村落约为 30~80 户的规模。在此过程中充分听取民众意愿，还发挥领导班子的主导作用，让村民们参与划分村落。第二，秭归县通过民主选举，让农村精英担任理事。秭归县通过村民选举出一名村落理事长和执行八项职责的村落理事员，不仅培育了农村精英，而且能够提高村民当家作主的主人翁意识，自行参与选举，既锻炼了自治能力，又能够选出合适的精英带头人。第三，秭归县还制定了相关制度，规范了村落的自治行为。县委政府发布了《关于深入推进“幸福村落”创建工作的意见》，村落集体讨论出村规民约，如《“幸福村落”创建考评办法》《“十星级文明户”的评选标准》等规章制度。在实行自治的过程中还遵循“契约关系”，将自治融入法治中，将民主融入严格的规范与约束中、松弛有度，共同维护农村的秩序。

湖北秭归的自治成效：第一，受到群众的热心拥护，推动了村落公益事业的进程。“幸福村落”的创建模式充分给予了村民自治的权利、村民的自身利益得到了良好的保障，他们感受到了这种模式带来的好处，因此更加积极地协作领导班子干好公益事业。例如，水田坝乡王家桥村第十四村落群众没要国家一分钱补偿，自行协商调田、筹资投工，修通了 1.2km 的柑橘园田间道路。茅坪镇建东村的各村落理事长带领群众硬化机耕道 3000 多 m。杨林桥镇天鹅村 6 个村落组织村民投工 600 多个，维修村落公路 24km、架设水管 3000m[41]。九畹溪镇界垭村第一村落剪刀岩有 11 户村民至今不通公路，“幸福村落”创建工作启动后，村民改变了以往“等靠要”和畏难心态，积极主动自筹资金、投工建设。第二，凸显了能人的作用。在能人的带头作用下，村民延长了生产链，因地制宜发展了本村产业，村民们逐渐走在致富的大道上。例如，在九畹溪镇界垭村第四村落的茶叶加工和销售大户带领下，村民拓宽了茶叶销售渠道，农户增收途径更多了。第三，改善了农村的风气，提升了文化氛围。通过开展阶段性文化活动，不仅潜移默化地影响了村民的精神世界，还宣传政策法规，强化了村民的自治意识。例如，茅坪镇建东村第五村落的理事长董远春把自家的一间房拿出来办起了农家书屋，方便村落百姓看书读报；第十四村落理事长张荣，针对农村外出人员多、留守力量弱、红白喜事难办等问题，成立了建东村红白理事会，组建了鼓乐队和宴席炊事队。这些动不仅丰富了村民的内心世界，而且能够潜移默化地提升村民的文化素养。第四，村民力量强，协作政府参与治理。“幸福村落”建设以后，村里的纠纷、矛盾、红白喜事、公共资源分配以及环境保护等治理问题由村落理事会负责完成，权力的分散与下移，更加激发了村民的民主意识，能够减轻基层政府繁忙的事务，将眼光放至村落的宏观整体规划当中[41]。

5.5.2 村民自治之失败案例——“3·21”平度纵火案

“3·21”平度纵火案告破，村主任和承包商合谋唆使 4 人纵火，7 名嫌犯被刑拘。2006—2007 年，山东省人民政府批准将平度市凤台街道办事处杜家疃村 200 余亩农用地转为建设用地。2013 年，相关村民领取了其中 130 余亩土地的青苗补助款，安置补偿费的分配方案尚未全部确定。同年 10 月，青岛成元天业房地产开发有限公司通过公开招投标，竞拍得到其中80余亩国有建设用地使用权，用于开发建设开元御景项目。2014年2月底，办事处将该80余亩土地的出让收益1527万余元划拨到村委会账户，政府文件规定该部分土地出让收益主要用于被征地农民养老、医疗和生活保障支出。杜家疃村部分村民为使办事处同意将此笔款项全部分给村民，自3月5日开始到开元御景项目施工工地阻止施工，8日前后在工地南门外搭建一个帐篷，由多名村民昼夜轮流值守。在此期间，办事处负责人等多次召集会议，要求时任杜家疃村委会主任杜群山等村干部对村民进行劝说。由于因劝说村民工作仍无进展，3月20日，杜某、王某商定用汽油放火破坏帐篷，以此恐吓村民。王某找人具体实施。最终造成在帐篷内值守的被害人1人烧死、3人烧伤，价值9770元的物品被烧毁[42]。

平度征地纵火案的背后，存在村民自治与征地利益纠纷的乱局。第一，村干部受贿问题。据新华社报道，杜某当选村主任涉嫌贿选行为，杜家疃村本届村委班子于2011年选举当选。有村民反映，村里选举存在贿选，当选村干部要靠"买票"。多位村民指证，村主任选票每张约1000元钱，杜某总共花了30多万元。在中国绝大多数地方，村主任一职并不可能有太高的物质回报，拿出30万贿选，然后两袖清风、全心全意为村民服务，这种情况难以想象。无论是媒体报道，还是身边案例，贿选者多是投资心态，指望通过日后对村集体、村民利益的侵占捞回变现。考察此案，村民长期不知征地内情，赔偿款没有补偿到位，甚至村民举报受到威胁、打压。长达8年的时间里，村民处置集体财产的权利被架空，村民自治权利被窃取。第二，村民自治失灵。问题在于，谁当为此负责？杜家疃村的很多村民要承担一定的责任，出卖手中权力，让不合格的人看守村民利益，而且民主意识不强，没有充分利用手中的罢免权等终结这一恶性循环。但是，村民并不承担最主要的责任。最应该为此负责的，是当地政府。第三，地方政府征地本当依法进行，对失地农民作出合理补偿。但是，实际操作中却呈现出利益至上、征地至上的一面，无视征地过程中村民签字被伪造的事实，甚至不让村民知情，违背了基本的程序正义。而当地政府以建设、教育的名义征地，却又以房产开发的方式卖出，"征农民一头牛，补给一只鸡"，大发土地之财。地方政府对村民选举中出现的贿选，也有监督和依法追究之责，但是似乎选择了无视。征地往往牵涉巨大利益，如何保证地方政府认真对待村民自治的各项权利，而村民一旦发现权利被侵犯，又该向谁寻求公道？事实表明，当地政府没有成为村民自治权益的保护者，反而成为破坏者。在平度杜家疃征地纵火案面前，村民自治亟待进行规范，村民自治的能力还待进一步提高[43]。

参考文献

[1]彭小霞．乡村振兴背景下多元主体参与乡村治理的角色定位与机制创新[J]．新疆社科论 坛，2021(4)：9.

[2]朱明锋．我国乡村治理的困境与出路研究[D]．北京：中共中央党校.

[3]舒竹丽．乡村振兴视域下多元主体参与乡村治理研究[D]．南充：西华师范大学，2021.

[4]石光辉．中共中央印发《中国共产党农村基层组织工作条例》[EB/OL]．2019-1-11[2022-05-23]．https：//www. 12371. cn/2019/01/11/ARTI1547162185106193. shtml.

[5]俞可平，徐秀丽．中国农村治理的历史与现状——以定县、邹平和江宁为例的比较分析[J]．经济社会体制比较，2004(2)：13-26.

[6]王晶．乡村振兴背景下多元主体参与乡村治理的角色定位与机制创新[J]．农家参谋，2022(5)：13-15.

[7]贺雪峰．论富人治村——以浙江奉化调查为讨论基础[J]．社会科学研究，2011(2)：111-119.

[8]林文勋，张锦鹏．乡村精英・土地产权・乡村动力——中国传统乡村社会发展变迁的历史启示[J]．中国经济史研究，2009(4)：11.

[9]李增元，李芝兰．新中国成立七十年来的治理重心向农村基层下移及其发展思路[J]．农业经济问题，2019(11)：82-93.

[10]何梦．我国农村多元主体治理研究[D]．郑州：郑州大学，2017.

[11]彭小霞．乡村振兴背景下多元主体参与乡村治理的角色定位与机制创新[J]．新疆社科论坛，2021(4)：39-47.

[12]盖乾．现阶段我国乡村治理主体协同治理研究[D]．南宁：广西民族大学，2017.

[13]石成．乡村有效治理中多元治理主体的研究[D]．镇江：江苏大学，2020.

[14]王丹．基层政府在乡村治理中的作用研究[D]．南京：南京航空航天大学，2020.

[15]王晶．乡村振兴背景下多元主体参与乡村治理的角色定位与机制创新[J]．农家参谋，2022(5)：13-15.

[16]陈林生，刘月梅．农民专业合作社参与农村公共事务治理路径[J]．农业科研经济管理，2021(3)：8-13.

[17]马靖．农民合作社嵌入乡村治理的实践问题与优化路径[D]．上海：华东师范大学，2020.

[18]孟露露．农民专业合作社嵌入对村庄治理影响的问题研究[D]．金华：浙江师范大学，2018.

[19]赵慧婷．农民专业合作社参与乡村治理研究[D]．蚌埠：安徽财经大学，2018.

[20]喻荣强．农民专业合作社的社会功能探析[D]．成都：四川省社会科学院，2017.

[21]原贺贺．农民合作社参与乡村治理模式构建[D]．南充：西华师范大学，2015.

[22]陈然．从脱贫攻坚到乡村振兴：农民合作社参与贫困治理的回顾与展望[J]．长春金融高等专科学校学报，2021(5)：83-89.

[23]刘晓华．农民专业合作社与农村社会治理机制创新[D]．桂林：广西师范大学.

[24]王生斌．多元共治视域下农民合作社组织参与乡村治理的影响机理与路径选择[J]．信阳师范学院学报：哲学社会科学版，2020，40(6)：10.

[25]谢晖．当代中国的乡民社会、乡规民约及其遭遇[J]．东岳论丛，2004，25(4)：8.

[26]费孝通．乡土中国 生育制度[M]．北京：北京大学出版社，1998.
[27]徐勇．乡村治理与中国政治[M]．北京：中国社会科学出版社，2003.
[28]龚聂．论我国乡村治理中的村规民约[D]．南宁：广西民族大学.
[29]金慧敏，曾己，杨依灿，等．乡村治理中的村规民约研究[J]．经济研究导刊，2020(36)：3.
[30]邓彪．“三治合一”乡村治理模式中的村规民约建设研究[D]．湘潭湘潭大学.
[31]周家明．乡村治理中村规民约的作用机制研究[D]．南京：南京农业大学，2015.
[32]龙雨奇，梁宽，张丽娟．村规民约在乡村治理中的作用探究[J]．延边党校学报，2020，36(6)：6.
[33]陈东方．乡村治理视域下村规民约的完善路径[J]．河南教育学院学报：哲学社会科学版，2016，35(4)：3.
[34]高艳芳，黄永林．论村规民约的德治功能及其当代价值——以建立“三治结合”的乡村治理体系为视角[J]．社会主义研究，2019(2)：8.
[35]马玉斐．乡村治理中村规民约作用研究[D]．开封：河南大学，2019.
[36]高其才．通过村规民约的乡村治理——从地方法规规章角度的观察[J]．政法论丛，2016(2)：12.
[37]赵莹莹．和谐民族关系视域下构建新型乡规民约体系的法治路径——以S市B乡为例[J]．河北民族师范学院学报，2021，41(2)：77-84.
[38]王会极．论乡规民约在现代乡村治理中的困境与对策[J]．法制与社会，2020(27)：145-146.
[39]姚保松，周昊文．乡村振兴视域下村规民约的困境及出路探析[J]．学习论坛，2019(3)：80-85.
[40]宋发敏．党建引领下的村民自治新探索——以湖北省宜昌市秭归县陈家坝村为例[J]．学习月刊，2021.
[41]梅祖寿．深度推进村民自治促进农村和谐稳定——秭归“幸福村落”创建的调查与思考[J]湖北社会科学，2013(12)：84-86.
[42]张旭东．平度征地纵火案嫌犯：想吓唬村民没想到烧死人[EB/OL]．2015[2022-06-25]．http：//politics. people. com. cn/n/2015/0320/c70731-26722189. html.
[43]叶攀．庭审还原山东平度纵火案始末 为征地纵火致一死三伤[EB/OL]．2015[2022-06-25]https：//www. chinanews. com. cn/fz/2015/03-20/714.

6 农村生活富裕

乡村振兴战略自习近平总书记在党的十九大报告中首次提出以后，就广泛受到社会各界的关注。相较于脱贫攻坚而言，乡村振兴的任务更重，目标也更加宏远。“产业兴旺、生态宜居、乡风文明、治理有效、生活富裕”是乡村振兴的五大要求。想要实现乡村振兴必须多举措、多维度齐头并进。从“产业”“文化”“人才”“生态”“组织”五个方面实施好振兴战略。以上五个要求与五个振兴一一对应、相辅相成，只有共同发展才能最终实现乡村振兴的总体目标。《乡村振兴战略规划(2018—2022)》就如何有效推进乡村振兴做了阶段性规划。其中“生活富裕”的目标是确保实现全面小康，加快补齐农业农村短板，让农民享有更多的幸福感、获得感、安全感，以此推动乡村生活富裕。实施好《乡村振兴战略规划(2018—2022)》能够有效解决农村经济社会发展的阶段性矛盾，为我国乡村振兴战略的开局奠定良好基础，对于我国农村发展、人民生活富裕具有深远意义。

“生活富裕”是实现全面小康最终体现，自我国新农村建设提出“生活宽裕”开始，这一概念就随着时代的发展不断深化。目前乡村振兴战略提出的“生活富裕”，二者之间虽然只是一字之差，但也反映出了农民生活水平的提档升级。“生活富裕”这一概念从经济学理论看，其内涵较为丰富，它不仅仅只代表着物质层面的富裕，还包含了精神、文化等方面的提升。与此同时，基于中国特色社会主义理论体系中所提出的共同富裕应包含在“生活富裕”中。中国特色社会主义共同富裕理念根植于马克思共同富裕思想之中，并在中国化发展过程中被赋予新的含义。在我国发展的各个历史阶段，中国共产党领导农民勇于探索，为实现我国农村地区居民生活富裕留下了宝贵经验。改革开放前，我国农村为实现共同富裕实行集体经济，其发展过程中累积的经验教训为当下实现乡村振兴的生活富裕目标提供了借鉴。在改革开放的时代环境中，邓小平提出了社会主义本质理论，首次将社会主义目标与社会生产力相结合，将实现公平与提高效率相结合，主张在发展生产力的基础上实现共同富裕。党的十八大以来，习近平总书记就“三农”问题提出共享发展理念，其本质思想是始终以人民为中心，体现了逐步实现共同富裕的要求。本章节主要研究乡村振兴背景下农村生活富裕，以理论研究和案例研究为主。通过文献查阅法总结国内学者关于农村生活富裕的评价指标选择以及生活富裕的主要实现路径。选取当前我国农村地区生活富裕发展较好、一般以及较差的三个地区进行案例研究，根据案例分析总结农村生活富裕发展较好地区的经验以及发展较差地区所存在的问题。理论意义主要体现为在梳理相关文献的基础上认识乡村发展的一般规律，通过案例到生活富裕的评价指标体系以及实施路径，分析发展现状及问题，提出适宜的发展对策，在一定程度上丰富农村生活富裕的理论成果。实践意义主要体现为，在不同案例分析基础上总结出农村地区发展的实践经验，为我国其他农村地区的发展提供借鉴，有利于促进我国乡村振兴战略的发展。

关于“生活富裕”这一概念，不同学者有着不同界定。早期社会发展中，影响“生活富裕”的最主要因素是收入。收入越高则“生活富裕”程度越高，反之则越低，二者之间呈现正相关关系。收入多少决定了能够购买到的生产和生活资料的多少。在缺乏精神生活的时期，拥有多少生活资料代表着生活水平高低，充足的生产资料是人们提高收入的保障。随着时间推移以及经济社会的不断发展，人们的收入在不断提高，物质生活得到了较大改善。人们对于“生活富裕”这一概念的理解也不单单局限于满足“物质生活需求”这一层面，转变为满足“物质生活需求”的前提下增加“精神生活需求”。无论是城市或者农村，人们对于“生活富裕”的需求都在不断提高。“生活富裕”除了是乡村振兴的总要求外也对实现全社会共同富裕起着重要作用。当前，我国社会生产力随着城镇化发展步伐在不断加快，人们对于“美好生活”和“富裕生活”的追求也随之加深[1-2]。

农村生活富裕是乡村振兴战略的要求和最终目标。查阅现有文献，目前国内学者关于乡村振兴战略的研究大多从理论和实证两个方面进行分析。就理论层面而言，主要围绕乡村振兴政策解读、内涵研究等方面开展。韩俊认为乡村振兴战略的有效实施，对于我国的优秀传统文化传承、完善现代化治理格局、实现社会共同富裕等方面具有重大意义。具体看来，他认为乡村振兴战略有效解决了在推进城镇化进程中，传统农耕文化被淡化以及农村基层治理能力不足等问题，这些问题的解决都得益于乡村振兴战略的实施[3]。孙景森等认为农村事业发展是我国推进现代化进程的基础，其基础性的地位不可动摇，实施乡村振兴战略就是要将农业农村事业置于发展首位，这也是实现社会主义现代化以及满足人民对美好生活需要的必然选择[4]。郭晓鸣等认为关于新时代乡村振兴的内涵可以通过乡村振兴战略的总要求进行概括。新时代乡村振兴的内涵总体体现在产业、人才、文化、生态、社会、组织等方面[5]。在对生活富裕的理论研究方面，周栋良认为要从提升农村居民生活获得感以及提高农村地区居民收入两个方面入手实现农村生活富裕[6]。杨洪远则重新定义生活富裕，“民生幸福感”是以人民群众对美好生活的追求为目标不懈奋斗，既解决了人民的现实问题又不给人民增加新的负担[7]。潘百涛和石建华认为乡村振兴是对脱贫攻坚成果的巩固与提升，二者有先后顺序，只有走好第一步脱贫才能进行振兴巩固，唯有两个环节有效衔接，才能将建设成果最大化体现[8]。在对生活富裕指标选取的研究中，毛志香等通过文献分析、频数分析等方法对生活富裕的各项指标所涉及的具体内容进行分析，为开展乡村振兴评价提供参考依据[9]。申云和李京蓉以全面建成小康社会为视角，使用熵权 TOPSIS 法分析我国 30 个省、自治区、直辖市的农村居民生活富裕水平，通过研究分析发现农村居民的生活富裕是基于物质与精神的统一，并且我国目前的农村居民富裕指数省际存在差异[10]。卢风英在乡村振兴的视角下将甘肃省产业兴旺和生活富裕的子系统做了耦合关系分析，通过数据分析发现两个子系统在研究期限内耦合协调度呈现上升趋势[11]。卢泓钢、郑家喜、陈池波通过选择我国 2005—2017 年的省级面板数据作为研究对象，使用熵值法、莫兰指数分析了我国各省份农村生活富裕程度的时空演变特征，分析了影响我国农村地区生活富裕的因素[12]。对生活富裕具体实施路径选择的研究方面。雷若欣基于乡村振兴的五大要求论述了各个要求的实施途径，其中将生活富裕定义为乡村振兴的目标。提出在实施过程中以“创新、协调、绿色、开放、共享”作为发展理念。在农村产业、环境、文化、制度等方面不断改革以此缩小城乡关系[13]。张洁认为生活富裕的主体是农民，经济振兴是最终的目标。要增加农民“就业”“创业”“营业”的机会，引导农民将生产经营融合在一起发展，提高农民收入，满足农民物质、精神需求最终实现乡村振兴[14]。刘培林等认为在顺应城乡人口流动的基础上，立足地方优势产业。规划设计农村公共服务产品的可持续运行模式，保障农村居民的生活水平，逐渐减小农村居民与城镇居民之间的差距[15]。

国内学者对于“农村生活富裕”这一概念的理论研究大多从乡村振兴战略的政策出发，探讨“生活富裕”与“乡村振兴战略”之间的内在联系。对于“农村生活富裕”的实证研究，国内学者以案例分析为主。使用熵值法、莫兰指数等方法构建评价指标，通过数据分析总结各地区农村生活富裕发展过程中的先进经验及存在问题。

6.1 农村生活富裕的衡量标准

在农村生活富裕衡量标准中，最主要的衡量指标为物质生活的富裕程度。

物质生活的富裕程度又体现在农村居民的收入中。农村居民的收入主要包括了经营性收入、工资性收入、转移性收入和财产性收入等 4 个方面。随着经济社会的不断发展，我国农村居民的收入在不断增加，我国也从低收入国家跻身于中等收入国家，经济发展效果显著。但农村居民的收入增长仍然存在“不平衡、不协调、不可持续”的矛盾[16]。因此，我国农村地区也迫切地需要通过供给侧结构性改革以及乡村振兴战略进行调整，以缩小城乡差距实现共同富裕。农村居民要通过提高自身可持续生计发展能力摆脱贫困，实现收入的可持续性增长[17]。农村地区也应当注重整合优化资源配置，通过改革创新实现农村产业的规模化、集约化、专业化和组织化，加快农村地区经济社会的内涵式发展以及一、二、三产业的有效融合[18]。农村地区居民收入增长的同时也代表着农村居民对于生活品质追求的提高，然而城乡居民之间的消费结构和总量仍旧存在较大差异，两者收入存在巨大差距的背景下，教育、基础设施建设投入等因素影响下农村居民消费受到相应的限制[19]。

近年来，经济形势不断向好方向发展，农村居民的物质生活水平得到了较大改善。收入增长来源与结构也随之发生相应变化，农村居民对于美好生活的向往以及追求精神富足也不断得到提升，农村居民的生活幸福感与获得感与日俱增。当前我国农村地区居民收入存在着收入来源多元化同低收入阶层增长缓慢的矛盾日益凸显，各区域间存在收入不平衡的问题[20]。不平衡、不充分的发展使得农村地区居民的收入存在差异性，而收入增长的差异性又最终导致收入上的实质差距，这在一定程度上影响了农村居民的幸福感。提升农村居民在精神层面的获得感与幸福感也是我国农村地区生活富裕的重要体现[21]。

6.1.1 指标体系构建依据

在乡村振兴的时代背景下，农村居民生活富裕的衡量标准不仅要包含农村居民收入增长的可持续性，主要突出农村居民收入增长在“量”上的可持续增长潜力，不断提高农村居民的物质生活水平。除此之外，农村居民生活富裕的衡量标准不仅仅要突出“量”，更要注重农村居民生活状况以突出“质”。即需要通过相应指标表现出农村居民的生活幸福感以及获得感，揭示农村居民精神层面的发展态势。在农村地区全面脱贫迈入农村事业新台阶以及实现第二个一百年交汇之际，农村地区居民生活富裕指数的构建还应该具有前瞻性。体现新时代中国农村居民生活富裕的新面貌。与此同时，衡量指标的构建需具备科学性与适用性。在指标的选择上不仅要体现乡村振兴战略发展的总体要求，还要突出农业农村现代化发展的目标导向和引领作用，能够充分反映农民增收与幸福感、获得感的提升。

6.1.2 评价指标的内容

生活富裕是实现全面小康的主要体现，也是乡村振兴战略的最终目标，是满足农村居民对美好生活追求以及缩小城乡差距的保证。农业作为我国第一大产业，发挥着经济“压舱石”作用。农村地区的产业、环境、文化、人才、治理等方面都关系着农村生活富裕目标的实现。因此，农村生活富裕的评价指标就是农民要富裕，要让农村居民有持续稳定的收入来源，收入提高、生活品质提升、农村基础设施得以改善；农村居民家庭生活水平不断提高，城乡居民收入差距不断缩小，农村人居环境得到改善，农村居民生活幸福感、获得感、安全感更高。乡村振兴战略要想开展好就应该以农民为主体，让农村居民拥有更多的参与感，同城镇居民一样享有相同的保障。近年来，我国农村信息化水平不断提高，目前我国农村已基本实现网络全覆盖，得益于脱贫攻坚的成果，农村居民不会再因重大疾病而返贫，农村居民的平均寿命逐渐赶超发达国家水平。随着社会的发展，在满足物质生活富裕的基础上，农村居民的精神文明生活也得到了较大提升。因此，生活富裕的评价体系的二级指标主要由农民收入、生活便利、社会保障构成，在二级指标中又设有多个三级指标，具体见表 6-1[22]。

表 6-1 农村居民生活富裕评价指标

目标层	准则层	指标层	单 位
农村生活富裕	农民收入	农民人均纯收入	元
		农民人均可支配收入与人均 GDP 比重	%
		农村居民家庭恩格尔系数	—
		城乡居民收入差距比	—
	生活便利	农村居民人均公路及铁路里程	km
		农村居民百户拥有汽车量	辆
	社会保障	农村居民基本养老保险最低标准	元
		农村医保参保率	%
		农村人均受教育年限	年
		农村每万人配备卫生技术人员	人

6.1.2.1 农民收入层次

农民人均纯收入。这一指标是最根本也最具代表性的，直观地体现出农村居民生活的富裕程度，农民人均纯收入是指农村居民当年所有收入来源的总和在扣除相应费用之后的剩余。反映的是该地区农村居民的平均收入水平。

(1)农民人均可支配收入与人均 GDP 比重。这是一项衡量农村生活富裕程度的综合指标，也是决定农村地区居民能否进入全面小康的关键指标。这一指标能够充分反映所评价地区的农村居民生活水平与地方经济发展之间关系的紧密程度，也能够较好地反映出地方农村居民的生活富裕程度。

(2)农村居民家庭恩格尔系数。这是反映农村居民家庭生活富裕程度以及生活水平的关键指标。是居民家庭食物消费支出占家庭总支出之比，通常恩格尔系数越高，生活水平越低。反之系数越低，生活水平越高。按照联合国粮农组织所划分的标准。恩格尔系数总共有 5 个层级，分别为贫困、温饱、小康、富裕、最富，对应的指数分别是 59%以上、50%~59%、40%~50%、30%~40%、低于 30%。我国在 2020 年全面建成小康社会，我国居民的恩格尔系数为 30.2%，其中农村居民的恩格尔系数为 32.7%，我国居民的整体生活水平已进入富裕行列。

(3)城乡居民收入差距比。这一指标是衡量城镇居民与农村居民发展程度以及收入水平差距的主要结构指标。能够从侧面反映出城乡发展过程中的融合度，体现了构建城乡新型关系，缩小城乡差距的重要性。

6.1.2.2 生活便利层次

(1)农村居民人均公路及铁路里程。“要想富，先修路”，人均公路及铁路里程这一指标主要反映的是当前我国农村地区道路基础设施的便利程度，主要体现的是农村地区经济以及居民沟通往来的便利性。

(2)农村居民百户拥有汽车量。这一指标能够直观地体现出农村居民的消费能力，也从侧面表现出了农村居民对生活品质的偏好及态度。

6.1.2.3 社会保障层次

(1)农村居民基本养老保险最低标准。这一指标能够充分反映农村地区居民的基本生活保障情况。目前，我国农村居民基本养老保险缴费标准主要是每年 100 元、200 元、300 元、400 元、500 元、600 元、700 元、800 元、900 元、1000 元、1500 元、2000 元 12 个档次。农村居民可根据自身情况缴纳。

(2)农村医保参保率。这一指标较为直观地体现了我国农村医疗的保障水平，以往一些深度贫困地区会因病致贫，不利于我国全面建成小康社会。通过医保参保的全覆盖减少因病致贫的概率，有利于推动我国农村社会福利的均衡发展。

(3)农村人均受教育年限。这一指标体现了农村地区居民的平均受教育程度，也较为直观地表现出了农村居民的人口素质。除此之外，农村居民人均拥有教育经费也在一定程度上表现了农村是否重视教育以及投入水平。

(4)农村每万人配备卫生技术人员。这一指标的选取主要是为了体现农村地区居民的基本医疗以及养老等公共卫生服务的水平，能够为科学评价该地区的公共服务以及社会保障能力提供较好的可衡量指标。

6.2 农村生活富裕的实现途径

习近平总书记在2020年12月的中央农村工作会议上强调了“三农工作”的重心是乡村振兴，农村居民生活富裕是乡村振兴战略的出发点和根本任务，二者之间联系紧密。

在新中国成立初期，国内形势主要以恢复经济建设为主，因此农业作为我国的第一大产业承担着支持工业发展的任务。逐渐我国也形成了城乡二元结构体制。这一结构体制的形成为我国工业体系的建立提供了帮助，但也阻碍了我国“三农”的发展。近年来，随着“城乡统筹”“城乡一体化”进程的加快，我国“三农”事业的发展又迎来了新机遇。但农村地区基础设施差、现代化进程发展速度缓慢、城乡居民收入差距较大等问题依旧是制约“三农”事业发展的重要因素。针对这些问题，国家提出了乡村振兴战略，从产业、文化、环境、制度等方面全面阐述了未来我国农村事业发展的方向。乡村振兴战略的目的不止为推动农村地区的现代化进程，改善农村居民的物质生活以及精神生活水平。更重要的是让农民享受发展红利，提升农民的生活幸福感与获得感。具体而言，维护农民利益，加快实现农村地区生活富裕，减小城乡居民生活差距是乡村振兴战略实施过程中所需要遵循的基本准则。

想要完成社会主义现代化的建设任务，全面实现“两个一百年”的奋斗目标关键在农村，农村地区现代化进程较慢是我国经济社会发展的弱项和瓶颈。当前，我国农村地区的发展潜力较大，在农村地区全面完成脱贫之后，我国已成功进入小康社会，这为农村地区实现农民生活富裕奠定了基础，也在理论、实践以及路径选择上提供丰富的参考依据。但是，如何巩固脱贫攻坚成果，推进乡村振兴战略实施，实现农村地区“三农”事业的高质量发展，任务依旧艰巨。因此，要实现农村生活富裕就应该完善顶层设计、明确基层任务，提高农民积极性等，从国家、基层组织、农民三个方面努力，走出一条适合我国农村地区发展的具有中国特色的农村富裕之路。

6.2.1 以党的领导为核心，推进农村生活富裕

社会主义制度最大的优势就是能够集中力量办大事。因此，农村地区要实现农业农村现代化以及生活富裕就必须坚持中国共产党的领导，同时以社会主义制度作为“三农”事业发展的制度保障。以乡村振兴战略为基础扎实推进农村生活富裕就要发挥中国共产党集中统一领导的优势，同时也要发挥中国特色社会主义制度的政治优势。充分发挥各级党委在“三农”工作中的协调、

统筹、领导作用，通过人才选配、培养等方式加强基层党组织的建设。通过完善农村基层党组织领导的自治、法治、德治相结合的乡村治理体系实现乡村组织振兴，进而提升国家治理的整体效能。要充分发挥全国一盘棋的制度优势，扎实推进农村生活富裕[23]。

6.2.2 巩固脱贫攻坚成果，完善预防返贫机制

脱贫攻坚在取得全面胜利后，就贫困地区所存在的发展不均衡、脱贫基础不稳定等问题，依旧需要持续开展反贫困战略，持续补齐贫困地区短板。这是当前实现农村生活富裕的底线任务。巩固脱贫攻坚成果，完善防止返贫机制最重要的是将贫困治理常态化，构建其与乡村振兴战略的有效衔接机制。因此，脱贫攻坚战取得胜利后，设立了五年过渡期，一方面，针对具有较高返贫风险的地区和人口，保持稳定性和延续性的政策帮扶，保证对贫困地区基础设施建设的政策支持，为区域发展经济和农民生产生活创造外部环境，对于刚刚退出贫困户的低收入群体，有针对性地纳入差异化帮扶政策中，预防规模性返贫。另一方面，要对返贫风险相对较低的贫困地区和贫困群体开展常规性动态监测，在评估其致贫原因和紧迫需求的基础上，多层级统筹协调，将治理贫困的常态化机制和既有的低保政策相结合，创造脱贫攻坚与乡村振兴的内在接续。与此同时，农村居民生活富裕应该坚持以按劳分配为主体的社会主义分配原则，农村居民的生活富裕是建立在社会主义劳动伦理基础之上的，广大人民的幸福生活必须通过自己去创造。所以，在建立常态化的返贫治理机制中，不仅需要有避免贫困地区农民返贫的保障条件还要杜绝过度福利化的陷阱。

6.2.3 建立健全乡村振兴战略，实现农村居民生活富裕

要实现“三农”事业的转型发展，乡村振兴是必由之路。为此，要在全面推进乡村振兴中，不断提升农业农村现代化水平，在产业振兴、金融支持、生态振兴等关键环节上发力，促进共同富裕。首先是要充分利用农村农业资源的比较优势，加快建立现代化的农业产业体系。在保证农林牧渔等基本农业产业大盘稳定的基础下，立足区域资源禀赋优势推动农业产业结构调整及升级。其次是以金融服务为契机，建立健全农村金融服务政策体系。创新金融服务政策是给乡村产业发展增权赋能的重要手段，关键在于打通小额信贷、抵押担保和融资等多层级筹集渠道，降低金融服务门槛，解决乡村振兴中的资金筹集、风险防控和产品服务问题。最后还要着眼于将生态资源转变为绿色经济效益，以生态振兴促进农民农村共同富裕。以绿色发展引领农业高质量发展必须坚守自然资源环境红线，引导农民形成绿色生产生活方式，不断

优化农村环境质量，同时还需完善农村生态补贴政策，积极探索以乡村旅游服务业为引领的发展模式，推动乡村生产、生活、生态三位一体发展[24]。

6.2.4 加快农村地区产业发展，以产业助推农民生活富裕

农村产业生产力得到高度发展是农村地区居民生活富裕的前提。没有发展，生活富裕就成了纸上谈兵。农村地区产业兴旺是乡村振兴战略发展的首要任务，也是农村发展的关键所在，农村产业发展关乎农民收入，是农村生活得以富裕的内在动力。农业是我国的第一大产业，是国家经济社会发展的根基，我国是农业大国，在农业产业高质量发展背景下，也要逐渐实现由农业大国向农业强国的转变。加快传统农业产业向现代化、集约化、科技化、专业化、组织化转型。统筹乡村产业整体布局，整合资源优势发展地区特色产业。做好耕地红线划定工作，保障粮食生产安全。减小城乡之间的区域差距，加快各类要素的自由流动，对农村地区发展所需人才、资金、技术等地方政府要给予相应的支持。延长产业链，建立一条集生产、加工、销售于一体的完整产业链。通过规模化种植、标准化生产，形成乡村产业聚集优势从而降低农户生产成本并提高收入，有效促进农村传统产业的转型升级。与此同时，也要注重继续深化农业供给侧结构性改革，加大对农业生产的科创投入，增强农业供给体系的适配性，通过构建特色农业品牌和农业现代化体系，提升农村产业的竞争力。加快以农民专业合作社以及家庭农场为代表的新型农业经营主体的培养，提升农民在产业发展过程中的主体地位。结合时代发展培养一批懂政策、懂种植、懂技术、懂销售的新型职业农民。结合地方自然资源禀赋、人文历史环境等优势，开展具有地方特色的乡村旅游产业。农村产业融合就是新产业新业态的发展，这也是拓宽农民收入渠道的重要形式，要积极打造智慧农业、新型农业等，利用好互联网、大数据、新媒体等平台，发展农村电子商务，搭建农村电商平台。充分挖掘农村优秀传统文化，打造有特色、高质量的休闲农业和乡村旅游产品。

6.2.5 统筹推进“城乡一体化”，缩小城乡差距

当前，城乡发展不平衡、不充分是我国农村地区经济社会发展客观存在的问题，想要解决这一问题需从破除城乡二元结构入手，促进城乡融合发展，缩小城乡差距，实现农村居民生活富裕。具体看来，可从以下两个方面展开。一方面，完善城乡居民公共服务均等化政策体系建设。长期以来，由于农村发展一直滞后于城市，导致农村各项基础设施都较为落后。农村居民的生活富裕是基于物质和精神上的双重富裕。因此，必须加快补齐农村基础设施和公共服务领域的短板。在基础设施建设方面，应当以满足农村居民的生产生

活需要以及满足城乡统筹规划为前提，持续推进农村地区的“三通”以及物流、通信等基础设施的建设。不断改善农村人居环境，提升农村地区环境面貌。提高农村居民生活便捷性。在公共服务体系建设方面，应当让农村居民享有同城市居民一样的教育、医疗保障体系，整合城乡公共服务资源，提高资源共享水平。另一方面，加快新型城镇化建设，促进城乡融合式发展。统筹推进乡村振兴战略有助于深化要素市场化配置改革，使得城乡发展所需的各个要素能平等交换、自由流动，增强农业农村的发展活力。把县城作为城乡融合发展的切入点，通过基础设施以及公共服务体系的建设，使得城乡能够一体化发展，形成一定规模的产业，带动县城周边农村居民的就业，可以实现经济与社会效益的“双丰收”。在助推县乡经济发展的同时还能够提高农村居民的生活质量，使得农村居民实现生活富裕。

6.2.6 创新农村集体经济形式、为农村生活富裕注入新动力

创新是经济社会发展的驱动力，我国传统的农村集体经济模式不利于调动农民积极性，不符合经济增长规律。因此，只有贴合社会发展需要不断壮大新型农村集体经济，才能使农村经济焕发出新的活力，成为我国农村社会经济发展中新的经济增长点。实现农民增收致富，逐步走向生活富裕。2016年，国务院就农村经济改革出台了相关文件，明确了改革思路。实现农村居民生活富裕，首先，要继续完善农村集体经济产权制度改革，建立制度清晰的合作经济形式。可以鼓励农户以多种形式入股，充分调动农民参与发展集体经济的积极性。其次，要注重发展集体经济的新领域。发展除土地、房屋租赁等传统经营领域外的新形式，选择获利空间大的领域进行发展，利用地方优势资源开展有地域特色的经营型农村集体经济，拓宽农民收入渠道。最后，建立健全农村集体经济的相关法律法规，以立法的形式对农村集体经济发展中承担主体作用的组织作出相应的规范说明，明确组织的职能、职责等，为农村集体经济的可持续发展提供法律保障[25]。

6.3 发达区域农村生活富裕典型案例——袁家村乡村旅游致富

袁家村作为我国乡村旅游产业发展的典型代表，通过盘活乡村资源实现了村民的生活富裕。经过十多年的发展，袁家村的乡村旅游产业逐渐壮大，无论是知名度、年接待人数还是收入等方面都远超同类型景区。袁家村的关中印象体验地集中展示了民俗风情、整合了文创产业、提升了品牌形象，打造了具有地方特色的农村生活综合体，满足了消费者多样化的需求。袁家村乡村旅游产业的蓬勃发展得益于袁家村人对于集体经济的坚持以及对于生活

富裕的追求。在村干部的带领下全民参与协同发展，各商户诚信经营，给消费者留下了良好印象。不断创新为的是更加贴合市场，袁家村成功的旅游产业发展经验值得其他地区学习借鉴，结合地方实际情况调整产业发展方向，加速乡村振兴战略的实施，推进农村生活富裕目标的实现。

6.3.1 概　况

袁家村位于陕西省礼泉县，国土面积 11229.8 亩，截至 2020 年 2 月，袁家村户籍人口 286 人，常住人口 130 人。全村乡村旅游规划用地 1000 亩，现已建成 400 亩。2017 年全村集体经济收入超过 5 亿，农民人均纯收入增长至 10 万元以上。由于地处西咸半小时经济圈的核心位置，紧邻银武高速、关中环线、312 国道等交通通达度较好，同时袁家村紧抓地区自然资源以及人文资源禀赋，开发乡村旅游产业。经过多年的努力，发展效果显著。成功创建为国家 4A 级旅游景区，先后入选为全国十大美丽乡村、全国乡村特色产业亿元名单等。袁家村以地方特色旅游产业助推乡村振兴的发展模式已成为乡村振兴民俗游的样本。

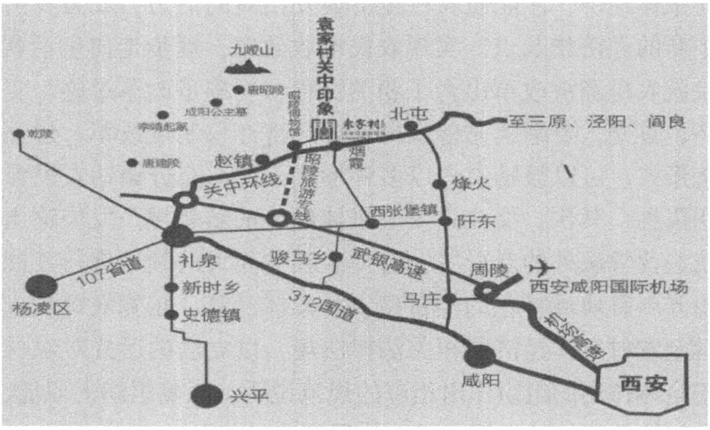

图 6-1　袁家村关中印象体验地区位

6.3.2 乡村振兴发展历程

袁家村的乡村振兴发展经历了从摆脱贫困村的初始阶段到实现工业化转型的起步阶段，再到如今以乡村旅游为支柱的发展阶段。袁家村在乡村振兴背景下完成的产业发展转型是中国广大农村的典型，同时也是时代缩影，为我国乡村振兴战略的实施提供了理论与实践的参考依据。

(1) 乡村振兴探索期(20 世纪 70～80 年代)。20 世纪 70 年代之前，由于受居住人口少，基础设施薄弱，自然环境、生产条件、人居环境差等因素的影响，袁家村经济发展缓慢，村民的生活水平较低。1970 年，在村干部的带领下，村民们转被动为主动，通过修渠挖井等改善袁家村的生产生活基础设施。与此同时，通过改良土地确保粮食增收。在对第一产业进行调整、改造、升级后，袁家村的贫困状况得到改善，当地发展集体经济的方式也得到了地方政府的支持。

(2)乡村振兴起步期(20 世纪 80 年代至 21 世纪初)。十一届三中全会召开之后，我国迎来了改革开放的新时期。这一时期，袁家村的产业也逐渐由第一产业向第二产业以及相关配套产业转型。在村干部的统一领导下，整合村集体土地资源，创建了水泥厂、石灰窑厂、硅铁厂等工业企业，同时成立了相应配套服务企业，实现了全产业链发展的新格局。到 21 世纪初期，在国家相关政策的扶持下，农村集体经济的发展迎来了新机遇，袁家村也紧跟政策路线，积极拓宽资金来源，提升投资规模，推动农村企业多元化发展。2000 年，袁家村通过多产业发展方式，村集体资本累积已达 6.8 亿元，农民人均纯收入不断增加，成为我国著名的小康村。

(3)乡村振兴发展期(21 世纪初至今)。随着国家对于不规范小型企业的整治，袁家村村办企业的发展受到阻碍。在这个转型关键时期，袁家村村干部因地制宜瞄准产业发展转型的突破口，确定了走乡村旅游的发展之路。整合袁家村现有资源，实现一、二、三产业融合发展，恢复地区历史风貌，打造特色美食街，形成了集吃、住、游、娱、购为一体的关中特色乡村民俗旅游模式，重新恢复了袁家村经济发展同时带动了周边乡村实现富裕。

6.3.3 乡村旅游模式的规划与建设

6.3.3.1 规划参与主体

袁家村乡村旅游发展至今，在人才、技术、资本等各类要素的注入下，发展态势越来越好，参与其管理建设的主体也更加多元化。尽管如此，袁家村在重大事情的决策上依旧保持着高度自治。政府相关部门也简政放权，协助袁家村进行规划指导工作，这在一定程度上推动了袁家村发展的高效化。

(1)明确以村委会为领导。袁家村发展至今能取得如此成绩，其发展过程的各个环节村委会都发挥着不可取代的作用。村委会在旅游规划建设中统揽全局，除了完成对项目的编制、规划、设计、招商、资格审查、质量把控、运营管理外，还要组织动员全村人员，开展培训工作，让所有村民参与到项目的发展中来。

(2)能工巧匠是灵魂。袁家村的乡村旅游靠的是打造关中印象体验地，恢复民俗民居来吸引游客。因此在空间布局以及整体的规划设计上袁家村的能工巧匠是这些设想能够真正得以实现的关键，他们是盘活袁家村历史风貌的引导者。袁家村的驻村工匠在传统建筑的建造工艺上拥有丰富的经验，能够为袁家村的规划设计工作提供帮助。

(3)村民是参与规划建设的主体。袁家村的村民是袁家村产业转型升级发展的最大受益者，也是主要使用者。在规划设计中充分了解村民的实际需求，让村民参与建设能够使得项目更加具有落地性。与此同时，村民的参与感越强，对于项目的认同感就更深，也越能激发村民的集体荣誉感，对项目起到了较大的推动作用。

除了上述的几个主体外，游客、政府部门等都是推动袁家村旅游产业发展的重要参与者。游客作为乡村旅游的消费主体，通过游客的反馈能够充分了解消费者需求，并以此为基础对薄弱环节进行整改。政府部门在政策以及资金方面的支持是乡村旅游得以顺利发展的重要保障，通过基础设施建设、项目推广等，为袁家村乡村旅游产业的发展提供了良好的氛围。

6.3.3.2 规划管理组织结构

当前，袁家村的管理规划主要涉及行业协会、村委会、旅游企业、政府部门4个方面，具体如图6-2所示。

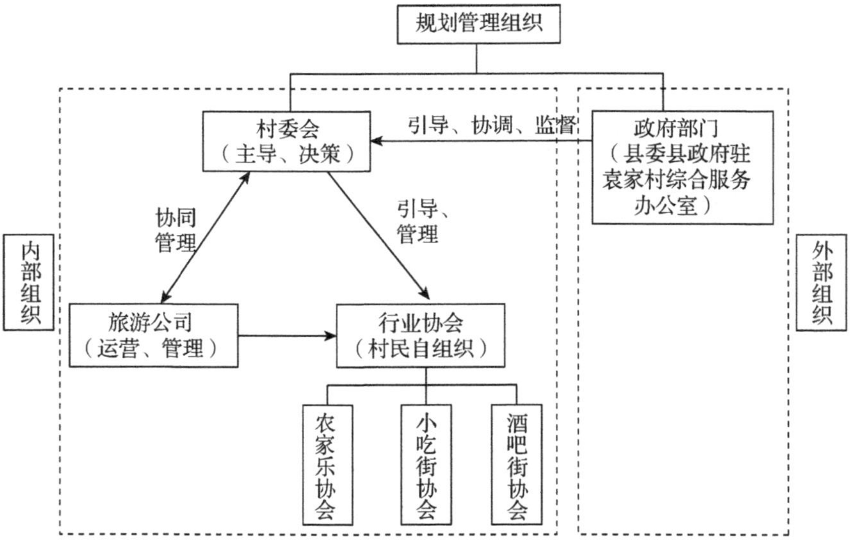

图6-2 袁家村规划管理结构

通过对这一规划管理框架的设计实施，充分调动了各方的管理积极性，各行业成立专业协会，轮流对景区内商户、卫生经营情况进行抽查，及时传递信息帮助居民及商户解决问题。旅游公司主要负责景区的运作及管理工作，为游客提供优质的服务。政府部门在整个环节中起到了引导、协调、监督的作用，为项目提供政策保障。此外，根据袁家村的旅游产业发展的不同形态以及差异，在管理过程中袁家村也进行了分模块管理。首先是袁家村居民自建并自己负责经营的农家乐，这一部分由村委会统一指导建设。其次是新建的以娱乐设施为主的区域，这一部分由村委会统一建设管理并在此基础上打造综合休闲娱乐区。最后是袁家村外部的配套设施，包括酒店、饭店等业态，这一部分在土地归村集体经济所有外，整体外包给第三方进行投资建设并运营。

6.3.4 乡村旅游成功的外部因素

(1)自然资源。袁家村地处关中平原，地势平坦境内多产石灰石，结合自身自然资源优势，袁家村乡村振兴发展之路的第一步就是将这些资源转化为财富，通过兴办水泥厂等村办企业推动袁家村产业转型探索，同时也为其后期发展乡村旅游奠定了基础。袁家村除了拥有自然资源外，村民人均拥有耕地 1.31 亩，人均经济林地 3.5 亩。村民通过种植具有地方特色的农作物，如核桃、苹果等，在一定程度上也为袁家村发展乡村旅游提供了物质以及人文景观基础。因此，袁家村虽然缺乏可直接转变为经济效益的自然资源，但结合自身条件、开展高效利用及开发，在乡村振兴发展中走出了一条有地方特色的发展之路。

(2)人文资源。陕西西安作为我国历史上的十三朝古都，拥有大量的历史人文景观。袁家村位于西咸半小时经济圈中，这里不仅有深厚的历史文化底蕴，也是多民族多宗教文化融合的大家园。在探索乡村旅游的发展模式中，袁家村除了挖掘地方人文资源外，还将特色美食、民俗风情、建筑特色、农耕文化相结合，打造具有地方特色的乡村旅游产业。除此之外，袁家村也加大了对周边邻近地区旅游资源的整合，形成多方联动吸引了更多游客，提高了农民收入，同时也推动了产业可持续发展。

(3)政府扶持。回顾袁家村的发展历程，其每一个发展阶段都离不开村干部的领导，在村干部的带领下与地方政府紧密互动、紧抓政策不放。加之，各级领导也到袁家村进行视察调研，对袁家村乡村振兴的工作给予了肯定与指导。在政策保障方面，礼泉县委县政府相继出台了《关于加快推进农业发展的实施意见》《关于加快实施“旅游兴县”战略的决定》等一系列政策，旨在推动地方经济又好又快发展，为加快推动乡村振兴战略实施提供了政策保障；在基础设施以及资金配套方面，自袁家村开展乡村旅游开始，礼泉县将其界定为试点县，在财政上给予支持。每年列支 200 万元用于扶持袁家村农家乐，同时简化审批流程减免部分费用。2012—2014 年连续三年对袁家村实施以奖代补政策，投资 6000 万元，完善基础设施并修建多条旅游公路以及公交专线。2017 年，县财政又拨付专项资金用于袁家村的村容村貌整治；在宣传推广方面，随着袁家村关中文化体验地的建成，礼泉县将袁家村作为当地的宣传名片积极推广。县委、县政府等机关单位领导带头做袁家村的宣传推广员，举办“中国乡村旅游(袁家村)高峰论坛”，邀请专家学者以及社会各界人士到袁家村进行参观调研，大大提升了袁家村的知名度；在资源及专业人才配备方面，当地政府在 2010 年完善空间规划布局，整合区域资源优势，统筹推进袁家村乡村旅游产业的提质升级，实施城镇乡村二级联动协调发展。在人才配备方面，优先分配大学生村官到袁家村工作，村干部总体素质得到提升，结构趋于合理；在管理服务方面，设立了袁家村景区管理委员会，由村干部为领导联合多个部门，从培训、安全、交通等方面入手，对景区进行管理，为游客提供保障及服务。

(4)游客数量多。西安是我国著名的历史文化名城、知名旅游城市。每年凭借其深厚的历史文化吸引着数以万计的国内外游客前来观光游览(图 6-3)。并且，西安作为我国西部的中心城市无论在经济、政治、交通等方面都发挥着重要作用。袁家村依托西安强大的资源，每年都能拥有稳定的客流数量。袁家村的乡村旅游主要定位是“关中印象体验地”，袁家村自身具有良好的关中人文历史风貌。除吸引本地游客外，近年来，省外游客以及国外游客的数量也在逐步提升。这为袁家村的乡村旅游提供了良好的客源基础。

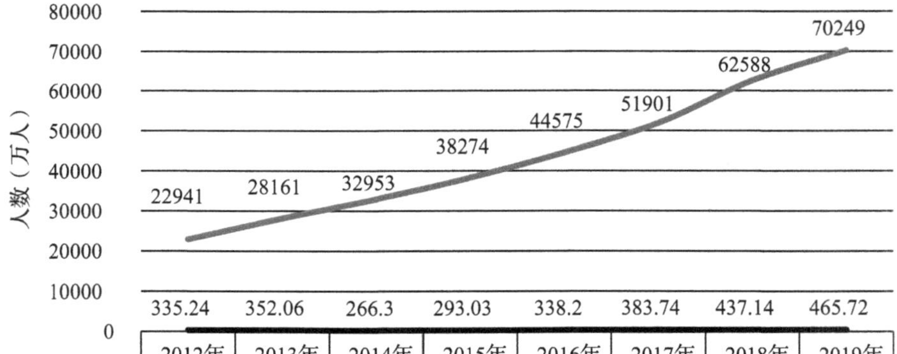

	2012年	2013年	2014年	2015年	2016年	2017年	2018年	2019年
国内游客	22941	28161	32953	38274	44575	51901	62588	70249
国外游客	335.24	352.06	266.3	293.03	338.2	383.74	437.14	465.72

图 6-3　陕西省 2012—2019 年旅游总人数

6.3.5　乡村旅游成功的内部因素

（1）农民合作社模式。袁家村在推进乡村振兴的历史进程中始终以提升农民收入为目的，以改善人居环境、壮大集体经济、实现农民生活富裕为导向，并结合实际，敢于创新，走出了一条具有袁家村特色的农民合作社道路。通过总结袁家村农民合作社成功的经验，可以为其他地区提供借鉴。具体看来主要有以下几个方面：①积极为农民搭建创业平台。村干部将乡村旅游作为载体积极开拓配套产业，组建培训学校为农民提供免费的创业培训，并在政策上提供相应的支持，营造了较为良好的创业氛围。②对优势项目进行重点培育及扶持。动态管理做到资源利用充分合理。对新进入的项目进行评估，发现优势项目并给予重点培育及扶持。根据市场前景，确定可以扩大再生产并产业化的优势项目，通过优胜劣汰方式促进了袁家村乡村产业发展的良性循环。③增资扩股，创立农民合作社。袁家村在产业发展过程中注重调动农户积极性，探索出了适宜当地农民发展的合作社模式，以全民参与、自愿入股为主，对贫困户进行重点帮扶，合作社实行风险共担、利益共享原则。各项目间互相参股，在调整分配制度后实现了利益共享。目前，袁家村拥有20多家农民经济合作社，农民通过多种形式自愿入股，合作社内不仅有袁家村村民，也有周边村落的村民。由此可见，袁家村农民合作社的发展对于农户增收起到不容小觑的作用，村民通过加入合作社实现了生活富裕。

（2）特色乡村旅游产业发展模式。特色乡村旅游产业的发展对于袁家村三次产业转型升级起到了巨大的推动作用。通过整体布局、突出特色与创新，袁家村打造了乡村生活综合体模式。将乡村生活作为吸引游客的重点，以此达到稳定客源的目的，发展乡村产业、乡村旅游并最终形成了独属于袁家村的乡村生活综合体。此模式最主要的特征是构建了去景区化、去城市化、去商业化的传统村落，通过恢复传统农耕文化村落形态，与其他地区的乡村旅游形成差异并以此吸引了更多游客。其次是充分发挥村民主体地位，构建了以家庭为单元的新型经营主体。通过引导村民参与，转变以往产业转型升级中以政府为主导的模式，让村民成为经营及创业主体，真实地展示村民的生产、生活状态。最后是挖掘地方特色民俗、保护非物质文化遗产、推出衍生产品。传统民族文化是乡村旅游中活的灵魂，乡村旅游除了需要有良好的自然资源外还需要注重对民风民俗的传承，形成独具特色的乡村旅游模式，避免同质化竞争。

（3）利益分配模式。随着袁家村乡村产业的不断发展壮大，袁家村村民及周边村民的收入也在不断提升。在利益分配模式上，袁家村领导干部也制定相应分配制度，秉持着公平公正公开的原则，对于村内村外的农户实行统一分配原则，形成了一个股权清晰、分配明确的利益共享机制(图6-4)。袁家村对商户进行集中化规范化管理，以此提升景区的整体服务水平，针对不同商户收入不平衡的问题，袁家村不提倡完全市场竞争，帮助经营困难的商户进行整改，并以补贴的形式支持商户的多样化发展。目前，袁家村已有多家商户进行了股份制改革，其商业规模逐渐壮大，形式也更加多样化，实现了生产经营一体化的运作模式，农民收入因此得到了保障，也激发了袁家村产业转型升级的热情。袁家村在利益分配模式上也逐渐摸索出了适宜当地发展的经验，这些实践经验也为其他地区提供了参考依据[26]。

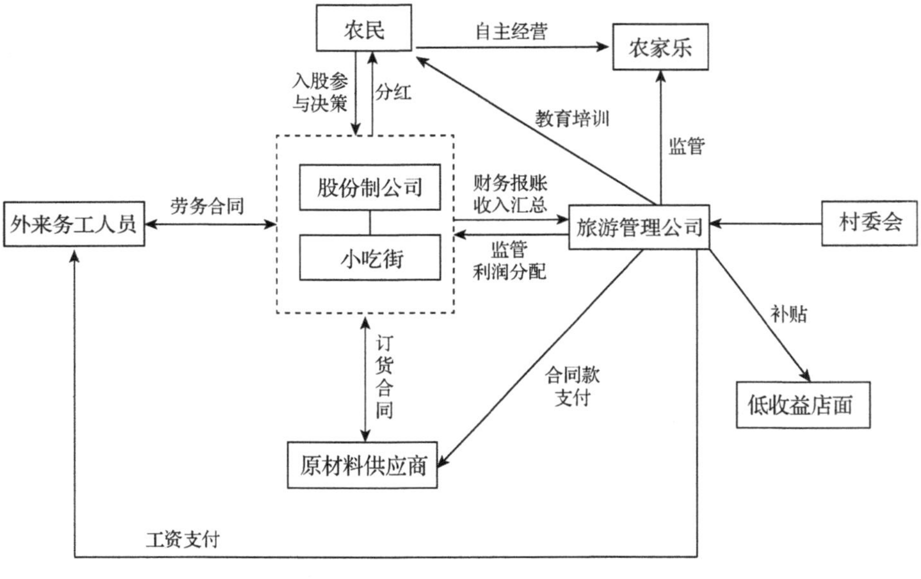

图6-4　袁家村小吃街及股份制公司利益分配

(4)商业模式。袁家村在乡村旅游运营模式的选择上体现出了定位准确、敢于创新、思想超前的特点。主要体现在以下几个方面：①免票免租。相较于其他传统景区通过收取门票费来获取盈利，袁家村作为4A级景区对所有游客实行免票政策，让游客在心理上感觉到物超所值，大大提升了游客满意度，增强了客户群体的黏度。除此之外，袁家村对于景区内的商户实行免租政策，统一规范化经营，这个举措使得园区内的经营更加多样化。②配套齐全，服务多样化。目前，袁家村的乡村旅游发展项目已涵盖了吃、住、行、游、娱、购，整体布局规划合理。游客在这里既能品尝关中特色美食，又能住上地方民居，消费体验感得到满足。③多产融合，共建共享。袁家村在产业发展中秉持着“共享”理念，支持并引导相关企业及人才到袁家村发展，进而促进产业的多样化发展。④诚信经营。袁家村旅游产业之所以能取得今天的成效，诚信经营是关键，“一锤子”买卖是很多旅游景点的通病，袁家村的每家商户目前都贴有店家承诺的招牌，在一定程度上提高了消费者的可信度。⑤便利。随着互联网经济的不断发展，袁家村也紧跟时代变化脚步，移动支付、免费Wi-Fi、快递等已覆盖整个景区。⑥打造网红爆品。手工酸奶、麻花等特色产品是袁家村的爆款商品，小吃街上美食丰富多样，既有地方传统美食也有年轻人喜欢的网红小吃，满足了消费者多样化的需求。

(5)产业发展模式。袁家村目前的产业发展模式主要是通过“后厂制作+门店服务”保证居民的收益。袁家村的内部产业发展模式如图6-5所示，主要体现为民俗旅游、度假休闲、农副产品加工生产。此模式吸引了大量游客，促进了整个产业链发展。袁家村结合地理环境优势打造关中印象体验地，形成了三产带二产促一产，三产融合的发展形势。第一产业促进第二产业生产再次推动第三产业发展，能够获得更多的经济效益。结合袁家村现有模式，首先建立知名品牌，响应市场需求生产相应的产品，一旦有市场需求，袁家村能够生产出满足市场的高质量产品，产业链也就逐渐形成。

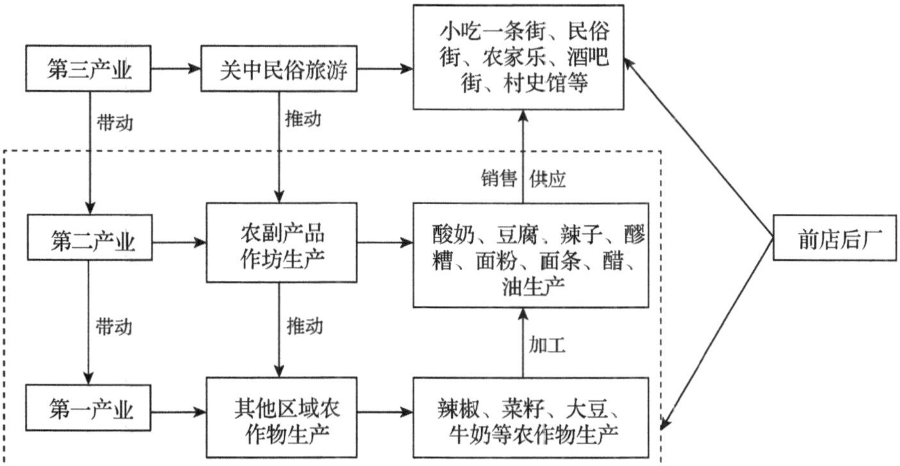

图6-5 袁家村内部产业模式

(6)袁家村商业及品牌输出模式。经过转型升级，袁家村在商业模式设计以及品牌建设方面取得了较为显著的成绩。推出了袁家村模式进城出省战略，以超前的思想及规划，将此模式布局到了西安各大高端商业综合体，使得袁家村模式标准化程度更高，品牌化更强，持续对外输出。袁家村的模式品牌输出主要从以下几个方面着手。首先是以袁家村关中印象体验为中心打造集游览观光、考察调研、科教娱乐为一体的综合性乡村旅游示范地。在此基础上推出袁家村城市体验店，将袁家村的特色美食搬进城市里，离消费者更近提升了袁家村的整体知名度。目前，已在西安曲江银泰、赛格国际等多个高端商业中心布局10多家体验店。除此之外，袁家村成功的商业模式也被复制到了山西、青海等省外地区，通过与政府合作，袁家村整合资源输出整体策划、规划、招商、运营的全链条能力，使得袁家村乡村旅游的模式遍地开花，带领其他地区的农民脱贫致富。最后是提供袁家村模式的策划咨询服务，通过考察咨询、模块咨询以及系统咨询三个模块向其他地区提供乡村振兴、特色旅游和美丽乡村建设的咨询、策划、设计服务，向外输出袁家村的智力成果。

6.3.6 乡村旅游产业发展对农村生活富裕的影响

(1)地区生产总值收益明显。如图6-6所示，礼泉县2017—2021年地区生产总值前3年虽存在下降趋势，但是在2019年以后，即在礼泉县政府统筹规划，重新调整产业结构之后，礼泉县地区生产总值恢复增长。截至2021年，礼泉县地区生产总值为172.13亿元，同比增长9.7%，经济总量位居咸阳市第5，高于全省3.2个百分点。三大产业占比为32.6：28.2：39.2，较上一年同比增长6.3%、16.5%、8.4%。区域内整体经济发展良好，有利于推进农村居民的生活富裕。

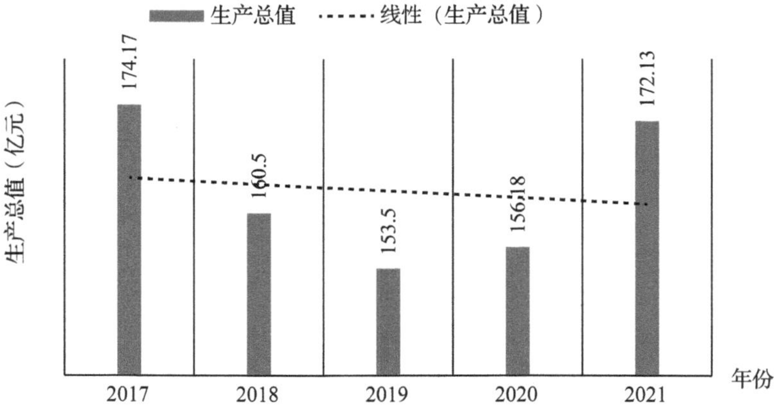

图6-6 2017—2021年礼泉县地区生产总值

(2)农村居民可支配收入逐年提高。农村居民家庭人均可支配收入可以充分表现出农村居民的生活富裕程度。如图6-7所示，袁家村所处的礼泉县，2017—2021年农村居民家庭人均可支配收入呈递增趋势。截至2021年礼泉县农村居民家庭人均可支配收入为14772元，农民收入不断提高，生活的富裕水平也在不断提升。

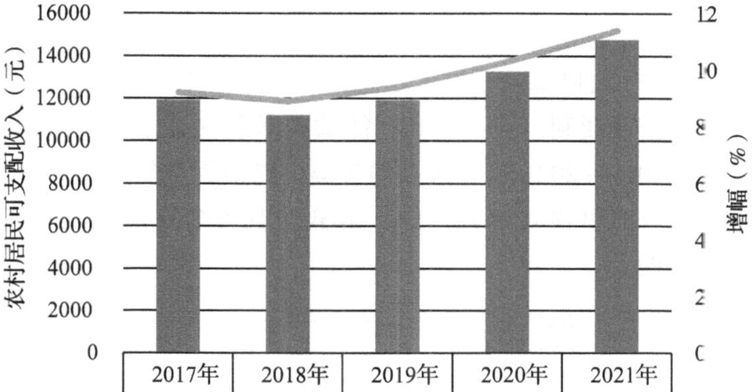

	2017年	2018年	2019年	2020年	2021年
农村居民可支配收入	11923	11211	11918	13265	14772
增幅	9.2	8.9	9.4	10.3	11.4

图 6-7　2017—2021 年礼泉县农村居民家庭人均可支配收入

(3)农村居民人均消费支出不断提高。农村居民收入增加其消费支出也随之提高(表 6-2)，陕西省 2020 年农村居民的人均消费支出较 2019 年相比，增长较为明显。2020 年消费支出为 11375.7 元，较上一年提高了 441 元，增幅 4%。其中在食品、居住、交通、医疗上的增长幅度较大，在一定程度上表现出了农村居民的生活水平在不断提高，生活质量越来越好。

表 6-2　陕西省农村居民人均消费支出情况(元)

	2019 年	2020 年
生活消费支出	10934.7	11375.7
食品、烟酒	2832.1	3182.6
衣　着	592.1	609.6
居　住	2528.6	2715.4
生活用品及服务	655.0	688.1
交通通信	1360.3	1460.9
教育文化娱乐	1387.0	1057.4
医疗保健	1382.6	1490.7
其他用品和服务	197.0	170.9

(4)城乡居民家庭恩格尔系数不断下降。恩格尔系数是衡量家庭生活水平的主要指标，恩格尔系数越低则生活水平以及家庭富裕程度就越高。2018 年咸阳市城乡居民家庭的恩格尔系数为 26%，较 2017 年的 31.2%相比，下降趋势明显。根据恩格尔系数标准划分，低于 30%则表示最富裕。咸阳市城乡居

民生活水平已达到最富裕状态，这对于实现农村生活富裕，完成乡村振兴战略起到了促进作用。

(5)农村基础设施不断完善。道路基础设施是影响地方经济发展的关键因素，交通便利、通达度高，能够有效促进农村地区的产业发展。如图 6-8 所示，2018—2021 年礼泉县的各类公路里程数呈现出了增长趋势，截至 2021 年全县公路里程数为 1871km。覆盖全县各个乡镇，整体带动了区域经济的可持续发展。

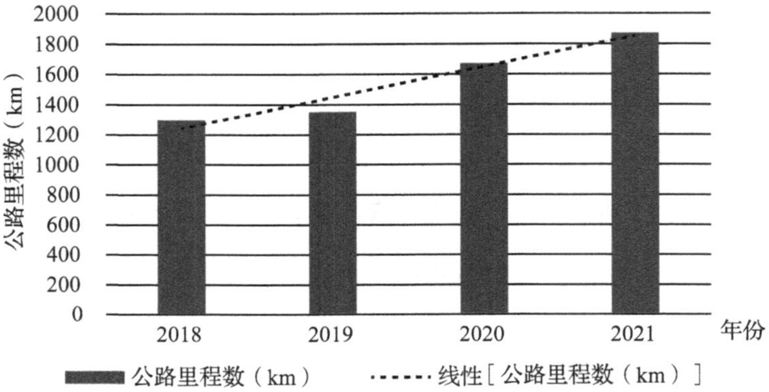

图 6-8　2018—2021 年礼泉县公路里程数统计

6.3.7　发展乡村旅游产业的意义

袁家村在发展乡村旅游产业中逐步实现了农村居民的生活富裕。袁家村能始终走在乡村产业转型发展的时代前沿，这与它紧跟乡村振兴战略的总体方针是分不开的。乡村振兴战略是有效解决我国农村地区“三农”问题的关键。结合袁家村旅游产业的发展以及乡村振兴战略的总方针，袁家村发展乡村旅游产业的意义主要体现为：

(1)产业兴旺是其发展的核心。旅游业只是袁家村乡村振兴发展过程中走的一个步骤，而非其发展的核心动力。如果农村地区本身就缺乏支柱产业作引导，那么旅游业的发展也难以延续。因此，在未来发展中，袁家村的产业核心驱动力是其产业模式。农村产业的融合发展是乡村振兴的根本，也是当前我国农村工作的重中之重。农村产业发展落后、三产发展不均衡等问题制约乡村发展，只有恢复农村产业才能有效推动乡村振兴战略的实施。

(2)生态宜居、治理有效，是袁家村产业发展的基础。良好的生态环境以及独特的人文历史风貌是袁家村发展旅游业的基础。在利益驱动下村民对于环境保护的积极性更高，对于乡村风貌的整治也更加投入。与此同时，为了满足消费者在食物上对于绿色健康的需求，村民们减少了农药化肥的使用，提升产品质量的同时也对生态环境保护起到了推动作用。

(3)乡风文明、生活富裕，是袁家村产业发展的结果。乡村振兴战略的实施是为了实现农村居民的生活富裕，而这个富裕不仅仅只体现在物质生活上，同时也体现在精神生活上，袁家村提供“资源变资产、资金变股金、村民变股民”的形式带领村民走上了共同富裕之路，推动经济发展的同时也加快了袁家村文化建设，对外树立了袁家村良好的品牌形象。

6.3.8 发展乡村旅游，实现农村生活富裕的经验总结

(1)统筹规划，集成发展。袁家村能够成为整体发展的一个成功典型，主要得益于村领导干部的统一谋划布局，形成了一个完整稳定的产业体系。在发展的关键时刻支撑其成功完成转型的关键是全体村民思想的高度统一。其次是各类商户、项目汇集到袁家村形成了聚集效应。共同营造了具有地方特色的民俗商业街，吸引了大量的游客前来游览观光，带动了当地的经济发展。管理集约化也是其能够取得成功的一大因素，袁家村的管理制度科学、规范、紧密不松散，各部门之间相互联系，无论是项目引进还是商户管理，都有规章制度进行对照，这有利于保障各方的利益。最后是与周边村庄联动发展，在袁家村就业以及经营的人员主要来自本村或周围村庄，在发展本村经济的同时还能带动周边地区的经济及就业，以点带面实现整个区域的经济发展。

(2)紧跟时代发展，打造特色文化。在整体规划布局上，袁家村抓住“关中文化”这一特色进行旅游产品设计，在形式上与其他地区拉开差距，避免了同质化竞争。袁家村旅游产业定位准确，结合自身资源将地方特色文化与乡村旅游融为一体，打造了满足消费者吃、住、游、娱、购为一体的农村生活综合体。还勇于跳出传统思维局限，紧跟时代潮流，形成文化汇集模式，不同区域不同季节不同风景以及非物质文化遗产保护等，能够增强游客的体验感，拉近与游客之间的距离。与此同时，结合消费者对于饮食多样化的需求，袁家村不仅有地方传统美食还有当下流行的食物供消费者选择，在质量安全把控上，也突出健康、绿色等特点。吃农家菜住农家屋满足了消费者的不同需求。

(3)完善资金管理，拓宽产业链。在租金管理方面，袁家村为了把控商户质量和方便管理，实行免收租金形式，减轻商户创业压力，促进了景区内业态多样化的发展。在投资方面，村集体会选择景区内发展前景较好的商户进行注资，让其以股份制公司形式融入更大市场并做大做强。通过以上资金管理机制，能够有效减少商户盲目进入市场的损失，为参与经营者提供了资金

保障，有利于袁家村产业的良性发展以及树立更好的袁家村品牌形象，方便其进入其他市场。在产业链延伸方面，除了对袁家村的农产品进行深加工，提高产品附加值外，还整合了资源对村内的各个作坊实行统一管理，把控产品质量，维护品牌形象。

(4)注重专业人才队伍建设。乡村振兴、产业发展人才是关键，乡村旅游产业虽是以农业生产活动以及自然资源禀赋为基础，但是没有专业人才对这些资源进行统筹规划，乡村旅游也难以实现高质量。农村从业者普遍素质较低，缺乏专业技能培训，这严重制约了乡村旅游产业发展。在缺乏人才这一问题上，袁家村打破传统思维局限，引进了高水平管理人才作为项目的职业经理人，为项目注入了现代化的管理理念，使得整体发展紧跟时代。其次是组建专家智囊团，袁家村的每一次革新都广泛听取社会各界的意见，确定了发展方向。与此同时，还邀请专家进行实地考察并指导规划。最后是加大对专业技能人才的招聘，遵循“用人以德不以亲”，无论是否为袁家村本村人，只要是专业技能水平高，都能作为项目评判的标准，在人才队伍建设制度下，保证了袁家村乡村旅游产业的良性循环。

(5)以村集体经济为依托，确定产业发展方向。得益于长期坚持村集体经济发展，合作社模式才能在袁家村成功推广。最开始袁家村确定了“全民参与、自愿入股、钱少先入、钱多后入、照顾小户、限制大户、风险共担、收益共享”的原则，这是袁家村运营管理的核心。20 世纪 90 年代，袁家村便开办了村办企业。因此，对于公司的运营管理机制村干部也较为熟悉。但是，乡村旅游的发展形式相较于之前产业发展模式有较大区别，袁家村村干部敢于探索，推出了“全民股份制作坊街”的新形式，有效缓解了不同主体之间的利益对冲。但凡村民入股，全都能获利，大大提高了村民参与景区经营的积极性，加快了袁家村生活富裕的步伐。为了方便管理，在公司内部又由村民自发成立相应的协会，自行管理协会事务。在袁家村经营必须坚守诚信二字，如若出现产品质量安全问题，商家将被袁家村永远除名。袁家村举全民之力发展乡村旅游产业，其核心主体是农民。定位决定其产业发展方向，袁家村依托自身资源，将产业发展方向定位为关中民俗印象体验地，围绕独特的地理位置优势以及美食、民居等吸引游客，推动了产业的发展。

6.4 中等发达水平区域农村生活富裕典型案例——安徽六安茶谷茶旅产业融合发展

六安市位于安徽省大别山北部，共有 4 县 3 区，其中国家级贫困县 3 个，省级贫困县1个。为了带动六安人民脱贫致富，2014年8月六安茶谷项目开始实施，项目覆盖了金寨县、金安区等5个县区。在推进乡村振兴战略的进程中，六安始终将农民放在首位。优先发展农业农村事业，统筹城乡经济社会协调发展。坚持绿色、可持续发展理念，进一步深化了六安农业农村现代化。茶产业作为六安的特色产业，六安市结合资源优势加快实施产业扶贫政策。实现了农村产业兴旺，加快了农村居民实现生活富裕的步伐。

6.4.1 六安茶谷概况

六安茶谷总面积约为5696km²，以六安特色产业瓜片茶为基础打造了集生态、产业、旅游、养生、富民为一体的区域性产业链。茶谷建设范围涉及5个县区、46个乡镇、2个风景名胜区，将有代表性的黄芽、翠眉、小兰花、银毫等茶叶原产地以及主产区也纳入其中。区域内生态环境良好、人文景观丰富、特色农产品数量多，为六安市新的经济增长极。茶谷位于大别山深山区，是国家脱贫攻坚的主战场，因此，六安茶谷作为地方经济建设以及产业转型升级的切入点显得尤为重要。为方便游客游览，六安茶谷规划了3条茶旅环线，其可以充分反映六安茶产业特色以及茶谷旅游的独特魅力。

6.4.2 六安茶谷产业竞争力现状

6.4.2.1 茶叶种植及生产逐渐规模化

六安茶谷树牢新发展理念，将深化改革、产业振兴以及精准扶贫有效结合，融入特色旅游产业发展模式，促进了六安产业的转型升级。立足地区资源优势，结合地方实际情况，实施绿色农业产业发展。以六安特色茶产业为基础，将区域内其他特色产业与休闲旅游、生态保护相结合，有效推动六安经济发展。

依托良好的自然生态环境以及适宜的气候条件，六安茶产业发展整体呈现向好态势。境内茶叶资源丰富、品种较多，已创建区域公用品牌7个，市场知名度较高。所种植的茶叶品类涵盖了绿茶、红茶、黄茶、黑茶，相较于国内其他茶叶主产区而言品种结构更加多样化。

截至2019年六安茶谷茶叶种植面积、产量都呈现出了上升趋势，增幅明显(图6-9)，六安茶谷2015年茶叶产量为23678t，2019年产量为27988t，增长率高达18%。六安茶谷茶叶规模在不断扩大，现已形成了集生产、加工、销售于一体，“公司+合作社+基地+农户”的产业发展模式，推动了六安茶谷产业的健康发展。

六安市在茶产业发展过程中注重产业整体产量及质量的双重提升，2020年六安市新建成2100hm²的良种茶园，完成2526hm²的低产茶园改造。如表

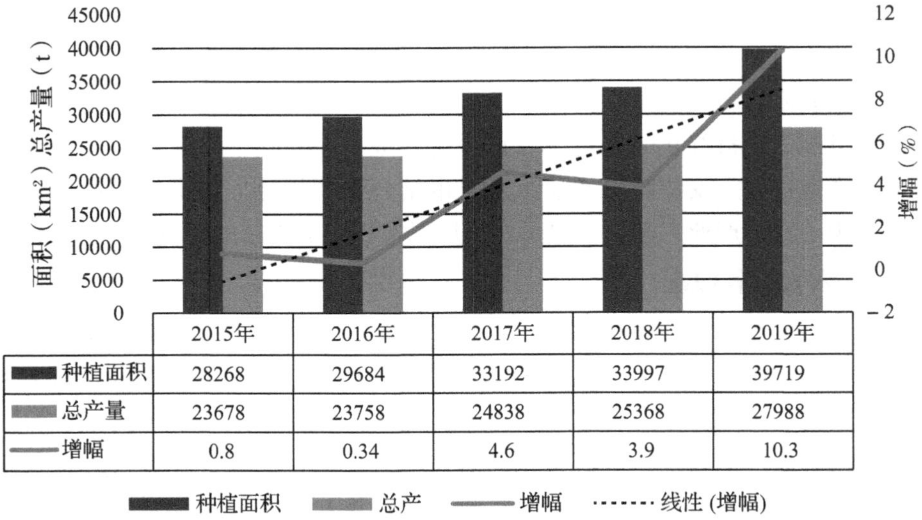

图 6-9　2015—2019 年六安茶谷产业面积、产量及增幅

6-3 所示，六安市 2020 年四大茶品类的产量分别为 24700t、700t、8300t、200t，其中产值最高的是以六安瓜片茶为代表的绿茶，其产值为 30.29 亿元[27]。

表 6-3　2020 年六安茶谷各类茶叶生产情况

种 类	绿 茶	红 茶	黄 茶	黑 茶
茶叶产量(t)	24700	700	8300	200
茶叶产值(亿元)	30.29	0.24	2.82	0.06

在六安茶谷产业化转型的过程中也诞生了多家茶叶企业，这些企业共同推动了六安茶产业的发展，解决了当地农户的就业问题。如表 6-4 所示，截至 2019 年，六安有上市茶企业 1 家，省级龙头企业 10 家、市级龙头企业 65 家、国家级茶叶专业合作社 8 个、省市级专业合作社 72 个。当前，六安市大约有 50 万人从事茶产业相关工作，茶产业已成为带动地方经济增长的支柱性产业。

表 6-4　六安市龙头企业及合作社数量统计

	企业数量				合作社数量			
	国家级	省 级	市 级	合 计	国家级	省 级	市 级	合 计
六安市	0	10	65	94	8	18	54	307
舒城县	0	2	8	29	1	5	15	145
金寨县	0	4	22	26	1	6	18	60
霍山县	0	2	15	17	2	3	16	75
金安区	0	0	5	5	1	0	0	15
裕安区	0	2	15	17	3	4	5	12

6.4.2.2 产业发展可持续化

六安茶谷在产业发展过程中充分践行习近平新时代中国特色社会主义思想的生态文明观。将绿色生产、保护生态贯彻在产业发展的各个环节，以节约型、环保型、低能耗、低污染作为生产目标，以新型的农业生产方式推进产业的可持续发展。六安市积极创建标准化茶园，开展种植技术培训、将生态环境保护作为发展重点，改良和新建了高标准化的良种茶园。与此同时，注重优质茶树种质资源的引进。在全国范围内选择了近200个品种进行选育，结合地方气候及环境特点，改良培育出了舒茶早、特香早等优良品种，并在全市范围内进行推广种植。此外，在种植过程中减少农药、化肥的使用，以农家肥、生物防治替代。实行茶园园长制度，利用现代技术手段对茶园进行综合防控。目前，六安市茶园“三品”认证面积35600hm^2，无公害认证面积26866hm^2，绿色认证14533hm^2，有机认证2266hm^2。经过多年的发展，六安茶谷在产业可持续化探索中取得了显著成果。

6.4.2.3 建立自有品牌增强产业竞争力

六安茶谷自建立以来先后建立了多个区域公用品牌，六安市的茶产业品牌效益也更加突出。随着品牌化进程的不断推进及加深，2022年六安市多个茶叶区域公用品牌上榜“2022年中国茶叶区域公用品牌价值评估及排名”排行榜。其中，“六安瓜片”位列全国第13位，品牌价值43.22亿元，“霍山黄芽”“舒铖小兰花”“霍山黄大茶”均进入全国前100，分别位列第35位、74位、92位，品牌价值分别为32.06亿元、15.33亿元以及10.93亿元(表6-5)。六安市茶品牌的快速发展也带动地区内其他产业的发展，尤其是第三产业服务业，大大增加了农民收入，实现了农村居民的生活富裕。

六安茶谷将品牌化作为其发展核心，结合自身优势主动融入市场环境中，推动了六安茶谷产业链的良性发展。着眼于产业的长远利益，不断优化产业结构、完善产业链条、提高自身竞争力，做大做强产业，使乡村振兴战略得以实施。六安茶谷通过茶叶区域公用品牌的建设，为其发展特色茶旅融合产业奠定了良好基础，与此同时还为当地带来了经济效益与社会效益的双丰收。六安茶谷拥有良好的自然生态资源以及人文历史资源，基础设施也较为完善，这对于发展以茶为基础的特色旅游产业有良好的推动作用，六安茶谷未来的发展蕴含着巨大潜力。

表 6-5　2022 年中国茶叶区域公用品牌价值评估及排名（安徽地区品牌）

品牌名称	主要产地	品牌价值(亿元)	全国排名
六安瓜片	安徽省六安市	43.32	13
黄山毛峰	安徽省黄山市	40.72	17
太平猴魁	安徽省黄山市	40.00	18
祁门红茶	安徽省黄山市	39.89	19
霍山黄芽	安徽省六安市	32.06	35
岳西翠兰	安徽省安庆市	23.10	53
松萝茶	安徽省黄山市	22.26	58
舒城小兰花	安徽省六安市	15.33	74
泾县兰香茶	安徽省宣城市	12.88	85
霍山黄大茶	安徽省六安市	10.93	92
歙县大方茶	安徽省黄山市	9.98	97
石台富硒茶	安徽省池州市	9.80	100
宵坑绿茶	安徽省池州市	6.51	108

6.4.2.4 “茶产业+旅游业”多产融合，延伸产业链

六安茶谷整合区域内资源优势，把握政策机遇发展“茶产业+旅游业”，多产融合不断延伸其产业链。以“全域旅游”为出发点，以点带面带动区域内产业的整体发展。茶产业与旅游业二者之间存在着紧密联系，茶旅融合发展能够进一步将资源优势转变为产业优势，提高产业的整体附加值。六安茶谷以茶旅融合方式实现了旅游产业的区域全覆盖，提升了旅游经济的综合效益。

六安茶谷以茶为中心，产业辐射范围较广，在做好茶产业的同时还有效地带动了中草药、酒、竹等产业的蓬勃发展。茶谷建设依照市场化、标准化、品牌化等要求，汇集农户、企业、农场等多方资源，形成了一个利益共同体，在这个模式下解决了农户的就业问题，提高了收入，推动了乡村振兴战略的实施。

在旅游路线规划布局上，六安茶谷根据不同地区以及游客需求设计了 6 条发展轴。以国家级旅游风景区为标准统筹推进，以六安市为主导的从上到下五级联动，提升了旅游产品品质。六安茶谷充分发挥区域优势，以全域旅游为产业发展理念，将资源利用最大化，把境内的分散景点组合为特色风景区，打造风情小镇、乡村长廊、文化广场等，以旅游产业助力乡村振兴的发展，实现农村居民的生活富裕。

6.4.2.5 销售模式多样化

与传统农产品销售模式不同，六安茶谷茶叶销售模式更加多样化。随着茶叶种植面积以及产量的不断提高，茶叶销售市场也逐渐专业化、规模化。六安茶谷茶叶以订单销售模式为主，在此模式下 2019 年六安有 50 万亩超 20 万茶农实现营收。

(1)“公司+基地+农户”模式。主要是通过企业与茶叶种植基地农户签订收购订单，公司为农户提供资金支持以及种植技术保障，农户按公司要求规范管理茶园，生产符合公司标准的茶叶，提前签订收购合同，使市场波动茶叶行情不乐观时，农户收益也能得到保证。这种销售能够大大提高农户的种植积极性，也能有效提高农户的种植标准化程度，有利于六安茶产业的良性发展。

(2)“合作社+农户”模式。农户以土地入股合作社形式加入合作社后参与合作社的经营管理，增强了农户的“主人翁”意识，使得农户与合作社的联系更加紧密，合作社规模也得以扩大，容易形成规模效益，提高农户的收益，大大调动了农户积极性。合作社对农户进行统一的技术培训，建立统一的种植及采收标准，有利于规范种植标准。除此之外，合作从事茶叶经营所得收益，农户也可以按股参与分红，保证了茶农的二次收益，拓宽了农户的收入渠道，有利于实现农村居民生活的富裕。

(3)茶园认购模式。社会各主体均可与农户进行茶园认购，通过提前预订一定数量茶树，每年可获得相应茶叶，顾客还可进行远程监控，通过这个模式，增强了顾客的消费体验感，提升了用户黏度。

目前，六安茶叶专卖店已走出安徽省，进入国内一线城市，依托其良好的产品品质，产品也出口到周边及欧美国家。除此之外，销售渠道还从线下布局到了线上。多渠道销售大大拓宽了六安茶产业的销路，提高了六安茶产业的市场知名度以及竞争力。

结合茶园的地理位置以及良好的生态环境，六安茶谷将一、二、三产业融合发展，除了茶叶种植、生产、加工、销售外，还大力举办茶文化旅游节等各种各样的活动，带动了茶产业以及特色产业的经济增长，产业链得以延伸，产业发展也更加多元化。

6.4.3 六安茶谷产业发展模式分析

(1)茶耕文化模式。六安瓜片茶是中国十大名茶之一[28]，随着六安茶谷产业的不断深入发展，安徽省将茶产业确定为重点发展的农业产业化十大主导产业之一。得益于六安茶谷的资源优势，开展形式多样的茶旅融合产业，通过旅游产业提升六安茶产业的知名度，增加茶农收入实现生活富裕。目前，安徽省在茶耕文化模式的探索上，已有较多案例。例如，皖西茶博园，按照高标准、高品位、多功能等理念设计建造了集存储、展示、体验于一体的茶文化园区。利用2000亩优质茶园资源优势，打造了六安茶谷标志性形象工程，充分带动了一、二、三产业的融合发展。除此之外，百家冲休闲茶园也同样具有代表性。百家冲茶园历史悠久，占地约3000亩，园内建有美食园、客栈、民俗表演园等，游客可在园区内品尝特色茶美食、欣赏表演、体验采茶、制茶等活动。园区定位为一体化，是集旅游观光、休闲娱乐、科普于一体的多功能体验区。在政府的支持下，园区的接待能力也在不断提升，每年接待游客超20万，有效解决了农户就业问题，拓宽了农户收入渠道，充分调动了农户积极性。

(2)健康养生模式。在六安茶谷规划建设中，地方政府就积极引导将健康养生的理念融入其中，结合六安茶谷森林覆盖率高、空气质量好等特点，规划建设了多个疗养中心、度假酒店等，完善区域内的基础配套设施。打造多功能知名健康养生区。当前，在健康养生模式上发展较好的区域也较多，且发展形势也较为多样化。例如，汤池温泉，温泉是游客体验健康养生休闲旅游的首选。因此，利用汤池温泉氡含量高，对心血管病、风湿等有理疗价值的特点，开展疗养、观光、旅游等服务，能够吸引更多的游客前来游览，对于地方经济增长也起到了拉动作用。海会养生谷则是利用动植物资源丰富、距离万佛湖景区较近、交通通达度好的优势，规划设计了健康休闲场所，为游客提供了休闲度假的更多选择。通过这个模式，将资源优势转化为资金优势，成为地方经济发展新的增长点。

(3)自然生态模式。六安茶谷自然生态环境良好，为产业发展走自然生态模式奠定了基础。经过多年的发展，该模式在六安茶谷运行状况较好，也取得了一定成效。例如，阳光雨露生态园，该生态园交通便利，主要以特色水果种植为主，采用绿色有机的种植方式，品种丰富多样，搭配合理，可供全年采摘。形成了集种植、生产、观光为一体的现代农业庄园。为游客提供优质水果产品、采摘体验等服务。此外，大别山竹海景区的发展态势也较好，利用佛庵镇“中国竹子之乡”的优势，开发旅游观光项目，规划建设了游客中心、停车场、观光步道等基础设施，同时规划布局了旅游度假酒店，在一定程度上改善了地方人居环境，提升农村居民的生活品质，有利于实现乡村振兴战略中农村居民生活富裕的目标。

(4)红色文化模式。红色旅游作为我国当前发展较快的模式，每年都能吸引大量游客前来观光、学习红色文化、革命精神。六安位于大别山北侧，大别山是革命老区，红色基因浓厚、历史文化底蕴深厚，是研究、学习、科普红色文化的重要区域。六安一直享有“红军故乡、将军摇篮”之称。结合六安红色文化资源优势，将红色文化融入产业发展，形成独具地方特色的红色旅游产业模式。在该模式下，六安也孕育出了一批具有代表性的案例，如 2008 年在新四军四支队旧址上复建的纪念馆。每年都有大量学生及国内外游客前来参观学习。除此之外，独山革命旧址群是全国重点的红色经典景区之一，景区由 1700m 长的苏维埃城、六霍起义纪念馆、纪念塔以及 7 个革命旧址组成，是我国重要的革命科普教育基地。通过红色文化模式既能有效保护和传承优良的革命精神，还能通过旅游产业拉动地方经济的增长，对于乡村振兴战略的实施起到了推动作用。

6.4.4 六安茶谷茶旅产业发展对农村生活富裕的影响

6.4.4.1 农村居民收入及消费支出增加

在茶旅产业融合发展的模式下，六安农村居民的人均可支配收入呈现逐年上升趋势。如图 6-10 所示，2015—2019 年 5 年间六安农村居民家庭的人均可支配收入从 9197 元增加至 13244 元，增长率为 44%。农民收入增加是农村生活富裕最直观也是最重要的体现。

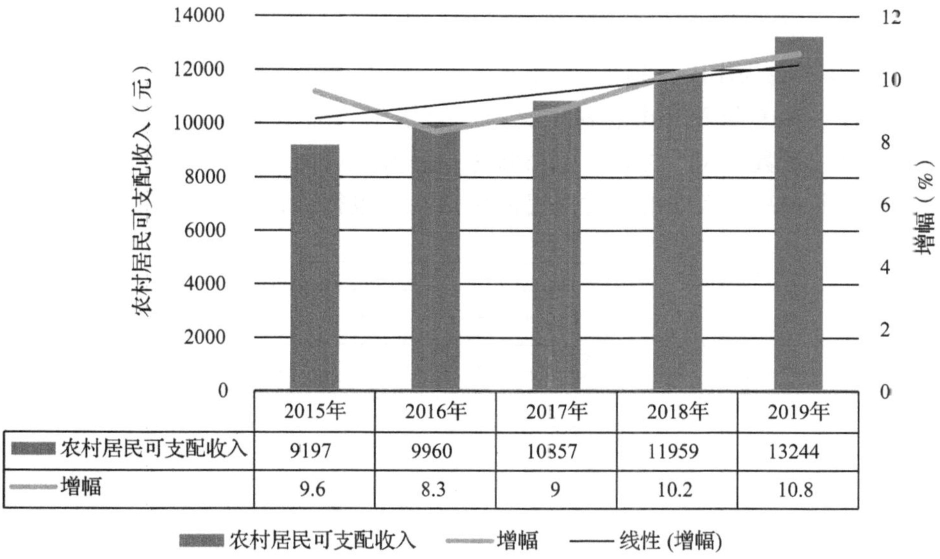

图 6-10 六安市 2015—2019 年农村居民家庭人均可支配收入

农村居民家庭人均消费性支出也代表了农村居民生活的富裕程度，如图 6-11 所示，截至 2019 年六安农村居民家庭人均消费性支出为 11089 元，相较于 2015 年的 7705 元，提高了 3384 元，增长率为 43.9%。消费支出增长率与收入增长率基本持平，表明六安农村居民的消费能力不断提升。

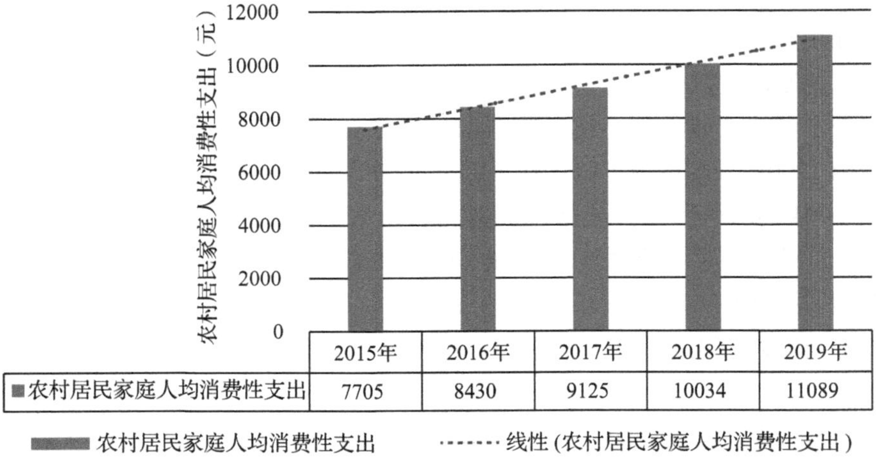

图 6-11　六安市 2015—2019 年农村居民家庭人均消费性支出

6.4.4.2　农村居民家庭恩格尔系数不断下降

农村居民家庭恩格尔系数能够直观地体现出农村居民的生活水平，根据联合国粮农组织提出的标准，恩格尔系数在 59%以上为贫困，50%～59%为温饱，40%～50%为小康，30%～40%为富裕，低于 30%为最富裕。如图 6-12 所示，2015—2019 年六安市农村居民家庭恩格尔系数呈下降趋势。截至 2019 年，恩格尔系数为 34.6%处于富裕状态，随着产业的不断发展以及农村居民收入的不断提高，六安市农村居民的生活水平也得到提升，农民的幸福感以

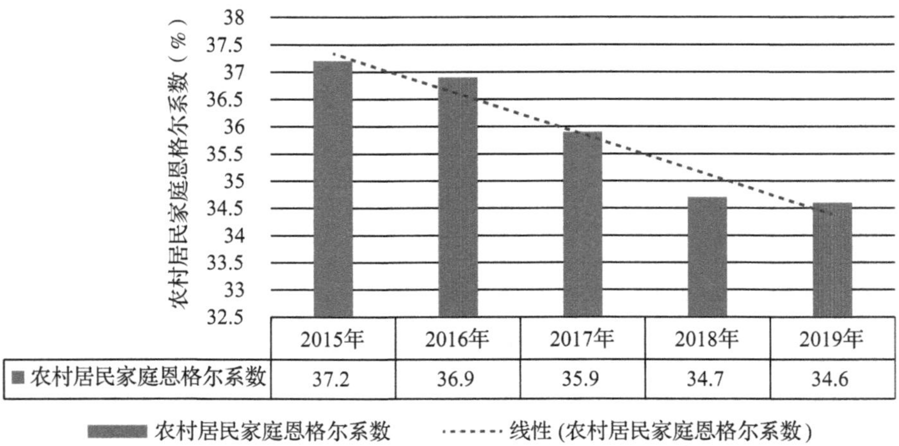

图 6-12　2015—2019 年六安市农村居民家庭恩格尔系数

及获得感也随之提升。但通过数据也可发现，目前六安市农村居民的生活水平距离最富裕仍然有一段距离。

6.4.4.3 农村居民生活质量逐渐提高

随着六安市农村居民家庭人均可支配收入的增加，农村居民的物质生活条件得到了较大改善。从表6-6可以看出，当前，人们对于传统的吃、穿、住的消费比重逐渐降低，消费需求转向了交通通信、教育文化娱乐服务以及医疗保健等以满足自己对精神生活的追求。尤其是对文化娱乐以及健康的消费递增趋势明显，表明六安农村居民的生活水平、品质在不断提高，基本实现了物质生活与精神生活的双重富裕。

表6-6 2015—2019年六安市农村居民消费结构统计

	2015年	2016年	2017年	2018年	2019年
食品类	37.21	36.92	35.91	34.70	34.58
衣着类	5.96	5.70	3.59	5.58	5.62
居　住	22.80	22.58	23.71	24.30	23.87
家庭设备用品及服务	5.99	5.90	5.34	5.44	5.27
交通通信	9.70	10.13	10.11	10.47	10.35
教育文化娱乐服务	9.58	9.67	10.13	10.54	10.94
医疗保健	7.50	7.69	7.86	7.76	8.14
其他商品及服务	1.27	1.41	1.35	1.22	1.23

除了生活水平、质量的提高外，六安农村居民的社会保障也得到了全面提升。如表6-7所示，2019年六安市各城乡的基本医疗保险参保率均超过100%，全市的住院实际补偿比例为50.34%，其中补偿比例最高霍山县为63.39%。逐渐完善的社会医疗保障制度，有效抑制了六安市农村居民因病返贫的概率，是提升农民生活品质，实现农村生活富裕的制度保障。

表6-7 2019年六安市城乡居民基本医疗情况

城区	城乡居民参保人数(人)	城乡基本医疗保险参保率(%)	补偿收益(万人次)	住院率(%)	住院实际补偿比例(%)
全　市	5173763	114.5	312.9	14.98	59.34
金安区	769787	101.6	71.3	14.98	59.25
裕安区	915626	109.9	59.2	13.63	57.37
叶集区	246909	109.5	15.0	13.49	56.22

（续）

城区	城乡居民参保人数（人）	城乡基本医疗保险参保率（%）	补偿收益（万人次）	住院率（%）	住院实际补偿比例（%）
霍邱县	1418208	122.6	29.4	12.63	57.10
舒城县	875620	119.2	55.4	14.07	60.84
金寨县	645123	126.7	56.5	14.35	63.06
霍山县	302490	103.2	26.1	19.38	63.39

6.4.4.4 农村基础设施逐渐完善

“要想富、先修路”，农村道路基础设施建设是实现农村产业兴旺、农民生活富裕，推动乡村振兴战略实施的关键所在。如表 6-8 所示，六安市 2019 年各类公路里程数总计为 24124.2km，各县区均有国道、省道、县道覆盖，县区内各乡镇间有乡道、村道连接，整体交通通达度良好。为六安市农村产业发展奠定了基础，促进了农村事业的良性发展。

表 6-8　2019 年六安市各类公路里程数统计

县区	公路里程合计（km）	国道	省道	县道	乡道	村道
总　计	24124.2	808.6	1676.4	4161.3	2443.7	15034.2
金安区	3448.8	103.4	181.4	560.0	159.4	2444.1
裕安区	4244.6	58.6	167.9	784.7	525.0	2708.5
叶集区	1231.2	53.0	63.7	207.4	83.8	823.3
霍邱县	4080.6	146.7	256.8	791.4	439.4	2446.3
舒城县	4107.8	146.3	250.2	534.3	738.4	2438.5
金寨县	4528.7	185.3	499.2	734.1	131.2	2978.9
霍山县	2482.9	115.2	257.2	549.4	366.5	1194.6

随着经济社会的快速发展，信息传播速度也越来越快，农村产业要发展就必须紧跟时代发展步伐，信息获取的及时性就显得尤为重要。在互联网时代，农村地区的通信基础设施建设，是决定其是否能及时获取政策、市场等信息的关键。如表 6-9 所示，2019 年六安市电信业务总量为 242528 万元，国际互联网用户数量为 2605803 人，拥有移动电话用户数量为 4041299 人，基本实现了网络信息的全覆盖，城乡居民的信息获取更加方便快捷，有利于推动地方经济的发展以及提升居民的生活幸福感。

表 6-9 2019 年六安市各县区电信基本情况统计

县区	电信业务总量（万元）	住宅电话（部）	国际互联网用户数(人)	移动电话用户数(人)
总计	242528	274452	2605803	4041299
市辖区	123771	143777	1273793	1889542
霍邱县	38538	38461	429227	728630
舒城县	34164	36177	392163	624642
金寨县	27733	35283	309707	475090
霍山县	18322	20754	200913	323395

6.4.5 六安茶谷茶旅融合，实现农村生活富裕的经验总结

(1)坚持生态优先，实现绿色发展。六安市拥有良好的自然资源禀赋以及深厚的红色历史文化底蕴，在发展过程中始终坚持贯彻习近平新时代中国特色社会主义思想中的生态文明观，将“绿水青山就是金山银山”作为其产业发展理念，走生态优先之路，把自然资源优势成功转化为产业发展优势。以“景村共建”的形式整体推进乡村旅游建设，秉持着“原生态”的宗旨，走出了一条景村融合发展的道路。在整体开发过程中以“保护、完善、提高”作为其指导思路，在不破坏原有生态环境、乡村风貌的前提下将传统民居、古树等资源完整保存下来，为景村“一体化”发展奠定了良好基础，形成了独具地方特色的乡村旅游产业。开发出了形式多样的旅游项目，真正将小茶叶发展成为大产业，带动了地方居民的经济增长，推动了乡村振兴战略的有效实施，有效促进了农村居民的生活富裕。

(2)加快产业融合，实现产业兴旺。乡村产业是农民增收致富的保障，农村产业兴旺能够有效推动农民生活富裕。六安茶谷在产业发展中充分挖掘地方产业优势资源，以特色茶产业为基础，打造了集茶叶生产、加工、销售、旅游观光、教育科普为一体的产业链条。推进乡村旅游与农业、工业、文化产业、服务业以及城乡建设的有效联动。实现了一、二、三产业的融合发展，调整了产业结构。以旅游产业带动特色农产品的加工销售，促进了农村加工业的发展。与此同时还带动了地方交通运输、物流等行业的发展，基础设施得到完善，人居环境得到改良，农村居民的生活幸福感以及获得感也得到提升。总之，想要实现农村居民生活富裕就必须把农村产业发展好，结合地方实际情况，因地制宜地走产业融合发展之路，让新的产业发展模式成为拉动农村经济增长的“新引擎”。

6.5 欠发达地区农村生活富裕典型案例——宾川县高原特色水果产业

云南省地处我国西南边陲，少数民族人口多，地形多以山地为主，基础设施落后等原因制约了云南经济发展，尤其是农村经济发展，在完成全面脱贫之前云南省农村一直是我国脱贫攻坚的主战场。宾川县隶属于大理白族自治州，下辖8镇2乡，经济发展主要以农业产业为主，是云南省重要的水果生产地。近年来，宾川县结合地区自然资源优势，大力发展集葡萄、柑橘、石榴等高原特色水果产业，充分带动了农村地区的经济发展，2020年宾川县农村居民家庭的恩格尔系数为29.9，已实现最富裕状态。

6.5.1 概　况

宾川县位于云南省西北部、大理州东部，国土面积2563km^2，下辖金牛镇、州城镇、宾居镇、乔甸镇、大营镇、平川镇、力角镇、鸡足山镇、拉乌乡、钟英乡。总人口34.1万人，其中少数民族人口63000余人。宾川县拥有良好的自然资源禀赋，开发前景较为广阔。宾川县地形以山地为主，中间低、四周高，热能丰富。素有“天然温室”之称。气候以亚热带季风气候为主，夏季炎热多雨，冬季干燥少雨，早晚温差大，适宜农作物种植，这为宾川水果产业的发展奠定了基础。宾川县境内有4个华侨社区，居住着来自越南、印尼等国家及地区的归侨侨眷8967人，他们至今仍然与这些国家保持着广泛联系，这为宾川水果走出国门打开了通道。除此之外，宾川县旅游资源也较为丰富，鸡足山是国家4A级旅游景区同时也是享誉南亚、东南亚的佛教名山，深厚的“佛学”文化每年都吸引着大量的游客前来游览观光，这在一定程度推动了宾川县发展农文旅产业融合发展。经过多年的发展，宾川县经济增长速度较快，2020年全县生产总值达1432617万元，位居大理州第3位，农村居民家庭人均可支配收入18181元，位居大理州县级城市之首。

6.5.2 高原特色水果产业发展优势

(1)劳动力丰富。劳动力是农村产业发展的重要保证。宾川县是云南省的农业大县，高原特色水果产业是宾川县的支柱产业。近年来，随着产业规模的不断壮大，宾川县从事特色水果产业的人数也在不断增加。如表6-10所示，2020年宾川县农村劳动力人数为210923人，占全县总人口数的61.8%。而全县农村从业人员数量为184804人，占全县总人口数54.1%。

表 6-10 2020 年宾川县农村劳动力资源数及乡村从业人口数统计表(人)

农村劳动力资源数			乡村从业人员		
总 计	男	女	总 计	男	女
210923	105683	105240	184804	97126	87678

(2)气候条件适宜。如表 6-11、表 6-12 所示，宾川县拥有较好的自然资源禀赋，地处金沙江干热河谷南岸，使得宾川县的年平均气温保持在 20℃左右，气候温暖有利于各类农作物的生长。除此之外，宾川县年降水量基本稳定在 500mm 左右。为了满足农业用水需求，20 世纪 90 年代修建了“引洱入宾”工程以及近年来修建的“滇中引水工程”较大程度地保证了宾川农业用水的供给。推动了宾川水果产业的健康发展。

表 6-11 2016—2020 年宾川县年平均气温(℃)

2016 年	2017 年	2018 年	2019 年	2020 年
19. 5	19. 8	19. 4	20. 3	20. 2

表 6-12 2016—2020 宾川县年降水量（mm）

2016 年	2017 年	2018 年	2019 年	2020 年
562. 5	473. 6	499. 8	445. 9	547. 5

(3)政府政策支持。近年来，随着水果产业在宾川的蓬勃发展，地方政府也给予了相应的政策支持。相继出台了《宾川县高原特色现代农业产业融合发展总体规划(2020—2025 年)》《宾川县打造世界一流“绿色食品牌”推进农业绿色发展的实施意见》等文件为产业发展提供制度保障。同时，在做大做优宾川水果产业上给予资金支持。截至目前，投资 3. 24 亿元建设云南省“一县一业”示范项目，以柑橘、葡萄为主的苗木繁育、现代化种植示范园项目顺利运行。预计完成农业总产值 140. 5 亿元，农产品出口 9480. 16t，创汇 5391. 96 万美元。

6. 5. 3 高原特色水果产业发展现状

6. 5. 3. 1 产业规模不断扩大

葡萄、柑橘作为宾川县最具代表性的特色农业产业，近年来在宾川发展态势良好，在地方政府的政策支持下，种植面积和产量均实现规模化发展。成为拉动地方经济增长的“新引擎”。

如图 6-13 所示，2016—2020 年，宾川县葡萄种植面积虽有小幅度下降，但是均保持在 10000hm^2 以上，现已发展成为我国县级城市中葡萄种植规模最大的地区，葡萄年产量也常年稳定在3500t以上，葡萄产业已成为宾川种植范围最广、利益联结最紧密的支柱性产业，成为农民增收致富的“金果果”。

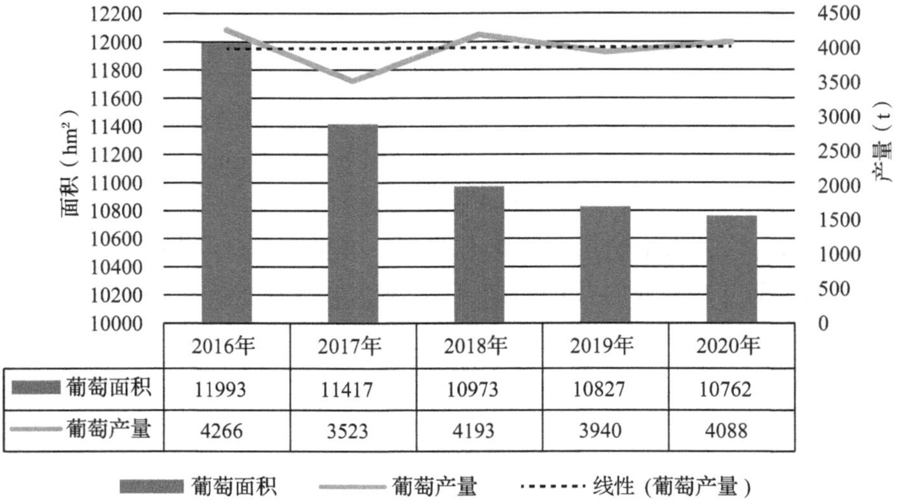

	2016年	2017年	2018年	2019年	2020年
葡萄面积	11993	11417	10973	10827	10762
葡萄产量	4266	3523	4193	3940	4088

图 6-13　2016—2020 年宾川县葡萄种植面积及产量

除了葡萄产业，柑橘产业在宾川县农业产业中的占比也较大。宾川县也享有“中国柑橘之乡”的美誉。如图6-14所示，2016—2020年宾川县的柑橘种植面积以及年产量均呈现出增长趋势，2020年产量为1405t，较2016年增长了482t，增长率为52.2%。柑橘产业的良性发展，充分带动了宾川地区农民的种植积极性，也提高了农户的收入，有效推进了乡村振兴战略的实施。

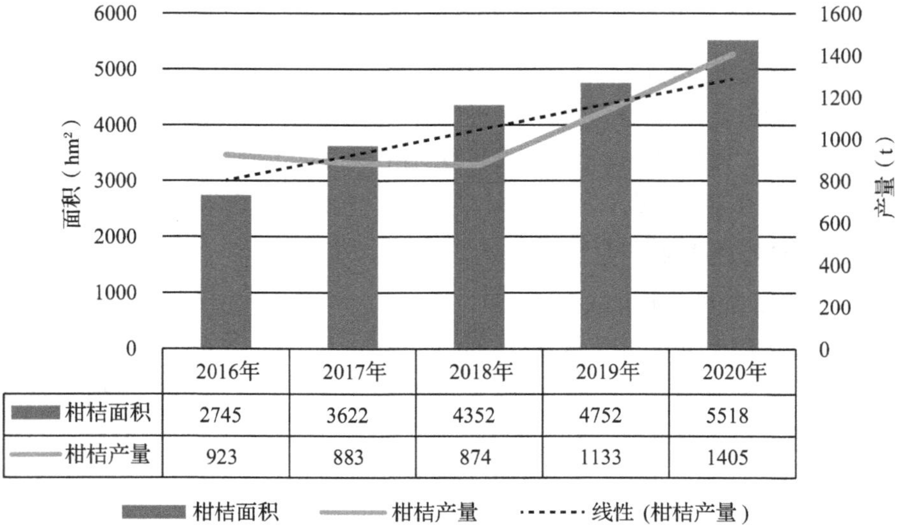

	2016年	2017年	2018年	2019年	2020年
柑桔面积	2745	3622	4352	4752	5518
柑桔产量	923	883	874	1133	1405

图 6-14　2016 —2020 年宾川县柑橘种植面积及产量

6.5.3.2 产业效益不断提升

近年来，宾川县在以葡萄、柑橘等为代表的特色水果产业发展中取得了较为显著的成果，经济效益不断提升。如图 6-15 所示，2017—2021 年宾川县特色水果产业的产值呈递增趋势，增长幅度较为明显。截至 2021 年，全县的农业总产值为 133. 19 亿元，其中水果产业产值为 70. 6 亿元，占比 53%。水果产业在宾川经济发展中的“压舱石”地位日益凸显，是地方经济增长的主要驱动力，是实现宾川农村居民生活富裕的关键所在。

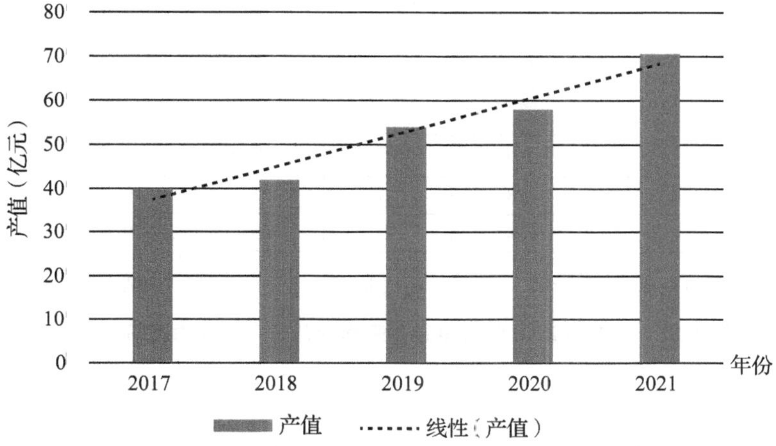

图 6-15　2017—2021 年宾川县特色水果产业产值

6.5.3.3 品牌知名度不断提高

当前，宾川县在特色水果产业品牌建设上，构建了“区域公用品牌+企业品牌和产品品牌”战略。以区域公共品牌“宾果儿”为主导，带动地方知名企业品牌以及产品品牌的联动发展。宾川县已有多个品牌入选云南“绿色食品牌”目录名单。“七彩云秘”在 2018—2020 年中连续 3 年荣获云南省“十大名果”，“云福”牌沃柑入选 2021 年云南省“10 大名果”，位列第 7 名，与此同时还被选为云南省打造世界一流“绿色食品牌”重点品牌。除了创建品牌外，宾川县还积极拓宽宣传渠道，提高举办推介会、发布会、“宾果儿 · 楼铁源阳光玫瑰万里行”等活动加大对宾川水果产业的宣传力度，提升了市场知名度以及竞争力。

6.5.3.4 基础设施不断完善

水源是保证农业产业得以快速发展的关键，如图 6-16 所示，截至 2020 年宾川县自来水受益村高达 79 个，占全县总村数的 87. 7%，已基本解决了农村地区人口生活及生产用水问题。除此之外，2016—2020 年宾川县通宽带村数也呈递增趋势，目前已有 79 个村联通宽带，农村居民在信息获取方面更加及

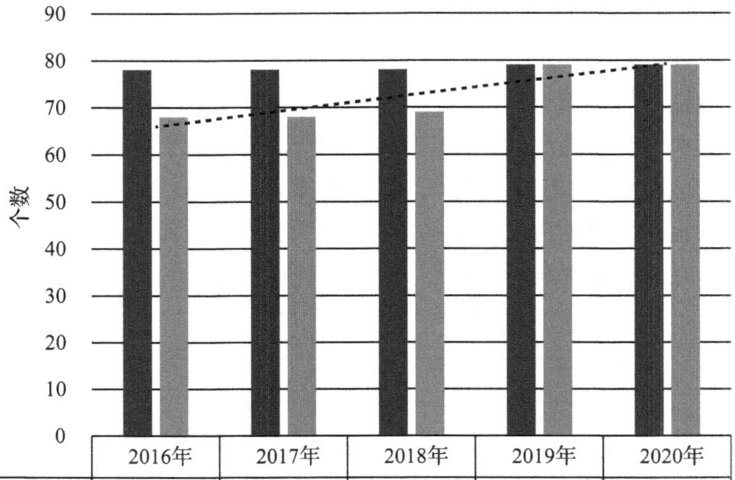

	2016年	2017年	2018年	2019年	2020年
■ 自来水受益村个数（个）	78	78	78	79	79
■ 通宽带村数（个）	68	68	69	79	79

自来水受益村个数　通宽带村数　------ 线性（通宽带村数）

图 6-16　2016—2020 年宾川县自来水受益村个数和通宽带村个数

时，有利于和外界沟通，了解市场需求，促进农业产业的可持续发展。

交通便利是影响农村地区产业发展的重要因素，交通通达度高、各类公路基础设施完善，能够为农村经济注入新的活力。如表 6-13 所示，2016—2020 年，宾川县各类公路里程数在不断增长，截至 2020 年全县公路通车里程达 1853km，其中一类等级公路达 1763km。道路基础设施建设日趋完善，农村居民的人居环境也得到了较大改善，有利于提升宾川县农村地区居民的生活幸福感，推动农村地区居民生活富裕。

6.5.4　高原特色水果产业发展对农村生活富裕的影响

（1）地区生产总值逐年提高。地区生产总值代表了一个地区的整体经济发展水平，宾川县近年来经济发展态势一路向好，生产总值逐年递增。如图 6-17 所示，宾川县 2020 年地区生产总值为 1432617 万元，在大理州 11 个县级城市中排名第 2。人均生产总值为 41889 元，排名第 3。宾川县地区生产总值的不断提升，有利于推动地方经济的可持续发展，提高居民收入，增加幸福感，实现生活富裕。

（2）农村居民家庭人均可支配收入提高。农村居民家庭人均可支配收入是表现农村生活富裕的重要指标。如图 6-18 所示，2016—2020 年宾川县农村居民家庭人均可支配收入递增趋势明显。截至 2020 年，农村居民家庭人均可支

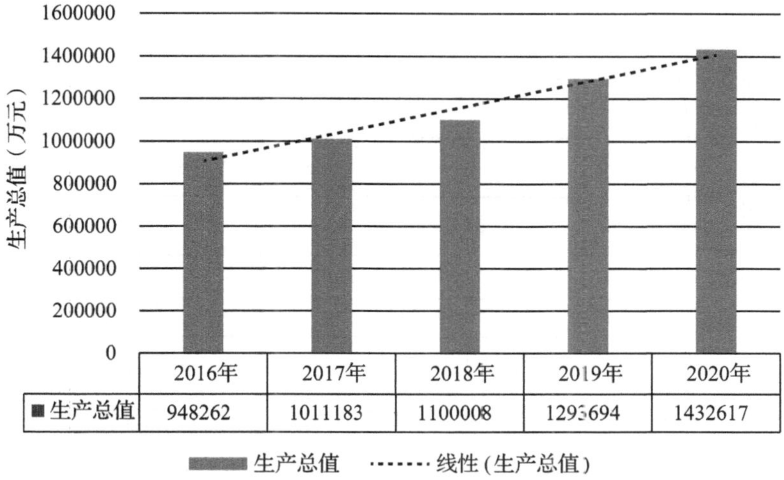

图 6-17 2016—2020 年宾川县地区生产总值

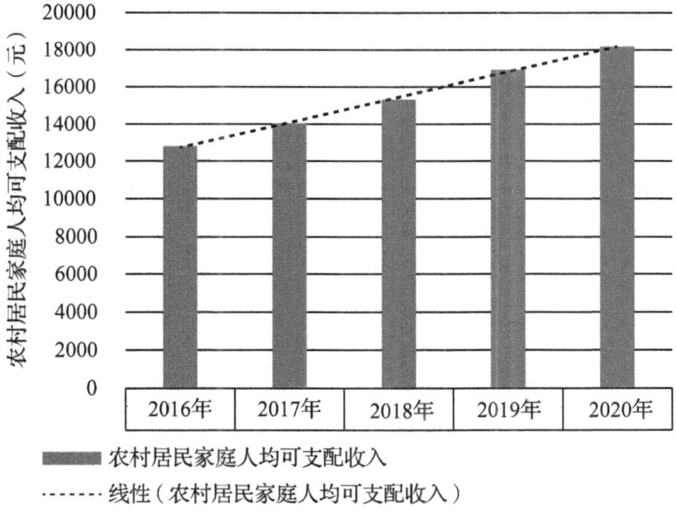

图 6-18 2016—2020 年宾川县农村居民家庭人均可支配收入

配收入达 18181 元，较 2016 年增长了 5381 元，增长率为 42%。宾川县农村居民家庭人均可支配收入长期排名大理州所辖县级城市首位。

(3)农村居民家庭消费支出逐年提升。农村居民家庭消费支出可以反映农村居民的消费能力，消费能力的提升能够有效体现其生活水平的提高。如图 6-19 所示，2016—2020 年，除 2017 年有较大幅度下降外，其余年份都呈现增长趋势，2020 年受到疫情影响，宾川县农村居民的消费支出为 12765 元，较上一年有小幅度下降。

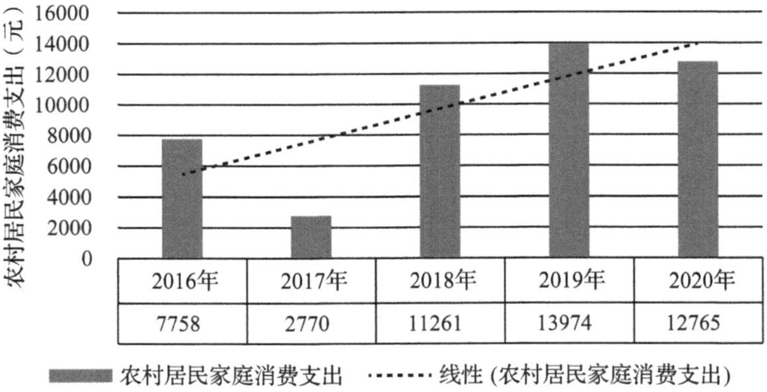

图 6-19　2016—2020 年宾川县农村居民家庭人均消费支出

农村居民家庭人均社会保障支出能够反映农村居民的生活保障。如图 6-20 所示，2016—2020 年宾川县农村家庭居民人均社会保障支出呈现递增趋势，2020 年人均支出为 357 元，较 2016 年增长 161 元，增长率为 82%，增长幅度较为明显。这在一定程度上说明了宾川县农村居民越来越注重自身保障的支出，以及我国社会保障制度的日趋完善。

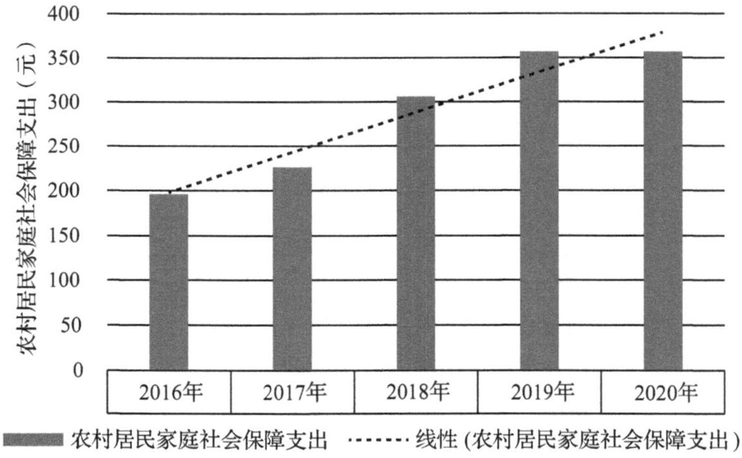

图 6-20　2016—2020 宾川县农村居民家庭人均社会保障支出

(4)农村居民家庭消费结构转变。当前，宾川县农村居民家庭人均收入在不断增加，消费结构也在发生转变。如表 6-13 所示，2020 年宾川县农村居民消费结构中除了食品和居住这两项基本生活保障支出最高外，教育文化娱乐、交通通信的支出比重也较大。说明农村居民的消费观念已转变，消费不再只局限于传统的吃、穿、住、行，而是要满足更高层次的精神生活需求，以此提升生活幸福感以及获得感。

表 6-13　2020 年宾川县农村居民家庭消费结构(元)

食品	衣着	居住	家庭设备用品及服务	交通和通信	教育文化娱乐服务	医疗保健	其他商品和服务
3821	560	3339	802	1439	1620	867	319

(5)农村居民生活富裕程度提升。恩格尔系数是衡量农村居民家庭生活水平的重要指。如图 6-21 所示，2017 年之后宾川县农村居民家庭恩格尔系数均低于 30%。根据等级划分，低于 30%则表明是最富裕。宾川县 2020 年农村居民家庭恩格尔系数为 29.9%，农村地区生活水平已进入最富裕状态。农村居民生活水平不断提高，能够有效带动农村居民的生产积极性，对于宾川县整体经济发展起到了推动作用。

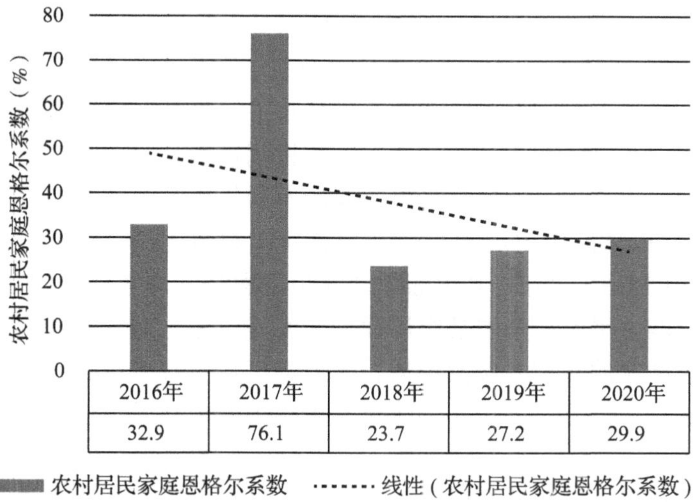

图 6-21　2016—2020 年宾川县农村居民家庭恩格尔系数

6.5.5　发展高原特色水果产业，实现农村生活富裕的经验总结

近年来，宾川加快标准化基地建设以优化产业结构，将农产品质量安全作为重点，推进农产品科技创新，加速品牌建设，提升市场竞争力，做强农产品精深加工，推动产业融合发展，高原特色水果产业发展取得显著成效。先后被评为“中国水果之乡”“中国葡萄之乡”“中国优质柑橘基地”“国家农产品质量安全县”等称号。宾川县高原特色水果产业作为地方经济社会发展的助推器，对提高农村居民收入，实现生活富裕起关键性作用。

6.5.5.1 完善基地建设，夯实产业发展基础

首先，在产业布局上，宾川县政府结合产业情况统筹规划，按照“坝区葡萄园、坡地柑橘园、山区核桃园、江边咖啡园”进行规划布局，着重培育宾川特色农业产业。2020 年，全县农业总产值达 119.54 亿元，其中优质水果产业产值为 57.94 亿元，水果产业在地方经济发展中的作用日益明显。其次，优化产品结构。以水果种植为出发点，稳固葡萄产业，以红提葡萄种植为主体，积极培育火焰无核、阳光玫瑰、克瑞森等优质品种，柑橘产业主要以种植沃柑、岩溪晚芦等晚熟品种为主，合理调配产业种植结构，有效避免了水果集中上市所带来的市场风险，保证了农户受益不受损。最后，建设标准化水果种植示范基地，在总结了宾川特色水果产业发展的成功经验后，集中打造了云福公司万亩柑橘示范园、金丰汇公司石榴基地、蔡甸村合作农场葡萄基地等示范点。通过示范基地项目建设，推动了宾川县水果产业的良性发展，特别是在新技术、新品种等方面的推广上取得了较为显著的成绩，产业规模不断壮大，基础能力日益提升，对于提高农民收入起到了积极作用。

6.5.5.2 加大科技投入，保证农产品安全

在科技投入方面，为了提升农业科技水平，积极与国内科研院所进行合作。先后同国家葡萄产业技术体系、国家柑橘产业技术体系、上海交通大学等机构开展广泛合作。为宾川水果产业的发展提供技术支撑，促进了产业的健康发展。与此同时，还结合实际研究制定了绿色生产技术标准并推广应用在农产品种植当中。当前“宾川葡萄”“宾川柑橘”“宾川软籽石榴”等 6 个绿色食品团体标准已率先在全国县级层面颁布实施。通过制定相关标准，助力宾川特色水果产业的转型升级。最后，大力推广地方技术规程。通过推广标准化种植技术，完善无公害水果生产技术规程等，推动了水果产业种植的规范化及标准化。

产品质量安全健康是发展的关键因素，只有保证产品质量才能赢得消费者青睐。在农产品质量安全建设方面，宾川县从健全农产品生产档案、质量认证、市场准入制度着手，对农产品生产全过程进行监督，加大对农产品质量安全可追溯系统的应用。制作了 10.8 万份水果生产档案，加强了对农业投入品的管控。通过以上做法，有效提升了宾川农产品的质量。

6.5.5.3 加强品牌建设，推动产业融合发展

在品牌建设方面，宾川县实施“1+2”品牌建设体系，着力打造“区域公共品牌+企业品牌及产品品牌”。以区域公共品牌“宾果儿”带动其他品牌发展，以点带面实现各品牌联动。截至目前，“宾川红提”“宾川软籽石榴”“宾川冬桃”等已成功注册为“中国地理标志证明商标”。品牌创建工作效果日益凸显。

宾川县高原特色水果产业的品牌知名度以及市场竞争力也在不断提升，产品附加值同时得到提高。与此同时，为了维护品牌形象，达到市场要求，农户在种植过程中的标准化程度更高、管理更加规范，促进了水果产业的良性发展。

在产业融合发展方面，宾川县围绕高原特色水果产业规划了集产品生产、包装、加工、销售、运输以及服务等较为完善的产业链。编制了《宾川县高原特色现代农业产业融合发展总体规划（2020—2025 年）》在政策上给予了充分支持，同时还规划建设了 5km^2 的高原特色食品加工产业园，不断延伸产业链条。结合地方自然资源以及人文历史，发展乡村旅游产业，目前已发展集餐饮、住宿、农业观光于一体的农业休闲观光园 50 余个。通过走产业融合发展之路，不仅有效调整了产业结构，还拓宽了农民收入渠道，增加了农民收入，实现农村生活富裕。

参考文献

[1]沈斐．“美好生活”与“共同富裕”的新时代内涵——基于西方民主社会主义经验教训的分析[J]．毛泽东邓小平理论研究，2018(1)：28-35+107.

[2]夏柱智，贺雪峰．半工半耕与中国渐进城镇化模式[J]．中国社会科学，2017(12)：117-137+207-208.

[3]韩俊．实施乡村振兴战略五十题[M]．北京：人民出版社，2019：54-56.

[4]孙景淼．乡村振兴战略[M]．杭州：浙江出版联合集团，浙江人民出版社，2018：31-34.

[5]郭晓鸣，张克俊，虞洪，等．实施乡村振兴战略的系统认识与道路选择[J]．农村经济，2018(1)：11-20.

[6]周栋良．乡村振兴评价指标体系构建研究[J]．湖南生态科学学报，2019，6(3)：60-64.

[7]杨洪远．习近平的“人民幸福论”探析[J]．长春大学学报，2015，25(9)：113-116.

[8]潘百涛，石建华．脱贫攻坚与乡村振兴衔接的思考[J]．辽宁农业科学，2019(6)：74-76.

[9]毛志香，都一，杨翠霞．乡村振兴背景下产业兴旺、生活富裕评价指标探讨[J]．绿色科技，2020(24)：23-25.

[10]申云，李京蓉．我国农村居民生活富裕评价指标体系研究——基于全面建成小康社会的视角[J]．调研世界，2020(1)：42-50.

[11]芦风英．乡村振兴视角下产业兴旺与生活富裕的耦合协调性研究[J]．云南农业大学学报(社会科学)，2022，16(1)：22-30.

[12]卢泓钢，郑家喜，陈池波．中国乡村生活富裕程度的时空演变及其影响因素[J]．统计与决策，2021，37(12)：62-65.

[13]雷若欣．乡村振兴战略的“五大要求”与实施路径[J]．人民论坛·学术前沿，2018(5)：67-71.

[14]张洁．乡村振兴战略的五大要求及实施路径思考[J]．贵州大学学报(社会科学版)，2020，38(5)：61-72.

[15]刘培林，钱滔，黄先海，等．共同富裕的内涵、实现路径与测度方法[J]．管理世界，2021，37(8)：117-129.

[16]温涛，何茜，王煜宇．改革开放40年中国农民收入增长的总体格局与未来展望[J]．西南大学学报(社会科学版)，2018，44(4)：43-55，193-194.

[17]申云，李京蓉，杨晶．乡村振兴背景下农业供应链金融信贷减贫机制研究——基于社员农户脱贫能力的视角[J]．西南大学学报(社会科学版)，2019，45(2)：50-60+196.

[18]王小华，温涛．农民收入超常规增长的要素优化配置目标、模式与实施[J]．农业经济问题，2017，38(11)：30-39+110-111.

[19]方松海，王为农，黄汉权．增加农民收入与扩大农村消费研究[J]．管理世界，2011(5)：66-80，187-188.

[20]潘文轩，王付敏．改革开放后农民收入增长的结构性特征及启示[J]．西北农林科技大学学报(社会科学版)，2018，18(3)：2-11.

[21]杨晶，孙飞，申云．收入不平等会剥夺农民幸福感吗——基于社会资本调节效应的分析[J]．山西财经大学学报，2019，41(7)：1-13.

[22]申云，李京蓉．我国农村居民生活富裕评价指标体系研究——基于全面建成小康社会的视角[J]．调研世界，2020(1)：42-50.

[23]张青，郭雅媛．以乡村振兴促进共同富裕：逻辑内涵、时代挑战与路径抉择[J]．农村金融研究，2022(1)：3-9.

[24]吕德文，雒珊．促进农民农村共同富裕的政策体系及其实现路径[J]．中州学刊，2022(1)：83-91.

[25]王传荣，楚建英．促进农民农村共同富裕的重要意义及路径研究[J]．乡村论丛，2021(6)：12-19.

[26]赵海华．袁家村特色小镇的成长与可持续性发展研究[D]．西安：西安建筑科技大学，2017.

[27]蔡童．乡村振兴战略背景下六安茶谷茶产业竞争力提升研究[D]．合肥：安徽农业大学，2021.

[28]陈文强．台湾发展休闲农业的成功经验及启示[J]．农业经济，2009(9)：43-45.